KB261179

이 자본주의의 폐해에 잠식돼 있는 거죠."

"네. 자본주의, 그게 문제죠."

남용이 고개를 끄덕이며 해철의 말을 받았다.

"아까 제가, 사람들 머리에 박힌 '가진 자들은 많이 가져가도 된다'는 등의 관념 때문에 양극화 등 여러 문제가 발생한다고 했는데, 그 관념들이 자본주의에 의해 생겨난 것이라 할 수 있죠. 시달리는 조금 버는 게 당연하고 간부들이나 부자들은 많이 가져가는 게 당연하다는, 또 처음은 힘들어도 되고 돈은 쌓아지는 거라는 관념이."

이어 남용은 흠칫……, 한곤을 게슴츠레하게 뜬 한곤을 주시하며 혼잣말을 하듯 말했다.

"그 관념들이 대부분의 사람들 뇌리에서 지워지면 자본주의의 폐해가 싹 걷힐 수 있을 텐데. 그 관념들이 지워지면 그에 맞는 가치관을 갖게 될 테고, 또 그에 맞는 생각과 행동을 하게 될 테니까."

한곤은 게슴츠레하게 뜬 눈을 깜박대며 고개를 갸우뚱했다.

남용은 친구들을 돌아보며 말을 이었다.

"또 대부분의 사람들 뇌리에서 그 관념들이 지워지면 수많은 이들이 자신들만의 꿈을 찾게 될 겁니다."

이 말에 석필의 귀가 쫑긋 세워졌다.

"아시다시피 우리나라 사회 초년생이나 알바생들은 생활하기도 빠듯한 돈을 받아가며 일을 하죠. 그렇게 처음부터 적은 페이를 받고 돈에 쪼달리며 살다 보니, 물질적으로 개선된 삶을 점점 더 바라게 되죠. 그래서 결국 보다 잘 살고, 보다 많은 돈을 가져보는 게 꿈이 돼버리게 돼죠. 그들 내면에 웅크리고 있는 꿈은 휴지조각이 돼버리고. 그래서 그들이 본인들만의 진정한 꿈을 찾기 위해선 아까 말한 관념들이 대부분의 사람들 뇌리에서 지워져야만 하는데, 어떤 이들에겐 이런 의문이 들 겁니다. 그 관념들이 지워지면 그리 될 수 있다고? 어떻게 그리 될 수 있는데? 그깟 관념들이 뭐라고. 그런데 분명 그리 될 수 있습니다. 생각이 행동을 결정지으니까요. 그러니까, '아무리 못해도 300은 벌어야지. 사회 초년생이든 누구든 간에 말야. 그래, 방법은 하나밖에 없는 것 같다. 우리 고수익 자들이 덜 가져가는 방법밖에.', '공기업 간부가 뭐라고 한 달에 천오백을 넘게 가져가? 한 팔백이면 충분한 거 아냐? 아 진짜, 생각할수록 열 받네. 사무실로 확 쳐들어가 돈 다 토해놓으라고 확 쏴붙여 버려?', '저 친구들 뼈 빠지게 일하고, 받는 돈은 고작 이백 정도에 불과하지. 참으로 슬픈 현실이지. 그래 이제부터라도 저 친구들이 제대로 된 급여를 받을 수 있도록 힘써봐야겠다.', '아무리 봐도 하루하루 넉넉하게 사는 거 하나로 충분한 거 같다. 그래도 혹시 모르니까 100억은 남겨두자. 나머지 9,900억은 다 풀어놓고.', '그래, 십조 중에서 오백 억만 남겨놓고 다 노놔주자. 뭐, 그들 주머니에서 야금야금 빼간 돈 되돌려주는 거지.', '앞으로는 버는 족족, 내게 넉넉한 삶을 안겨준 우리 국민들을 위해 써야지.' 이렇게, 어그러진 관념에서 벗어난 생각이 행동으로 이어지면, 곧 가진 자들을 비롯한 대부분의 사람들이 어그러진 관념에서 벗어난 생각과 행동을 하게 되면, 자연적으로 양극화와 소득불균형 현상이 무너져 내려, 종국에는 아까 제가 말한 대로 꿈을 찾는 이들이 많아질 거라는, 많아질 수 있다는, 거죠. 그러니까, 어그러진 관념이 타파됨으로 인해 양극화와 소득불균형 현상이 무너져 내리면, 수많은 이들이 넉넉해진 현재의 삶에 만족하게 돼, 종국에는 꿈을 향해 내달음질하는 자들이 많아질 거라는 거죠. 내면에 웅크린 꿈을 여유로이 펼쳐보며 성취해가는 자들이. 물론 어그러진 관념들을 뇌리에서 지운 자들이 그리 될 확률이 더 높겠죠. 아, 말하기 힘들다."

남용은 숨을 길게 한 번 토해내곤 잠깐의 틈을 두고 덧붙였다.

"아무튼 그리 돼서 꿈을 향해 내달음질하는 이들이 우리 대한민국에 가

들어가는 말
성경을 처음 읽을 때

문제제기

성경을 처음 읽으면 누구나 만나는 첫 문장이 있다. 그것은 "태초에 하나님이 천지를 창조하시니라!"이다. 이미 창조는 이루어졌다. 영으로 존재하시는 하나님이 영적으로 하신 일이 우리의 감각으로 보이고, 들리고, 느껴지고, 분석되는 육적인 현상으로 드러났다. 그리고 우리는 이미 창조를 누리며 살고 있다. 이 상태에서 모세의 기록을 당대의 사람들과 후손들이 읽었다. 그리고 우리도 지금 이 시대에 읽고 있다. 모세는 선지자로서 하나님의 계시에 의하여 분명이 첫 문장을 기록하였을 것이다. 그런데 이런 의문이 든다.

첫째, 하나님은 이 첫 문장을 통하여 무엇을 깨닫게 하려고 이것을 기록하게 하셨을까?

둘째, 모세오경을 시작하는 첫 말씀을 접한 이스라엘 민족과 후손들은 이 말씀을 어떻게 알아들었으며, 말씀의 깨달음은 그들의 삶에 어떠한 힘으로 작용하였을까?

셋째, 이제 선택된 한 민족을 넘어 전 세계의 종교가 된 지금, 대한민국의 한 평범한 사람이 창조주라고 하는 여호와를 하나님으로 여기고 성경의 첫 장을 넘겼을 때 신학적 지식이 아닌 성령의 역사로 이 문장이 깨달아진다면 도대체 어떻게 깨달아져야 하는 것일까?

생육하고 번성하라! 짝짓기를 열심히 하라?

하나님은 창조물을 위한 환경을 조성하셨다. 혼돈과 공허와 흑암이 깊은 땅에 빛을 비추어 어둠과 빛을 나누셨다. 하늘과 땅, 낮과 밤, 해와 달의 광명체 등으로 인한 자연 현상이 발생하였다. 물과 하늘 그리고 땅에서 생물이 발생하였다. 땅의 흙으로는 사람을 만드셨다. 하나님은 또 사람과 생물들을 위한 먹거리를 준비하셨다. 그리고 사람을 포함한 모든 생물적 존재에게 창조주의 명령을 내리셨다.

생육하고 번성하여 땅에 충만하라! (창 1:28)

사람 보다 먼저 지음 받은 존재는 생물이다. 하나님은 말씀으로 모든 생물을 물과 하늘과 땅에서 자체적으로 낳아지도록 하였다. 물은 물에 존재하는 생물을 낳았다. 하늘은 하늘에 존재하는 생물을 낳았다. 땅은 땅에 존재하는 생물을 낳았다. 사람은 물과 하늘과 땅에서 낳은 생물적 존재가 아니다. 사람은 하나님에 의하여 땅의 흙으로 지음 받은 존재이다.

사람이 아닌 생물과 사람인 생물과의 차이 즉, 짐승과 사람의 차이는 무엇일까? 두 존재의 동일한 점은 사람을 사람이 아닌 생물과 같이 흙으로 조성하셨다는(formed) 것이다. 두 생물의 차이점은 하나님의 호흡(생기)의 유무이다. 사람이 아닌 생물 존재에게는 창조와 동시에 하나님의 호흡을 불어넣지 않으셨다. 하나님은 하나님의 형상대로 사람을 창조하시기 위해 흙으로 지음 받은 생물적 존재에게 하나님의 호흡(생기)을 코에 불어넣으시고 하나님의 형상대로 사람 창조를 완료하셨다.

생물과 사람이 존재함으로 인해 추구해야 할 존재 발전방향은 "생육하고 번성하여 땅에 충만하라!"이다. 창조주께서 이와 같은 존재 발전방향을 제시하신 목적은 무엇인가? 진정으로 생육하고 번성하여 땅에 충만해져야 할 존재는 하나님의 호흡이 있는 사람이다.

창조주, 참 神이신 여호와 하나님의 명령

하나님은 사람의 존재 목적을 명시하셨다. 하나님은 인간으로 하여금 "땅을 정복하라!"라고 하셨다. 마치 가나안 땅의 일곱 족속을 진멸하듯이 사람은 땅에 존재하는 모든 생명체를 자신의 지배 아래 두어야 하며, 땅(바다, 하늘)이 생산해낸 생물을 정복해야 한다. 사람은 하나님의 호흡이 없는 물과 땅과 하늘에서 낳은, 그리고 생산한 모든 생물적 존재를 다스려야 한다.

사람의 존재 목적은 하나님의 호흡이 있는 생물인 사람이 하나님의 호흡이 없는 생물을 정복하여 지배하고 다스리는 것이다. 왜 그래야 하는가? 하나님의 형상대로 지음 받은 존재인 하나님의 호흡이 불어넣어진 사람을 창조하신 목적은 사람보다 먼저 지음 받은 물과 하늘과 땅이 낳은 생물을 정복하여 지배하고 다스리는 것이다. 사람보다 먼저 창조된 생물이 무엇을 의미하기에 그래야 하는가? 성경에는 정확한 기록이 없다.

그래서 창조가 지금 나와 무슨 상관이야?

이제 우리는 창조가 완료되어 수많은 세월이 흐른 상태에서 성경의 첫 문장인 창조와 그 과정을 읽고 있다. 우리는 이제 전지전능하신 神이시라는 하나님 여호와의 창조 상태를 누리고 있다. 우리는 믿는 자로서 성경을 읽어야 하고, 읽고 싶어 한다. 하나님! 예수님! 성령님! 누구시지? 예수 믿으면 어떻게 살아야 하지? 여러 가지를 알고 싶고 하나님을 만나고 싶어서 성경의 첫 장을 넘긴다. 하나님과의 첫 대면과 대화! 하나님께서 내게 하는 말씀을 기대하면서 읽는 성경의 첫 문장과, 그 다음의 6일간의 창조와 안식! 하나님은 지금 이 시대에 성경의 이 이야기를 통하여 우리가 무엇을 깨닫길 바라실까?

성경 이야기, 어떻게 깨달을 것인가?

창조 이야기는 과학적 접근으로 해석하여 하나님의 위대하심을 알면 되는 것인가? 성경의 창조 이야기는 나와 무슨 상관이 있는가? 창조 이야기는 나의 삶에 어떤 영향을 미쳐야 하는가? 창조 이야기는 나의 삶에 어떻게 적용되고 있는가? 한 사람이 성령을 받아 예수 그리스도의 십자가의 피 뿌림을 받아 하나님이 주시는 그리스도에 대한 계시를 통해 과학적 논증이 아닌 깨달음으로 창조 이야기를 깨닫는다면 어떻게 깨달아지는 것일까? 이미 이루어진 창조를 보고 목회자들은 과학적으로 창조가 얼마나 위대한 지를 설교하고 가르치는 것이 21세기에 현존하는 우리들에게 하나님이 주시고자 하는 메시지일까? 하는 의문이 든다.

앞에서 전제적 의문을 던진 것이 "한 성도가 신학적 지식이 아닌 성령의 계시에 의해 6일간의 창조와 안식에 대하여 깨달아진다면 어떻게 깨달아져야 하는 것일까?"였다. 이 글은 그에 대한 나의 깨달음의 답이다.

세월이 흐르면서 나 자신에게 발생한 표현하기 어려운 영적 경험과 삶의 다양한 사건 사고와 기쁨과 행복했던 모든 것들이 하나님과 나와의 관계성에서부터 비롯되고 있다고 깨달아지면 질수록 성경의 첫 문장의 의미는 더 새롭고 더 깊은 의미로 다가왔다. 그리고 6일간의 창조와 안식에 대한 것도 영성이 깊어질수록 전에 깨달았던 말씀의 농도는 더욱 더 깊어져갔다.

이제 나 스스로에게 처음 믿을 때 나도 모르게 들었던 의문에 대한 대답을 할 때가 된 것 같다. 이 답은 어느 신학 서적이나 주석을 정리하여 기록한 것이 아니다. 참으로 깨달아진 것을 성경 자체만을 가지고 기록한 것이다. 그러나 이 기록도 성경을 연구하여 기록한 것이 아니다. 마음에서 깨달아진 것이 성경에 기록되어 있고, 또 깨닫지 못했던 것이 성경에 기록되어 있어서 기도하며 여쭈어보며 깨닫게 된 체험을 기록한 것이다.

공부해서 기록하는 것은 열심히 하면 된다. 그러나 성령에 의한 깨달음은 열심히 한다고 해서 되는 것이 아니다. 하나님의 때에 내게 가려진 말씀이 성령에 의하여 열려지는 것이기에, 나는 내가 가졌던 나의 의문에 대한 답을 나 스스로 달아보는 것이다.

순 서

흑암(어둠)이란 단어의 영적 의미 _ 31

6일간의 창조와 안식

평온이 어린 얼굴은 어디 가고, 어머니의 눈망울엔 슬픔이 서려 있었다. 석필이 어렸을 적 보았던 그 눈망울이었다.

"내가 정말 그랬을 것 같니?"

관계설정, 창조주와 피조물

"무슨 말씀이세요?"

"난 니 아버지 버리지 않았다. 난 날 버렸을 뿐. 너와 니 아버지를 위해."

태초에 하나님이 천지를 창조하시니라! (창세기1:1)

"……."

어머니는 엷은 미소를 지으며 시선을 떨궜다.
성경의 첫 문장은 전적인 선포이다. 일방적이다. 누가 인정하고 말
"솔직히 나, 후회하고 있다. 너랑 그이와 끝까지 함께했으면 더 좋았을
고가 없다. 그냥 한 마디 던진다. "태초에 하나님이 천지를 창조하
텐데, 하면서 말야. 도대체 그놈의 돈이 뭔지, 봐도 봐도 또 보고픈 너랑 그
시니라!" 성경은 사람과 하나님의 관계에 대하여 인간의 동의를 구
이를 버리고 떠난 건지. 돈 그거 별거 아닌데 말이야."
하지 않은 상태에서 피조물과 창조주의 관계라고 선포하고 있다.
어머니는 말하고 방긋 웃었다.
사람과 하나님과의 관계는 성경이 아무리 이렇게 기록하고 선포하
그 웃음이 너무 슬퍼보였다. 가슴에서 메아리치는 소리가 입가에 맴돌았
고 있다 하더라도 어느 누구도 자기 자신이 피조물이라고 인정하며
다. '그래도 떠나면 안 되는 거였어요. 저를 버리고 가면 안 되는 거였다고
사는 사람은 없다. 사실 믿는 자조차도 이 말씀을 듣고 읽고 접했을
요. 보고 싶단 말이에요. 엄마가 너무나도 보고 싶단 말이에요!'
때 그냥 "그런가?", "응, 그래!" 아니면 이런 생각도 없이 지나간다.
가슴 저 아래에 묻혀있던 슬픔의 응어리가 토해져 나왔다. 눈앞에 있는
왜냐하면 피조물이라는 사실이 피부로 와 닿지 않기 때문이다. 때
엄마가 너무나도 보고 싶었다.
론 충격을 받는 사람도 있다. 그러나 특정한 사람 외에는 거의 대부
어머니는 눈물이 묻어나는 눈으로 아들을 사랑스러이 바라봤다.
분이 자기가 피조물이란 존재에 대한 인식 조차 없다.
"석필아, 어차피 난 죽을 목숨이었잖니."
하나님과 나와의 관계는 창조주와 피조물의 관계이다. 분명 교회
솟구쳐 오르던 슬픔이 애타는 손짓으로 바뀌는 듯했다. '안 돼요. 가지 말
를 다니는 사람들은 "하나님은 창조주이시고 인간은 피조물이지!" 말
아요. 제발, 제발 나를 두고 가지 말아요.'
라고 말한다.
"그래도……, 그래도……."

"이젠 날 용서해주렴. 나도 후회하고 있잖니. 다만 니가 나처럼만 하지 않으면 돼. 넌 니가 가장 사랑하는 사람과 끝까지 함께해야 한다. 넌 끝까지 행복해야 하니까."

"……."

나의 신앙고백

내가 만약에 '참 神(true God)이신 여호와 하나님은 나를 지으신 창조주이시다!'라는 신앙고백을 하였다면 하나님은 나의 고백을 통해서 내가 어떻게 하길 원하셔른가? 인간의 존재 목적은 사람 이외의 생물적 존재를 정복하고 지배하여 다스리는 것이다. 내가 피조물이란 사실을 일방적으로 선호하신 하나님은 '너는 내가 지은 피조물이야! 내가 너의 주인이야! 넌 내가 지은 목적이 있어! 내가 창조한 피조물은 그 창조 목적대로 살 때 자기의 창조주를 인정하는 거야!'라고 하지며, '너곤 내가 널 창조한 목적대로 삶을 살고 거까지는 했냐?'라고 물어보신다.

'네?'

그렇다면 참 하나님 여호와의 피조된 존재이며, 하나님의 생명의 호흡을 얻던 존재로서 자신의 창조주 앞에서 어떤 인생을 찾는 것

'……'

이 올바른 삶인가? 하나님과 나와의 관계는 창조주와 피조물의 관계이다. 분명 교회를 다니는 사람들은 하나님은 창조주이시고 인간은 피조물이라고 말한다. 그러라 하나님과 타자와의 관계 설정에 대한 진질성을 확인하기 위해 스스로에게 질문해봐야 한다.

첫째, 하나님과 나의 관계가 창조주와 피조물인 것이 나의 삶에 어떤 영향을 미쳤는가?

둘째, 그 관계성 때문에 나는 어떻게 신앙생활을 해오고 있는가? 신앙생활하려기보다 차라리 그래서 나는 오늘 피조물로서 어떻게 살고 있는가?

창조주 하나님과 피조물인 인간과의 관계 진실성을 분별하는 방법으로써 신앙생활의 필수 요소인 기도에 대해 생각해볼 수 있다.

기도는 창조주와 피조물과의 대화이다. 내가 피조물로서 창조주를 인정했다면 나의 기도는 어떠해야 할까? 아마도 대부분 자신의 인

생 설계가 주 안에서 이루어져 성공적인 인생을 살기를 소망하며, 자신이 원하는 바를 이루어달라고 기도할 것이다. 때론 주님의 일을 위해서라도 자기의 일이 잘되게 해달라고 기도한다. 삶의 모든 염려는 전지전능하신 하나님 아버지께 주의 이름으로 기도하며 염려의 근원을 해결해달라고 기도한다. 뿐만 아니라 나의 마음으로 원하는 바는 주님이 내 마음에 두신 소원이기에 주님이 이루어주실 것이라 믿고 기도한다. 단언하건데 무엇이든 나 자신과 관련된 자신을 위한 기도를 할 것이다. 남을 위한 기도조차도 남을 위해 기도한다는 자기만족일 수도 있다. 어쩌면 모든 신앙인이 이런 유형으로 하나님과 대화를 해왔을 확률이 높다.

지금까지 내가 하나님과 대화(기도)한 것이 창조주 중심이 아닌 자기중심적 대화를 한 것인가? 내가 하나님께 예수 그리스도의 이름으로 드린 기도 내용이 피조물로서 창조 목적에 부합된 기도인지 아니면 부합되지 않은 기도인지를 분별하는 것은 매우 쉽다. 창조 목적에 부합되지 않는 기도는 세상을 따라오는 육신의 정욕과 안목의 정욕과 이생의 자랑과 관련된 내용으로서 세상을 사랑해서 하는 기도이다. 만약 창조주 하나님과 피조물인 인간과의 관계정립이 진정으로 이루어졌다면 아마 피조물은 인간 창조 목적대로의 삶을 살기 위한 기도를 시작할 것이다. 인간의 창조 목적은 "땅을 정복하라! 다른 생물을 다스려라!"이다. 따라서 창조 목적과 부합된 기도는 내가 정복할 땅은 어디에 있으며, 다스릴 다른 생물은 어디에 있는가? 라는 의문을 해소하려는 기도일 것이다.

내가 창조 목적과 부합되지 않은 기도를 했다면 나는 내가 피조물인 것을 깨닫고 인정한 것인가? 나는 피조물로서 나를 지으신 창조주를 인정하고 믿은 것인가? 지금까지 나에게 깨달음을 주고 믿도록 역사하여 신앙생활을 하게 한 하나님이라고 생각했던 그 영적 존재가 어떤 존재이었기에 나는 여태까지 나를 창조하신 하나님의 창조 목적대로의 삶을 살지 못하고 있었던 것인가? 내가 성경에 언급된 여호와 하나님에 의하여 신앙생활을 하였다면 당연히 나는 창조 목적대로의 삶을 살 수 있도록 인도되었을 것이다. 그렇지 않다면 내가 교회를 출석하며 믿는다고 했던 예수 그리스도는 누구이며, 내가 부른 하나님은 누구인가? 내게 기도 응답을 주고 나에게 깨달음을 주어 교회 생활을 만족하게 한 神으로서의 영적 존재는 누구인가? 그러므로 나에게 영향을 미친 영적 존재가 true God(참 神)인지 false gods(거짓 神, 다른 神)인지 스스로 분별해봐야 한다.

만약 내가 선택 받은 자라면, 비록 지금까지 미혹의 영의 역사로 인하여 거짓 神을 참 神으로 착각하여 교회 생활을 하였다 하더라도 하나님께서는 창세 전에 하나님의 형상대로 창조하기로 계획된 자(과거가 된 창세 전에는 미래형이었던 시제가 창조와 동시 하나님의 형상대로 지음 받은 과거형으로서의 계획된 자, 그리고 창조와 동시에 하나님의 형상을 상실한 존재이지만 하나님의 형상대로 창조되기로 계획된 존재이기에 다시 하나님의 형상을 회복시킬 자)이기에 나를 창조 목적대로의 삶을 살 수 있게 하여주실 것이 확실하다.

인간은 타락한 상태에 있다고 한다. 타락한 상태란 하나님의 창조 목적대로의 삶을 살고 있지 못하다는 의미이다. 그렇다면 타락한 인간이 성경의 첫 구절, "태초에 하나님이 천지를 창조하시니라!"라는 말씀을 보고 깨달아야 할 것이 무엇인가?

인간은 성경의 첫 구절을 읽으면서 자신도 모르고 살았던 피조 된 존재임을 깨달아 자기를 창조한 창조주를 찾으려는 마음이 들어야 한다. 사람이 인간은 피조물이라는 말을 듣고, 글을 보았다고 해서 창조주와 피조물과의 관계가 정립이 될 수 있는가?

모든 인간은 자신이 피조된 존재임을 알지 못한다. 하나님께서 피조물에게 피조된 존재임을 인식시켜야 하는 이유는 이미 타락하여 불순종의 길을 가고 있는 모든 인류가 자신이 피조물이라는 사실을 인식하지 못하고 있기 때문이다. 그렇다면 하나님은 당신이 창조한 피조물에게 창조주로서의 자신을 어떻게 인식시킬 것인가? 창조주가 창조한 피조물은 창조주의 소유이다. 하나님은 창세 전에 택하신 자를 창조 목적대로의 삶을 살게 하기 위하여 창조된 모든 존재에게 선포하셔야만 한다.

창조된 모든 것은 다 내 거야!

나에 대한 소유권이 이전된 자

창조주와 피조물과의 관계는 분명 소유관계의 정립 개념이다. 그러나 인간은 자신이 하나님의 소유인지 모르고 사는 존재이다. 이는 창조주를 모르고 사는 존재, 피조된 존재임을 모르고 사는 존재, 타락하여 구속을 잃어버린 존재, 죄의 지배를 받아 하나님의 사랑을 받을 수 없는 존재로서 하나님께 속하지 않은 존재라는 의미이다.

이사야 선지자는 분명히 택함 받은 백성과 창조주 여호와 하나님과의 관계에 대해 선포하고 있다. 하나님은 창조하시고 특정한 사람 한 명 한 명을 지명하여 부르신 분이다. 지명된 각자가 하나님의 소유된 백성이다.[1] 창조하시고 지으시고 지명하여 부른 자는 현재 벌거벗은 상태와 같은 영적 문제를 지니고 있어서 하나님은 이

---

1)　**이사야 43:1,** 야곱아 너를 창조하신 여호와께서 지금 말씀하시느니라 이스라엘아 너를 지으신 이가 말씀하시느니라 너는 두려워하지 말라 내가 너를 구속하였고 내가 너를 지명하여 불렀나니 너는 내 것이라.

문제를 해결해주셔야만 한다.[2] 하나님의 손에 의해 문제가 해결된다는 것은 하나님께 속할 수 없는 영적 상태인 존재를 속할 수 있는 존재로 변화 시켜주신다는 의미이다. 하나님은 하나님의 권능으로 영적 정체성을 변화시켜주실 것을 맹세하고 언약하셨다. 하나님은 창세 전의 약속과 아브라함과의 언약을 통해 이미 여호와 하나님께 속할 수 있도록 하셨다. 하나님은 이제 과거가 된 창세 전의 약속과 아브라함과의 언약을 이루어주시기 위해, 현존하는 시기와 세대 중에서 택하신 자에게 그 약속과 언약을 개별적으로 이행하신다.

나는 하나님의 소유이다. 그러나 현재 하나님의 소유가 아닌 마귀 사탄의 소유가 된 타락한 나이다. 하나님은 어떻게 소유권을 이전해올 것인가? 하나님은 사도 바울의 고백을 통하여 이렇게 말씀하셨다.

> 19. 너희 몸은 너희가 하나님께로부터 받은바 너희 가운데 계신 성령의 전인 줄을 알지 못하느냐 너희는 너희 자신의 것이 아니라
> 20. 값으로 산 것이 되었으니 그런즉 너희 몸으로 하나님께 영광을 돌리라
>
> (고린도전서 6:19-20)

택한 자의 몸은 하나님께서 나에게 주신 것이다. 내가 받은 몸의 사용처는 거룩한 하나님의 성령이 계실 집으로서의 전(殿, temple)으로 사용되는 것이다. 내가 하나님의 성전으로 활용되지 않으면 나는 하나님의 것을 훔친 자가 되며, 하나님께 돌려야 할 영광을 가로채는 자가 된다. 나의 몸이 하나님의 성전이 되는 영적 조건을 갖추게 되면 몸으로 하나님께 영광을 돌리는 자가 된다. 이는 율법의 종에서 벗어나 죄에서 해방된 자유인으로서 그리스도의 종이 됨을

---

2) 에스겔 16:8, 내가 네 곁으로 지나며 보니 네 때가 사랑을 할 만한 때라 내 옷으로 너를 덮어 벌거벗은 것을 가리고 네게 맹세하고 언약하여 너를 내게 속하게 하였느니라(you became mine) 나 주 여호와의 말이니라.

의미한다. 이는 나에게 예수 그리스도의 십자가의 대속의 은총을 깨닫게 해주셔서 나를 주님의 몸으로 값을 치르고 하나님의 소유로 되찾아온 존재가 되게 해주심을 의미한다.[3]

나에 대한 소유권의 이전은 그리스도 예수를 믿으면 속량되는 하나님의 은혜를 값없이 받아 의롭다 하심을 얻은 결과로써 하나님의 거룩하게 하심을 입은 자가 된 존재로 변화된 것이다.[4] 하나님께서 나의 존재에 대한 소유권을 이전시키신 방법은 예수 그리스도의 대속의 은총이었다.

하나님은 "태초에 하나님이 천지를 창조하시니라!"(창세기 1:1)라고 선포하시면서 생명의 말씀을 시작하신다. 이는 "이 세상의 모든 것은 내가 창조한 것이다!", "생물체도 마찬가지이고 사람도 마찬가지이다!", "다 내 거다!"라고 선포하신 것이다. 그러나 사람들이 모두 죄의 지배를 받아 마귀 사탄의 소유가 되어 흑암의 존재로 전락하였다. 성경에서 속칭, 어둠의 자녀 그리고 마귀의 자녀라 불리는 존재가 되었다. 하나님은 모세를 통하여 모세오경을 기록할 때 첫 문장을 이렇게 기록하라고 한 이유가 있었다.

창세기 1장 1절은 하나님께서 마귀의 자녀가 된 하나님의 자녀를 찾아오시기 위한 소유권 이전에 대한 하나님의 의지와 하나님의 공의를 바탕으로 한 법정 분쟁(영적 전투)을 시작하시겠다는 마귀 사탄을 향한 선포이다. 그리고 택함 받은 자에게는 이제 소유권을 찾아올 것이니 하나님을 믿고 따르라는 권면이시다.

바울은 자기 자신에 대한 하나님의 소유권 분쟁이 자신의 마음 안에서 이루어지는 것을 보았다. 그래서 이와 같은 관점에서 자신의

---

3) **고린도전서 7:22-23**, 22 주 안에서 부르심을 받은 자는 종이라도 주께 속한 자유인이요 또 그와 같이 자유인으로 있을 때에 부르심을 받은 자는 그리스도의 종이니라 23, 너희는 값으로 사신 것이니 사람들의 종이 되지 말라.

4) **로마서 3:24**, 그리스도 예수 안에 있는 속량으로 말미암아 하나님의 은혜로 값없이 의롭다 하심을 얻은 자 되었느니라.

신앙고백을 다양하게 기록하였다. 바울이 깨달은 창조 과정을 접목하여 성경을 읽으면 하나님께서 하나님의 자녀인 나를 구원하시기 위하여 어떻게 역사하셨는지에 대하여 하나님께서 열어주신 밝아진 마음의 눈으로 6일간의 창조 이야기와 7일째 안식하신 이야기를 깨달을 수 있다. 마음의 눈이 밝아지면 바울이 깨달은 것과 마찬가지로 마음에서 이루어지는 하나님의 역사를 체험하게 되며, 창조의 역사가 특정된 나에게 이루어지는 엄청난 기적의 현장이 나의 마음이라는 사실을 깨닫게 된다.

하나님은 이제 일반화 된 성경책을 통해 하나님의 비밀한 계시를 나에게 말씀해주시고 계신다. 성경의 첫 문장은 하나님의 선포이시다.

하나님의 선포

지금부터 나는 나의 잃어버린 나의 소유를 찾아오겠다. 나는 나의 자녀임에도 불구하고 현재 타락한 어둠의 존재, 마귀의 자녀가 된 나의 자녀들을 더 이상 피조물인 거짓 神의 지배 아래 놔둘 수가 없다.

나의 자녀들이 정복하고 지배하고 다스려야 하는데 도리어 지배와 통제를 받아 노예 생활을 하고 있으니 이제부터 나의 자녀들을 노예 생활에서 자유롭게 하고자 한다.

나는 참 하나님 여호와, 천지의 창조주로서 나의 소유된 백성, 나의 자녀들을 찾아올 것이다.

도대체 어떤 땅인가?

창세기 1장 1절을 "하나님의 선포"란 제목으로 그 의미를 재해석하였다. 그리고 하나님의 6일간의 창조와 7일째의 쉬심에 대한 "성경 이야기, 어떻게 깨달을 것인가?" 그 방향은 두 가지 관점에서 접근해볼 수 있다. 하나는 성령이 주시는 깨달음을 전제로 영적인 눈으로 바라보는 관점과 다른 하나는 성령의 역사로 깨달은 바울의 관점이다. 이와 같은 전제로 창조 시작 전의 창조 상태를 설명한 본문의 말씀을 통해 창조 이야기를 하나님의 마음으로 풀어낼 전제적 사고를 도출하고자 한다.

시작부터 실패한 창조인가?

하나님이 창조하신 천지(天地)에서 하늘인 天은 언급하지 않으시고 땅인 地의 상태에 대해서만 성경은 언급한다. 태초에 천지를 창조하시고 아직 땅에 창조 사역을 시작하기 전의 땅의 상태를 성경은 "땅이 혼돈하고 공허하며 흑암이 깊음 위에 있고 하나님의 영은 수면에 운행하시니라"(Now the earth was formless and empty, darkness was over the surface of the deep, and the Spirit of God was hovering over the waters)라고 기록하고 있다.

성경의 두 번째 문장이다. 이 문장의 뜻을 우리는 어떻게 이해할 수 있는가? 왜 지금 땅이 형체도 없고(formless) 텅 빈(empty) 상태에 있는가? 그리고 왜 그렇게 두터운 물이 땅의 표면을 덮고 있어서 빛 하나 들어가서 비추지 못할 정도의 깊은 흑암, 즉 어둠(darkness)을 만들어내고 있는가? 땅의 겉은 물로 쌓여있는데 얼마나 물이 깊은지 깊은 흑암으로 덮여있다고 표현할 정도이며, 그래서 깊은 물로 인해 흑암과 어둠 속에 있게 된 땅의 속은 형상이 없고 텅 비어있는 상태이다. 하나님이 설명하신 창조된 땅의 상태가 부정적이며 희망적이지 않고 절망적이라는 설명을 들으면서 우리는 무엇을 느끼고 생각하여야 하는가? 하나님의 6일간의 창조를 시작하기 전에 표현된 이 문장을 통해 하나님은 우리가 무엇을 느끼고 무엇을 생각하기 바라시는 것일까?

절망의 땅에서의 소망?

땅의 절망적 상황에서 하나님이 제시하신 '소망'은 무엇이 있을까? 혹시 절망적 상황에 처한 땅에 소망이 될 수 있는 하나님의 조치는 무엇이 있을까?

> 땅이 혼돈하고 공허하며 흑암이 깊음 위에 있고 하나님의 영은 수면에 운행하시니라
>
> (창세기 1:2)

땅? 땅의 겉은 속을 헤아릴 수 없을 정도로 깊은 물로 덮여있다. 그래서 땅의 속은 빛이 없는 흑암 상태이기에 형상도 없이 텅 비어있다. 여기서 형상이 어떤 형상이 있어야 하는데 형상이 없는 상태

가 되었는가? 여기서 땅의 속에는 무엇이 채워져야 하는데 채워져 있지 않고 텅 비어있는 것인가? 절망적 상태에 있는 '땅'! 땅을 창조하신 하나님께서 이 땅을 어떻게 하실 것인가? 하나님은 이렇게 조치하시려고 하신다.

"하나님의 영은 수면 위에 운행하시니라"

영어로 "the Spirit of God was hovering over the waters."이다. 이는 하나님의 성령께서 마치 헬리콥터가 제자리에서 빙빙 돌면서 착륙을 시도하려는 것처럼 뭔가 행동에 돌입하려고 준비한다는 암시를 주고 있다. 절망적이고 소망이 없는 상태에서 희망적이고 소망을 갖게 되는 단 한 마디! 하나님의 신(神), 하나님의 거룩하신 靈(the Spirit), 성령께서 그 땅으로 내려가시겠다는 그 한 마디! 혼돈과 공허와 흑암이 깊은 땅! 절망적인 땅에서 그 땅이 지닐 수 있는 유일한 소망! 그것은 하나님의 영의 역사만을 기다리는 것이다.

성경 말씀과 나와의 관계

도대체 물로 인해 흑암에 둘러싸인 이 땅은 어떤 땅인가? 성령이 하강하시어 역사하려고 때를 기다리며 준비하고 있는 이 땅은 어떤 땅인가? 이 땅이 지금 우리가 밟고 있는 돌과 흙으로 된 땅을 말하는가? 이 땅이 나하고 어떤 관계가 있는가? 나하고 관계없는 성경을 읽으며 성경의 줄거리를 아는 지식이 나의 구원과 무슨 의미가 있는가?

나는 하나님의 말씀으로써 성경을 읽으면서 땅의 상태를 통해 내게 말씀하고 계시는 하나님의 음성을 들어야 한다. 내가 이 말씀을 통해 날 향한 하나님의 음성을 들으려면 소망이 없는 절망적인 땅의 상태가 나와 관련이 있어야 한다. 즉, 내가 절망적이고 소망이 없는 상태에 있어야 한다. 과연 내가 이런 땅과 같은 상태로 내가 나를 느낄 수 있는 경우가 있을까?

죽음에 이르는 병, 절망에서의 소망? 내가 절망과 소망이 없는 깊은 수렁에 빠져있을 때 이런 상황에서 벗어나게 해주실 능력이 있으신 하나님의 영, 성령께서 내게 역사하시어 구원해주실 것이라는 믿음 속에서 소망을 갖게 되는 나의 상황은 어떤 경우일까? 도대체 흑암으로 뒤덮인 이 땅은 어떤 땅인가? 우리가 밟고 다니는 지구의 땅을 말하는 것인가?

영적 존재이신 하나님의 마음과 영적 세계에서 발생한 일을 인간의 언어로 다 표현할 수 없을 것이다. 또한, 인간의 언어로 표현된 영적 존재와 그 세계의 일을 육체를 지닌 인간이 다 이해할 수 없을 것이다. 그래서 인간 또한 영적인 상태가 되지 않으면 인간의 언어로 표현된 하나님의 마음과 영적 세계의 일을 이해할 수 없다고 전제할 수 있지 않을까 생각한다. 그래서 마음의 눈이 밝아져서 마음으로 성경을 읽어 내려가야 하나님의 마음으로 성경이 이해되고 깨달아질 것이다.[5] 사람의 지적인 지혜로 깨달을 수 없는 하나님의 마음으로서의 성경! 성령을 받지 못한 육에 속한 사람은 절대로 알 수 없는 영적인 깨달음! 그래서 6일간의 창조와 안식에 대한 이야기는 성령의 역사로 이해되고 깨달아져야 한다는 전제 조건이 형성된다.

---

5) **고린도전서 2:12-14,** 12 우리가 세상의 영을 받지 아니하고 오직 하나님으로부터 온 영을 받았으니 이는 우리로 하여금 하나님께서 우리에게 은혜로 주신 것들을 알게 하려 하심이라 13 우리가 이것을 말하거니와 사람의 지혜가 가르친 말로 아니하고 오직 성령께서 가르치신 것으로 하니 영적인 일은 영적인 것으로 분별하느니라 14 육에 속한 사람은 하나님의 성령의 일들을 받지 아니하나니 이는 그것들이 그에게는 어리석게 보임이요, 또 그는 그것들을 알 수도 없나니 그러한 일은 영적으로 분별되기 때문이라.

흑암(어둠)이란 단어의 영적 의미

성경 전체를 이 주제로 분석할 수는 없으나 단순하게 어둠과 흑암으로 번역된 단어를 가지고 창세기 1장 2절의 개념으로 의미한 부분만 정리해보도록 하겠다.[6]

어둠

솔로몬은 악인들의 경우, 자기가 악의 길을 가기 때문에 그 악함으로 인해 자기의 삶에 문제가 생겨도 그 문제가 악함으로 인해 발생하였다는 것을 알지 못한다고 했다. 그런데 알지 못하는 이유가 악인은 이미 깊은 흑암(deep darkness) 속에 있는 것과 같기 때문이라고 했다.

> 18. 의인의 길은 돋는 햇살 같아서 크게 빛나 한낮의 광명에 이르거니와
>
> 19. 악인의 길은 어둠 같아서 그가 거쳐 넘어져도 그것이 무엇인지 깨닫지 못하느니라
>
> (18 he path of the righteous is like the first gleam of dawn, shining ever brighter till the full light of day. 19 But the way of the wicked is like deep darkness; they do not know what makes them stumble)
>
> (잠언 4:18-19)

인간이 자기가 악해도 악한 것을 모르는 이유는 그가 흑암의 상

---

6)　한국어 성경(개역한글, 개정개역 4판), NIV 영어 역본 사용.

태에 있기 때문이다. 성경에서 어둠은 인간의 영적 상태를 말한다. 즉 자신이 악인의 길을 걷고 있는 죄인인줄 모르는 상태를 어둠이라고 표현한다.

악인은 걸려 넘어져도 왜 걸려 넘어졌는지를 모르기 때문에 어둠의 존재이다. 무엇에 걸려 넘어졌는지를 모르는 어둠의 존재이다. 악인은 그래서 어둠 그 자체이다. 그러나 의인은 어둠(흑암, darkness)이 사라지는 여명의 첫 햇살과 같은 존재이다. 흑암이 깊은 땅에 비추어진 빛이다. 점점 밝아져서 대낮을 완전히 밝게 비추어주는 첫 햇살과 같은 존재이다. 그리고 무엇에 걸려 넘어졌는지를 아는 빛이 비추어진 존재이다. 왜 지금까지 걸려 넘어졌는지를 아는 빛을 받은 존재이다.

의인과 악인은 빛과 어둠으로 비교 설명한다. 빛의 존재와 어둠의 존재를 분별하는 기준은 걸려 넘어지게 한 것이 무엇인지에 대한 깨달음의 여부이다. 그러면 걸려 넘어지게 하는 것은 무엇일까?

넘어지게 하는 거치는 돌, 걸리는 반석

거룩하신 여호와는 택함 받는 민족에게 두려워하고 놀라워해야 할 분이시다. 여호와는 거룩한 피할 곳이시다. 피한다는 의미는 구원의 능력을 말하며 죄로부터의 해방을, 마귀 사탄의 사망권세로부터의 해방을, 율법의 저주로부터의 해방을 시켜주실 수 있는 능력이 있는 神을 의지한다는 말이다. 해방은 출애굽을 의미하며, 아브라함에게 전하신 복음[7]인 언약의 아들[8] 그리스도에 의한 십자가의 대속의 은총을 깨닫고 믿는 것을 말한다.

걸려 넘어지는 두 나라, 북 이스라엘과 남 유다는 하나님 앞에 나아가는 거룩한 길로서 율법적 신앙을 하였다. 두 나라는 율법을 문자적으로 해석하여 율법의 행위의 義로 자기의 義를 세우며 거룩을 추구하였다. 예루살렘 성전 중심의 율법적 신앙을 준수하며 율법의 행위로 하나님을 섬겼다. 이들은 자신들이 추구하던 거룩의 길이 잘못된 구원의 길임을 모르고 신앙생활을 하는 율법주의자들이었다. 여호와를 섬긴다고 주장하지만 영적 실상은 하나님을 섬긴 것이 아니었다. 이들은 거짓 神인 마귀를 섬겼다. 이들의 아버지는 하나님이 아닌 마귀였다. 이들은 사탄의 무리들이었다. 이들은 하나님 앞에 거짓된 신앙인들이었다. 예수 그리스도는 이들의 거짓된 신앙을 들추어내신 분이시다. 그래서 예수 그리스도는 거치는 돌며 걸리는 반석이시다.[9]

---

7) **갈라디아서 3:8**, 또 하나님이 이방을 믿음으로 말미암아 의로 정하실 것을 성경이 미리 알고 먼저 아브라함에게 복음을 전하되 모든 이방인이 너로 말미암아 복을 받으리라 하였느니라.

8) **갈라디아서 3:16**, 이 약속들은 아브라함과 그 자손에게 말씀하신 것인데 여럿을 가리켜 그 자손들이라 하지 아니하시고 오직 한 사람을 가리켜 네 자손이라 하셨으니 곧 그리스도라.

9) **이사야 8:13-16**, 13 만군의 여호와 그를 너희가 거룩하다 하고 그로 너희의 두려워하며 놀랄 자를 삼으라 14 그가 거룩한 피할 곳이 되시리라 그러나 이스라엘의 두 집에는 거치는 돌, 걸리는 반석이 되실 것이며 예루살렘 거민에게는 함정, 올무가 되시리니 15 많은 사람들이 그로 인하여 거칠 것이며 넘어질 것이며 부러질 것이며 걸릴 것이며 잡힐 것이니라 16 너는 증거의 말씀을 싸매며 율법을 나의 제자 중에 봉함하라.

이사야 선지자가 넘어지게 하는 "거치는 돌", "걸리는 반석"이라고 표현한 것은 하나님께서 택한 보배로운 모퉁잇돌이신 예수 그리스도가 건축자의 버린 돌과 같은 상황에 처한 것을 의미한다.[10] 이돌이 부딪치는 돌과 걸려 넘어지게 하는 바위가 되었다. 이 돌과 바위에 걸려 넘어지는 근본적인 문제는 택하신 백성들이 하나님의 말씀에 불순종한 것 때문이었다.[11] 베드로 사도는 불순종하여 걸려 넘어진 자들인 이스라엘과 유다 백성들을 하나님의 긍휼을 얻지 못한 자로 그리고 영혼을 거슬러 싸우는 육체의 정욕을 제어하지 못한 자로 표현한다.[12] 걸려 넘어지지 않는 자는 이렇게 표현된다.

하나님께 불순종한 선민으로서의 두 나라의 백성들은 결코 하나님께 불순종한 적이 없다고 생각한다. 왜냐하면 율법을 문자대로 철저히 행위로 준수하였기 때문이었다. 사실 율법 준수란 문자대로 행위적 준수를 의미하는 바가 아니다. 율법의 문자는 그저 그림자로서 그림자를 통해 본 몸이 무엇인지를 알라고 주신 것이다.

---

10) **베드로전서 2:6-7**, 6 성경에 기록되었으되 보라 내가 택한 보배로운 모퉁잇돌을 시온에 두노니 그를
     믿는 자는 부끄러움을 당하지 아니하리라 하였으니 7 그러므로 믿는 너희에게는 보배이나 믿지 아니하
     는 자에게는 건축자들이 버린 그 돌이 모퉁이의 머릿돌이 되고

11) **베드로전서 2:8**, 또한 부딪치는 돌과 걸려 넘어지게 하는 바위가 되었다 하였느니라 그들이 말씀을 순
     종하지 아니하므로 넘어지나니 이는 그들을 이렇게 정하신 것이라.

12) **베드로전서 2:10-11**, 10 너희가 전에는 백성이 아니더니 이제는 하나님의 백성이요 전에는 긍휼을 얻
     지 못하였더니 이제는 긍휼을 얻은 자니라 11 사랑하는 자들아 거류민과 나그네 같은 너희를 권하노니
     영혼을 거슬러 싸우는 육체의 정욕을 제어하라

그림자인 율법을 통해 율법의 완성을 위해 오실 그리스도가 누구 신지를 깨닫는 것이 율법 준수이다. 그러나 선민이라고 자처하며 율법을 준수하는 자들은 그리스도를 기다리면서도 그리스도가 주시는 대속의 은총이 무엇인지 몰랐다. 율법의 행위의 義를 추구하면서 율법의 완성이신 그리스도를 모르는 자들은 모두 그리스도 예수로 인하여 걸려 넘어지는 자들이다.

하나님께 나아가는 두 義의 길의 충돌!

하나님께 나아가는 두 義의 길은 생명나무의 열매를 먹는 길과 선악을 알게 하는 나무의 열매를 먹는 길이다. 예수 그리스도의 십자가의 대속의 은총을 믿는 믿음의 義를 통해 거룩을 이루려는 신앙과 율법의 행위의 義를 통해 거룩을 이루려는 신앙이다. 아브라함의 자손이기에 선민이라 주장하는 북 이스라엘과 남 유다는 율법의 행위의 義를 바탕으로 한 자기의 義를 이루는 신앙을 구원의 길로 믿었다. 율법의 행위적 준수가 절대적 구원의 길이라고 믿은 이들은 모두 율법주의자들이었다. 행위의 온전함을 추구한 자들이다. 선민인 이스라엘 백성들은 하나님을 열심히 섬겼다. 그러나 하나님이 진정으로 원하시는 義의 길이 무엇인지 몰랐다.

예수 그리스도는 행위 중심적 신앙을 하는 율법주의자들의 거치는 돌이었다. 이들은 부딪히는 반석인 예수 그리스도로 인해 함정에 빠지고 올무에 걸렸다. 미혹의 영의 역사로 깨달아진 신앙을 따라 자기의 행위의 거룩을 통해 자기의 義를 세우는 것이 축복의 길이라 여기고 조상의 전통에 열심이었으나 결국 그 길은 축복이 아닌 저주의 길이었다.[13] 하나님이 인정하시는 하나님의 義는 그리스도를 믿는 믿음의 義였다. 이스라엘 백성들의 교권 잡은 자들은 다 걸려들었다. 서기관과 바리새인들! 제사장과 선지자들! 왕들과 고관들! 이들을 믿고 따르는 백성들! 자기의 義를 추구하던 열심 있는 신앙은 다 걸려들었다. 예수 그리스도의 십자가의 대속의 은총에다 걸려 넘어졌다.

아브라함에게 전해진 복음! 모세에게 준 율법! 이 모든 것은 예수 그리스도에 대한 비밀이었다. 그러나 이스라엘이 하나님께 열심을 내었지만 이들이 열심히 섬긴 분은 하나님이 아닌 마귀였다. 그래서 비밀이신 그리스도에 대한 계시를 받지 못한 이들은 자신들이 십자가의 저주를 받게 한 예수 그리스도로 말미암아 저주를 받게 되었다.

어둠의 신앙, 자기의 義

어둠은 솔로몬의 해석에 의하면 참 복음인 예수 그리스도의 십자가의 대속을 모르고 율법을 문자적으로 해석하여 율법의 행위의 義를 바탕으로 자기의 義를 추구하는 율법주의자들을 일컫는 표현이다. 진정한 구원의 길을 보지 못하는 자의 영적 상태를 어둠이라 부른다. 바리새인들처럼 자기의 마음 속을 보지 못하고 행위를 보며 빛의 義의 길을 간다는 신앙인들의 영적 상태를 일컫는 말이다.

어둠에 있는 자는 환난을 받으며, 빛에 있는 자는 평안을 얻는다. 빛과 어둠은 참 神(true God)이신 여호와 하나님이 어떤 神인지를 알

---

13) **로마서 10:2-4,** 2 내가 증언하노니 그들이 하나님께 열심이 있으나 올바른 지식을 따른 것이 아니니라 3 하나님의 의를 모르고 자기 의를 세우려고 힘써 하나님의 의에 복종하지 아니하였느니라 4 그리스도는 모든 믿는 자에게 의를 이루기 위하여 율법의 마침이 되시니라.

고 있느냐와 모르고 있느냐를 분별하는 용어이다. 어둠은 참 神이신 여호와 하나님을 알아보지 못하는 신앙인의 영적 정체성의 상태이다. 유일한 창조의 神으로서 오직 한 분이신 참 하나님 여호와를 분별하여 섬기지 못하는 신앙인의 마음 상태를 어둠이라고 한다.[14]

어두운 흑암의 세상에서 산다는 것은 참 하나님 여호와를 분별하여 섬길 수 없는 처참한 영적 상태를 의미한다. 창세기 1장 2절의 혼돈과 공허와 깊은 물로 뒤덮인 흑암의 땅으로서의 마음을 지닌 인간에게 하나님은 자신의 영적 정체성을 깨달으라고 빛을 비추어 주신다. 땅을 덮고 있던 것은 물이었다. 태평양의 심연보다도 더 깊은 물로 뒤덮여있는 땅이다. 도저히 빛이 도달할 수 없을 정도로 깊은 물이다.

땅은 어둠이다. 만민은 어둠이다. 참 하나님 여호와가 어떻게 자기 백성에게 권능의 神으로서 역사하는지를 모르고 율법의 행위의 義로 하나님을 섬기는 모든 자들! 어둠이었다. 나라의 전 백성들, 서기관과 바리새인들, 제사장과 선지자들, 왕과 고관들 그리고 이들의 말을 충실히 따르는 백성들! 모두가 마치 혼돈과 공허와 흑암이 깊은 땅과 같은 어둠의 상태이다. 이런 상태에 있는 나에게 여호와가 임하신다.[15] 마치 창세기 1장 3절과 같이 이런 땅에 빛이 비추어진다.

어둠이 땅을 덮고 있듯이 이스라엘 백성들은 거짓 神의 미혹으로 왜곡된 율법의 해석을 따르며 하나님을 섬기고 있었으나 하나님 입장에서는 하나님이 아닌 다른 神을 섬기는 신앙이었다. 어둠의 땅

---

14) **이사야 45:5-7,** 5 나는 여호와라 나 외에 다른 이가 없나니 나 밖에 신이 없느니라 너는 나를 알지 못하였을지라도 나는 네 띠를 동일 것이요 6 해 뜨는 곳에서든지 지는 곳에서든지 나 밖에 다른 이가 없는 줄을 알게 하리라 나는 여호와라 다른 이가 없느니라 7 나는 빛도 짓고 어둠도 창조하며 나는 평안도 짓고 환난도 창조하나니 나는 여호와라 이 모든 일들을 행하는 자니라 하였노라.

15) **이사야 60:1-2,** 1 일어나라 빛을 발하라 이는 네 빛이 이르렀고 여호와의 영광이 네 위에 임하였음이니라 2 보라 어둠이 땅을 덮을 것이며 캄캄함이 만민을 가리려니와 오직 여호와께서 네 위에 임하실 것이며 그의 영광이 네 위에 나타나리니

에 빛을 비추는 것은 참 하나님(true God)이신 창조의 神과 거짓 神 (false gods)을 분별할 수 있게 해주는 역사이며, 율법의 행위의 義 를 바탕으로 자기의 義를 추구하는 신앙이 잘못된 것임을 깨닫게 해주는 하나님의 역사이다. 그리고 예수 그리스도의 십자가의 대속 의 은총을 믿게 해주는 역사이다.

보물이 있는 곳에 함께 있는 마음의 차이

예수님은 보물이 있는 곳에 사람의 마음이 있다고 하셨다. 보물은 두 주인 중에서 누구를 선택하였느냐를 판단하는 분별 기준이다. 사 람은 누구나 주인을 섬기고 있다. 주인은 하나님과 재물이며, 둘 중 에 한쪽이 사람의 주인이다. 인간은 둘 중에 한쪽의 지배를 받게 되 어 있다. 사람이 눈이 나쁘면 몸이 어두워진다. 인간에게 있어야 할 빛이 어두워져있고 도리어 빛이 아닌 빛이 밝혀지면 몸은 더욱 더 어두워진다. 주님의 이런 표현은 영적인 영역에서의 말씀이시다.[16]

인간은 마음의 눈이 밝아져야 하나님을 주님으로 섬길 수 있다. 하나님을 사랑하면 재물을 미워하는 마음을 표현한 것이고, 재물을 사랑하면 하나님을 미워하는 마음을 표현한 것이다. 예수님은 마음 의 차이에 따른 두 종류의 인간을 설명하신다. 한 부류는 재물을 보 물로 여기는 마음을 가진 자이고, 다른 부류는 하나님을 보물로 여 기는 마음을 가진 자이다.

마음의 차이는 눈의 차이이며, 몸의 차이이다. 그리고 어둠과 빛의

---

16) **마태복음 6:21-24**, 21 네 보물 있는 그 곳에는 네 마음도 있느니라 22 눈은 몸의 등불이니 그러므로 네 눈이 성하면 온 몸이 밝을 것이요 23 눈이 나쁘면 온 몸이 어두울 것이니 그러므로 네게 있는 빛이 어두우면 그 어둠이 얼마나 더하겠느냐 24 한 사람이 두 주인을 섬기지 못할 것이니 혹 이를 미워하고 저를 사랑하거나 혹 이를 중히 여기고 저를 경히 여김이라 너희가 하나님과 재물을 겸하여 섬기지 못하 느니라.

차이이며, 어둠의 마음과 빛의 마음의 차이이다. 빛이 없는 어두운 마음과 어두운 마음에 빛이 비추어진 마음의 차이이다. 이는 죄가 지배하는 마음과 옛 사람이 죽어 죄 사함 받아 은혜가 지배하는 마음의 차이이다.

보물이란 믿음의 義로 죄 사함 받아 구원 받고자 하는 소망이다. 어둠은 하나님을 보물로 여기지 않는 자의 마음이다. 그래서 어둠이란 죄 사함 받아 구원과 부활의 소망을 갖고 살지 못하는 자의 마음이며, 세상을 따라오는 육신의 정욕과 안목의 정욕과 이생의 자랑을 따라 사는 자의 마음 상태이다. 이런 어둠의 사람들은 율법적 신앙생활을 통해 자기가 만들어내는 義의 생산품을 보면서 자기가 만든 신앙체계 속에서 마음의 기쁨을 누린다. 이들이 신앙생활을 통해 아무리 기쁨과 감사와 은혜를 누린다 해도 이들은 십자가의 대속의 은총을 마음으로 깨닫지 못하는 자들이다.

어둠의 사람들은 참 神이신 여호와 하나님을 예수 그리스도의 이름으로 부른다 해도 입술로는 하나님을 공경하나 마음은 먼 자들이다. 이들이 부르는 하나님은 출애굽을 시켜주시는 여호와 하나님을 부르는 것이 아니다. 자기의 탐심과 정욕을 채워줄, 자신의 세상적 원함의 필요를 채워줄, 내가 기도하는 그 기도에 응답을 해줄, 나 자신을 위해 뭔가 해줄 수 있는 그런 거짓 하나님(false gods, 광명의 천사로 가장한 거짓 神)을 부르고 있는 것이다. 이런 하나님을 부름은 옛 사람이 죽지 않은 상태에서 자신들의 올바른 삶의 행위를 통해 하나님 앞에 의롭게 서 있다는 담대함을 더욱 더 강화시켜나가게 할 뿐이다. 이렇게 하나님을 믿는 사람은 하나님의 능력으로 발생하는 십자가의 대속의 은총의 영적 실제가 자신의 마음에서 이루어지는 것이 뭔지 모른다. 왜냐하면 이방신을 부르는 것과 같이 하나님을 부르기 때문이다. 이런 사람은 하나님을 보물로 여기는 마음을 지닌 자가 아니다. 주여 3창하며 부르짖으며 불러도 주님은 대답하지 않고 마귀가 대답하고 있다는 영적 사실을 모르는 자들이다.

하나님의 긍휼, 빛 비추임

누가복음에는 세례 요한을 출산한 엘리사벳의 남편 사가랴의 예언이 있다. 사가랴는 그리스도의 길을 예비하는 세례 요한의 사명을 "주의 백성에게 그 죄 사함으로 말미암는 구원을 알게 하리니 이는 우리 하나님의 긍휼을 인함이라"라며 예언하였다. 사가랴는 인간을 향한 하나님의 긍휼을 예수 그리스도의 십자가의 대속의 은총에 의한 죄 사함과 구원이라고 하였다. 그런데 사가랴는 이를 창조 직전의 땅의 상태와 그 흑암의 땅에 빛을 비추신 창조사역과 비유하여 "이로써 돋는 해가 위로부터 우리에게 임하여 어둠과 죽음의 그늘에 앉은 자에게 비추고 우리 발을 평강의 길로 인도하시리로다"라며 예언을 마무리하였다.[17]

물(세상의 영)로 덮인 땅! 표현할 수 없을 정도의 깊은 상태이기에 흑암에 싸인 땅! 세상의 영(물)으로 깊이 덮인 그 땅에는 하나님의 형상인 그리스도의 형상이 없어 저마다 자기가 하나님과 같이 된 존재로 살아가는 혼돈스러운 땅과 같은 상태의 사람들! 흑암으로 덮인 그 땅에는 진리가 없어 텅 빈 공허한 땅과 같은 상태의 사람들! 이들을 어둠과 죽음의 그늘에 앉은 자라고 부른다. 이들은 여호와 하나님을 섬긴다고 하나 마귀를 섬긴 자들이다.

이런 자들에게 자신의 영적 상태를 깨닫게 해주시는 하나님의 권

---

17) **누가복음 1:78-79,** 78 이는 우리 하나님의 긍휼로 인함이라 이로써 돋는 해가 위로부터 우리에게 임하여 79 어둠과 죽음의 그늘에 앉은 자에게 비추고 우리 발을 평강의 길로 인도하시리로다 하니라.

능의 역사가 곧 돋는 해의 비침이다. 이들은 아브라함에게 전해진 복음을 제대로 깨닫지 못한 자들이다. 모세를 통해 준 율법을 제대로 깨닫지 못한 자들이며 보내주시리라고 한 그 자녀, 그리스도를 잘못된 메시야 상으로 기다리는 자들이었다. 하나님의 아들, 그리스도가 대속의 제물로 준비되었다는 것을 믿지 못하는 자들로서 믿음의 義가 뭔지 모르고 부정하는 자들이다. 율법의 행위의 義를 추구하는 자들이기에 자신의 義를 스스로 만들어가면서 신앙적 만족을 느끼는 사람들이다. 이들이 어둠과 죽음의 그늘에 앉은 자들이었다. 그래서 예수님이 오신 그 땅의 상태는 흑암의 땅, 그 자체였다.

세상은 어둠이며 사람들은 이 어둠 속에서 살고 있다.[18] 사람들은 어둠에 붙잡혀 살면서도 자기가 어둠의 길을 걷고 있는지도 모른다.[19] 예수님의 오심은 사람들로 하여금 생명의 빛을 주어 어둠에 살지 않도록 하기 위하여 오셨다.[20][21] 사람들은 어두운 세상 속에 살고 있고, 사람들도 어둠 그 자체이기에 생명의 빛으로 오신 예수를 알아보지 못하였다.[22][23] 인간이 어둠에 살지 않게 하신다는 말은 인간으로 하여금 인간이 죄인임을 깨닫게 한다는 의미이다. 인간들이 예수를 알아보지 못하는 것은 인간이 자기가 죄인인 줄 모르기 때문이다.

---

18)   **요한복음 1:5**, 빛이 어두움에 비취되 어두움이 깨닫지 못하더라.

19)   **요한복음 12:35**, 예수께서 가라사대 아직 잠시 동안 빛이 너희 중에 있으니 빛이 있을 동안에 다녀 어두움에 붙잡히지 않게 하라 어두움에 다니는 자는 그 가는 바를 알지 못하느니라.

20)   **요한복음 8:12**, 예수께서 또 일러 가라사대 나는 세상의 빛이니 나를 따르는 자는 어두움에 다니지 아니하고 생명의 빛을 얻으리라.

21)   **요한복음 12:46**, 나는 빛으로 세상에 왔나니 무릇 나를 믿는 자로 어두움에 거하지 않게 하려 함이로라.

22)   **요한복음 1:9-11**, 9 참 빛 곧 세상에 와서 각 사람에게 비추이는 빛이 있었나니 10 그가 세상에 계셨으며 세상은 그로 말미암아 지은바 되었으되 세상이 그를 알지 못하였고 11 자기 땅에 오매 자기 백성이 영접치 아니하였으나

23)   **요한복음 3:19**, 그 정죄는 이것이니 곧 빛이 세상에 왔으되 사람들이 자기 행위가 악하므로 빛보다 어두움을 더 사랑한 것이니라.

흑암의 땅에 비추어진 빛을 긍휼이라 부른다. 하나님의 긍휼은 어둠과 죽음의 그늘에 앉은 자들에 대한 하나님의 절실한 사랑의 표현으로서 참 神(true God)이 누구인지 분별하여 십계명의 제1계명을 준수할 수 있게 해주시는 하나님의 근본적인 사랑을 의미한다. 하나님의 긍휼은 사람의 마음 속에서 죄가 왕 노릇하며 지배하고 있음을 적나라하게 보여주시고 십자가에서 주님과 함께 옛 사람을 죽게 해주시는 것이다. 하나님의 긍휼은 인간이 죄의 종으로 살고 있는 영적 처참함을 보여주시며, 인간 스스로 자신은 죄인이 아니라고 죽어라 울부짖으며 자기의 義를 바탕으로 바벨탑을 쌓으며 행위적 신앙을 주장하고 있는 모습을 보여 주시는 것이다.

하나님의 긍휼은 행위가 아니라 변화된 마음과 양심으로 하나님을 섬기는 것이 무엇인지를 깨닫게 해주시며, 하나님의 대속의 은총이 무엇인지를 깨닫게 해주시는 것이다. 진정한 마음의 쉼인 안식이 무엇인지를 누리게 해주시는 것이다. 하나님의 긍휼은 성령을 받아 예수 그리스도의 십자가의 대속의 은총을 믿는 믿음이 무엇인지 깨닫게 해주시어 하나님 역사가 각 개인에게 이루어지는 영적 실제적 사건임을 느끼게 해주시는 것이다.

돋는 해가 비추는 빛! 하나님께서 죄에 지배를 받는 영적으로 처참한 인간에게 긍휼을 베풀어주심에 대한 표현이다.

어둠의 권세, 예수를 죽이려는 교권 잡은 자들

예수님은 자신을 죽이러 온 대제사장들과 성전의 경비대장들과 장로들을 '어둠의 때' 그리고 '어둠의 권세'라고 불렀다.[24] 행위적 신앙을 하던 율법주의자들은 예수를 그리스도로서 하나님의 아들로 알아보지 못하였다. 당시 올바른 신앙을 인도한다는 교권 잡은 자들과 추종자들은 모두 예수를 죽이는 자들이었다. 이들은 모두 십자가의 대속의 은총을 모르는 자들이었다. 여호와 하나님의 긍휼이 무엇인지 모르는 자들이었다. 당시 올바른 신앙으로 인도하던 교권 잡은 자들은 대제사장들과 성전 경비대장과 장로들, 서기관과 바리새인들이었다. 이들을 예수님은 어둠의 권세라고 부르셨다.

어둠의 권세는 예수 그리스도의 십자가의 대속의 은총을 믿지 못하게 하는 영적 존재들을 말한다. 이 존재들이 교권 잡은 자들을 조종한다. 교권 잡은 자들의 말씀을 듣고 신앙생활을 열심히 하는 사람들! 이런 이스라엘 백성을 이런 상태가 되도록 미혹시킨 그 어떤 세력! 보이지 않는 어떤 세력, 바로 영적 존재들! 이들이 마귀 사탄의 무리들이며 어둠의 권세자들이었다. 예수님은 흑암의 땅이란 어둠의 권세가 다스리는 땅이라고 하셨다.

사람을 미혹시킨 마귀 사탄과 그 영향을 받은 사람들! 그들은 당시 교권 잡은 사람들이었으며, 유대교의 전통적인 신앙을 지키는 사람들이었다. 예수를 죽이려는 자들! 메시야의 의미를 변질시키는 자들! 이들이 더러운 영인 귀신의 영의 조종을 받아 귀신의 말을 하며 어둠의 권세를 발휘하는 자들이었다.[25]

---

24) 누가복음 22:52-53, 52 예수께서 그 잡으러 온 대제사장들과 성전의 경비대장들과 장로들에게 이르시되 너희가 강도를 잡는 것 같이 검과 몽치를 가지고 나왔느냐 53 내가 날마다 너희와 함께 성전에 있을 때에 내게 손을 대지 아니하였도다 그러나 이제는 너희 때요 어둠의 권세로다 하시더라.

25) 요한계시록 16:13-14, 13 또, 내가 보매 개구리 같은 세 더러운 영이 용의 입과 짐승의 입과 거짓 선지자의 입에서 나오니 14 그들은 귀신의 영이라 이적을 행하여 온 천하 왕들에게 가서 하나님 곧 전능하신 이의 큰 날에 있을 전쟁을 위하여 그들을 모으더라.

어둠, 빛을 거부하는 자들

사도 요한은 요한복음 1장에서 창세기 1장 1절부터 3절의 말씀과 유사한 표현을 한다.[26] 예수님은 창조를 행하신 분이시다. 말씀으로 하나님과 함께 창조에 동참하신 그리스도이시다. 예수 그리스도는 사람을 살리시는 생명 그 자체이시며, 인간의 영적 어둠 상태를 깨닫게 해주시는 분이시다. 예수 그리스도는 빛이시다. 빛을 비춘다는 것은 그리스도가 어떤 분이라는 것을 깨닫게 하신다는 의미이다.

하나님의 神, 성령께서 혼돈과 공허와 흑암이 깊은 땅에 역사하신 것이 빛을 비추는 것이었다. 이런 땅과 같은 존재에게 빛이 비추어지면 참 神과 거짓 神을 분별할 수 있는 영적 무지가 해결된다. 하나님께 나아가는 거룩의 길로써 율법의 義와 믿음의 義라는 두 길에서 하나님을 섬기는 것은 행위가 아니라 마음과 양심으로 섬기는 것임을 분별하게 된다. 뿐만 아니라 자신의 존재를 옛 사람과 새 사람으로 분별할 수 있게 되고, 구원은 율법의 행위가 아닌 죄 사함 받은 마음에 있음을 깨닫게 된다. 마음은 죄가 지배 했던 상태에서 은혜가 지배하는 상태로 변화되며, 지금까지의 깨달음의 원천은 세상의 영이었지만 이제 하나님의 영이신 성령에 의하여 깨달음을 얻게 된다.

예수 그리스도는 빛이시다. 빛을 비춘다는 말은 예수를 준다는 의미이다. 예수를 주는 것은 택자의 마음에 주님께서 내주하시어 임마누엘의 약속을 이행하시겠다는 하나님의 의지의 표현이시다. 예수 그리스도의 내주하심은 하나님께서 인간이 알기 원하는 깨달음

---

26) 요한복음 1:1-5, 1 태초에 말씀이 계시니라 이 말씀이 하나님과 함께 계셨으니 이 말씀은 곧 하나님이 시니라 2 그가 태초에 하나님과 함께 계셨고 3 만물이 그로 말미암아 지은 바 되었으니 지은 것이 하나 도 그가 없이는 된 것이 없느니라 4 그 안에 생명이 있었으니 이 생명은 사람들의 빛이라 5 빛이 어둠에 비추되 어둠이 깨닫지 못하더라.

을 깨닫기 시작되었음을 의미한다. 왜냐하면 빛은 깨닫게 하는 것이기 때문이다.

어둠의 권세는 빛을 비추지 못하게 마음을 미혹한다. 미혹의 영은 마음에 빛이 비추어지지 못하게 막는다. 막는 방법은 세상의 염려를 주는 것이며, 자기의 탐심과 정욕대로 살게 하는 것이다. 미혹의 영이 발휘하는 어둠의 권세는 신앙의 행위만 보게 하고 마음은 보지 못하게 한다.[27]

빛 비추임은 지혜와 계시의 영에 의한 역사로 마음의 눈을 밝게 해주는 것이다. 하나님은 마음의 눈을 밝혀주셔서 인간이 깨닫기 바라는 것을 알게 하신다. 하나님께서 창세 전에 생명책에 기록한 자를 그의 현존하는 시대에 지명하여 부르신 이유와 구원하신 성도에게 하나님께서 소망하고 계시는 것이 무엇인지 알게 하신다. 또 하나님은 성도가 받게 된 그 기업의 영광의 풍성함의 구체적인 내용과 각 성도에게 하나님께서 큰 능력으로 역사하신 것을 알게 하신다. 어둠이란 하나님께서 알기 원하는 것을 모르고 있는 상태를 말한다.[28] 마음의 눈이 어두운 자! 즉, 마음 속에서 죄가 왕으로서 군림하며, 자기 자신을 죄의 종으로 삼고 있다는 것을 모르고 사는 자가 눈이 어두운 자이다.

흑암의 땅에 사는 어둠의 사람들

예수님은 스스로를 "나는 세상의 빛"이라 하셨다. 그래서 예수님

---

27) **에베소서 1:17-19**, 17 우리 주 예수 그리스도의 하나님, 영광의 아버지께서 지혜와 계시의 영을 너희에게 주사 하나님을 알게 하시고 18 너희 마음의 눈을 밝히사 그의 부르심의 소망이 무엇이며 성도 안에서 그 기업 영광의 풍성함이 무엇이며 19 그의 힘의 위력으로 역사하심을 따라 믿는 우리에게 베푸신 능력의 지극히 크심이 어떠한 것을 너희로 알게 하시기를 구하노라.

28) **요한복음 1:5**, 빛이 어두움에 비추되 어두움이 깨닫지 못하더라.

을 따르는 자는 어둠에 다니지 아니하고 생명의 빛을 얻는다고 하셨다.[29] 예수가 성육신하여 흑암의 세상에 빛으로 오셨다. 창세기 1장 2절의 땅에 창세기 1장 3절의 말씀이 실행된 것이다. 세상에 사는 모든 인간은 이미 태어날 때부터 어둠에 붙잡혀있는 존재이다. 그래서 주님이 오셨을 때 빛으로 오신 예수를 그리스도로 믿어야 한다. 말씀이신 그리스도에 대해 제대로 깨달아야만 한다. 그렇지 않으면 저주 받는 멸망과 사망의 문으로 가는지도 모르고 신앙생활을 하게 된다. 어둠에 잡힌 자들은 "인자가 들려야 하리라!"라고 하는 십자가의 죽음을 이해하지 못한다.[30]

예수님이 빛으로 어둠의 땅에 오신 이유는 예수 그리스도를 믿는 자로 하여금 어둠에 거하지 않게 하려 함이셨다.[31] 흑암의 땅은 율법의 행위의 義를 추구하는 미혹된 거짓 신앙이 팽배한 종교 분위기를 말한다. 예수 그리스도의 성육신은 미혹된 신앙을 바로잡는 것이다. 즉, 행위로 율법을 완성하려는 외식적 신앙의 문제점을 깨닫게 하시고, 율법의 진정한 완성은 예수를 그리스도로 믿는 것이라는 사실을 알게 하기 위함이었다. 그러나 어둠의 권세들로 인하여 율법의 예법을 문자대로 철저히 준수하는 왜곡된 신앙이 팽배했던 그 당시에 백성들은 예수가 전하는 율법의 해석을 믿지 않았다.[32] 왜냐하면 자기들의 신앙적 행위가 악으로 드러나기 때문에 십자가의

---

29) **요한복음 8:12**, 예수께서 또 말씀하여 이르시되 나는 세상의 빛이니 나를 따르는 자는 어둠에 다니지 아니하고 생명의 빛을 얻으리라

30) **요한복음 12:34-36**, 34 이에 무리가 대답하되 우리는 율법에서 그리스도가 영원히 계신다 함을 들었거늘 너는 어찌하여 인자가 들려야 하리라 하느냐 이 인자는 누구냐 35 예수께서 이르시되 아직 잠시 동안 빛이 너희 중에 있으니 빛이 있을 동안에 다녀 어둠에 붙잡히지 않게 하라 어둠에 다니는 자는 그 가는 곳을 알지 못하느니라 36 너희에게 아직 빛이 있을 동안에 빛을 믿으라 그리하면 빛의 아들이 되리라 예수께서 이 말씀을 하시고 그들을 떠나가서 숨으시니라.

31) **요한복음 12:46**, 나는 빛으로 세상에 왔나니 무릇 나를 믿는 자로 어둠에 거하지 않게 하려 함이로라.

32) **요한복음 2:9-11**, 9 참 빛 곧 세상에 와서 각 사람에게 비추는 빛이 있었나니 10 그가 세상에 계셨으며 세상은 그로 말미암아 지은 바 되었으되 세상이 그를 알지 못하였고 11 자기 땅에 오매 자기 백성이 영접하지 아니하였으나

대속의 은총을 거부하고 자기들의 율법주의적 신앙을 고집하였다.[33]

어둠, 곧 율법적 신앙을 하는 자는 알아야 할 것을 안다고 하나 알지 못한다. 진정 여호와를 섬기는 자는 참 빛이신 그리스도가 누구신지 알아야 한다. 예수 그리스도는 하나님께서 알기 원하시는 것을 모르는, 멸망과 사망의 길을 가는지 알지 못하는 어둠의 존재들에게 하나님께서 사람이 알기 원하시는 것을 알게 하시는 분이시다. 율법의 행위의 義가 아닌 십자가의 대속의 은총을 믿는 믿음의 義가 구원의 길임을 알게 하시는 분이 그리스도이시다.

자기가 죄에 지배를 받는 존재인줄 아는 자는 예수를 자기의 구세주로 알아본다. 예수님이 참 빛이라 표현하는 것은 지금 지구를 밝히고 있는 낮의 태양과 밤의 달과 별은 성경에서 의미하는 빛이 아니라는 의미이다. 빛이 빛으로 역할을 하는 것은 시각적으로 느껴지는 어둠을 밝히는 것이 빛이 아니라, 인간으로 하여금 죄를 깨닫게 하는 빛이 진짜 빛이며, 빛의 존재 의미란 뜻이다. 그런데 인간들이 예수님을 그런 분으로 알아보지 못하여 구세주로 영접하지 못한 이유는, 인간은 태어날 때부터 죄인이기에 악한 자이며, 그래서 죄인으로서 사는 것을 더 좋아하는 존재이기 때문이다. 하나님의 심판이 인간에게 이루어진 하나님의 정죄함은 인간이 자기의 죄를 보지 못하고 있는 상태를 말한다.

오늘 이 순간, 죄의 지배 받음을 보지 못하고 죄인임을 깨닫지 못한 자는 하나님의 심판을 이미 받은 자이다. 그는 정죄함을 받아 지옥에 갈 대상자이다. 요한은 참 빛에 대하여 말하면서 현재 이 순간의 영적인 심판의 결과에 대하여 언급하고 있다.

---

33) **요한복음 3:9**, 그 정죄는 이것이니 곧 빛이 세상에 왔으되 사람들이 자기 행위가 악하므로 빛보다 어둠을 더 사랑한 것이니라.

마음의 눈이 밝아지면 보이는 자신의 율법적 신앙

바울의 사명은 첫째, 이스라엘과 이방인에게 마음의 눈을 밝게 하는 것. 둘째, 어둠에서 빛으로 돌아가게 하는 것. 셋째, 사탄의 권세에서 하나님께로 돌아가게 하는 것이다. 이는 택함 받은 백성을 죄 사함 받게 하여 하나님이 요구하시는 거룩을 이루게 함이요, 하나님의 기업을 얻게 함이었다. 어둠은 진리의 눈을 뜨지 못한 자이며, 사탄의 권세에 잡혀있는 자로서 죄 사함을 받지 못한 자이다.[34]

유대인은 하나님의 율법을 철저히 행위로 준수하면서 여호와 하나님을 섬겨야 한다고 전한다. 율법에서 교훈을 도출하여 하나님의 뜻대로 이 땅의 삶을 어떻게 선하게 살아야 하는지를 찾았다. 그래서 더욱 더 율법의 지식을 폭넓게 추구하였던 유대인들이었다. 이들은 자신들을 소경의 길을 인도하는 자, 어둠에 있는 자의 빛, 어리석은 자의 훈도, 어린 아이의 선생이라고 여겼다.[35]

행위의 온전함을 추구하는 율법주의자들은 자신을 빛의 자녀로서 하나님의 자녀라고 착각하였다. 율법의 행위 예법을 모르는 자들에게 행위적 신앙을 가르치면서 하나님의 생명의 말씀을 전하는 것으로 착각하였다. 이들은 마음의 눈이 아닌 육신의 눈으로 마음이 아닌 행위를 보며 율법에 무지한 소경을 하나님을 섬기는 길로 인도한다는 착각을 하였다. 유대인들이 스스로를 '어둠에 있는 자의 빛'이라 여긴 생각은 하나님이 생각하는 어둠과 율법주의자들이 생각하는 어둠이 차이가 있음을 알게 한다. 바울은 율법의 예법을 문자

34) **사도행전 26:17-18**, 17 이스라엘과 이방인들에게서 내가 너를 구원하여 저희에게 보내어 18 그 눈을 뜨게 하여 어두움에서 빛으로, 사탄의 권세에서 하나님께로 돌아가게 하고 죄 사함과 나를 믿어 거룩케 된 무리 가운데서 기업을 얻게 하리라 하더이다.

35) **로마서 2:17-20**, 17 유대인이라 칭하는 네가 율법을 의지하며 하나님을 자랑하며 18 율법의 교훈을 받아 하나님의 뜻을 알고 지극히 선한 것을 좋게 여기며 19 네가 율법에 있는 지식과 진리의 규모를 가진 자로서 소경의 길을 인도하는 자요 어둠에 있는 자의 빛이요 20 어리석은 자의 훈도요 어린 아이의 선생이라고 스스로 믿으니

대로 철저히 행위로 준수하며 행위의 義를 취하는 것이 하나님께 나아가는 거룩함을 이루는 길이라고 여기는 신앙 또는 이런 신앙을 하는 자를 어둠이라고 한다. 그러나 율법주의자들은 율법의 예법을 모르는 자 그리고 율법을 몰라서 하나님께 제사를 제대로 드리지 못하는 자를 어둠이라고 부른다. 그러나 자신의 마음 속을 보지 못하고 행위만 보게 하는 율법이 어둠이었다.[36] 율법대로 사는 것이 하나님을 잘 섬기는 예라고 가르치는 자들을 어둠에 있는 자의 빛이라고 불렀다. 그리고 이들은 빛의 빛이 아니기에 어둠 속에 있는 영적 소경을, 어둠의 빛인 율법으로 인간을 잘못된 구원의 길로 인도하는 자들이었다. 그 당시 교권 잡은 모든 종교 지도자들이 거의 다 여기에 해당되는 자들이었다.

48

49

바울은 유대인들에게 행위 중심적 신앙인 율법을 벗어나 마음 중심적이며 율법을 완성시켜주는 믿음을 갖자고 권면한다. 세상은 사람이 마음으로 하나님을 섬길 수 없게 미혹의 영이 상시 작용하는 장소이다. 사람으로 하여금 자신의 마음을 볼 수 없도록 모든 인간에게 미혹의 영이 역사하는 곳이 세상이다. 그러므로 성령의 역사와 예수의 피 뿌림으로 변화되지 않은 상대에서는 참 하나님 여호와를 분별하여 섬긴다는 것은 불가능하다.

바울은 유대인들에게 자신들이 처한 영적 미혹의 세계에서 벗어나라고 권면한다. 빨리 율법에 대한 올바른 해석을 듣고 예수 그리

---

36) **로마서 2:19,** 네가 율법에 있는 지식과 진리의 규모를 가진 자로서 소경의 길을 인도하는 자요 어둠에 있는 자의 빛이요.

스도를 믿어야 하며, 그래야 어둠의 일인 저주의 율법적 신앙에서 벗어날 수 있다고 강조한다. 아브라함에게 전달된 참된 복음이 아닌, 모세에게 전달된 복음의 그림자인 율법을 통해 깨닫게 되는 참된 복음이 아닌 신앙이 미혹의 영에 의해 전파되고 있다. 매우 강력하게 전파되어 미혹이 이스라엘을 덮어버렸다. 바울은 "우리가 어둠의 일을 벗고 빛의 갑옷을 입자!"라며 "율법에서 벗어나 믿음을 갖자!"라고 강조한다.

바울은 이와 같은 율법의 올바른 해석과 깨달음을 주는 일 그리고 그리스도의 대속의 은총을 믿는 일은 인간들 간의 일이 아님을 알게 된다. 유대인을 율법에서 벗어나게 하는 일! 선택 받은 자를 잘못된 신앙에서 벗어나게 하는 일! 이것은 광명의 천사로 가장한 마귀 사탄과의 영적 전투이다. 영적 전투에 임하는 그리스도의 군사는 마귀의 간계에 대처하기 위해 하나님의 말씀에 대한 올바른 깨달음으로 무장하여야 한다. 영적 전투는 두 세력, 행위 중심적 신앙인 율법과 마음 중심적 신앙인 믿음간의 싸움이다. 어둠의 자녀들은 구원이 율법의 예법을 행위로 온전히 준수하는 행위에 있다고 전하는 어둠의 권세들의 세력이다. 빛의 자녀들은 구원이 예수 그리스도의 십자가의 대속의 은총을 믿는 믿음에 있다고 전하는 빛의 권세들의 세력이다.[37]

영적 전투는 구원이 율법의 예법 준수에 있다고 믿는 자들에게 복음을 전하는 것이다. 전투 대상은 혈과 육을 지닌 사람이 아니다. 정사와 권세와 어둠의 세상 주관자들과 하늘에 있는 악의 영들이다. 즉 광명의 천사로 가장한 마귀 사탄과 의의 일꾼으로 가장한 그의 수하들과의 전투이다. 하나님의 자녀들은 전투 준비를 위해 빛의 갑옷과

---

37) 에베소서 6:10-12, 10 끝으로 너희가 주 안에서와 그 힘의 능력으로 강건하여지고 11 마귀의 간계를 능히 대적하기 위하여 하나님의 전신 갑주를 입으라 12 우리의 씨름은 혈과 육을 상대하는 것이 아니요 통치자들과 권세들과 이 어둠의 세상 주관자들과 하늘에 있는 악의 영들을 상대함이라.

하나님의 전신갑주를 입어야 한다. 하나님의 말씀의 검, 성령의 검을 지니고 전투에 임하여야 한다. 이는 믿음과 성령 안에서 하나님의 비밀인 그리스도에 대한 올바른 계시를 받아야 함을 의미한다.

전투요원들은 모두 빛의 아들이며 낮의 아들이다.[38] 이들은 모두 예수 그리스도의 십자가의 대속의 은총을 받은 자들로서 성령의 인침이 있는 자들이며, 자기의 義를 가진 자들과 싸우는 믿음의 義를 가진 자들이다. 그리고 어둠과 싸우는 빛들이다. 주님은 전투요원인 택하신 각 성도들에게 자신들이 어떻게 미혹되었는지 즉, 어둠인 율법에 속고 있었는지를 분별할 수 있는 능력을 주신다.

율법주의자들에 대한 판단은 성도들의 몫이 아니다. 주님께서 심판 날에 행하실 판단이시다. 율법주의자들과 싸우는 피비린내 나는 치열한 영적 전투는 하나님으로부터 칭찬을 받게 한다. 어느 때인가 하나님이 정하신 때에 주님이 오시면 그 어느 누구도 자신들의 거짓된 신앙을 감출 수가 없다. 마치 번제단에서 대속의 희생제물의 내장을 샅샅이 뒤져 기름을 제거하고 태우듯이 인간의 마음 속을 열어서 마음 속의 생각을 다 끄집어내서 보신다. 그 때 인간이 행한 말과 행동의 근본 동기가 무엇에서 출발하였였는지 판단하신다.

성도의 각 개인의 신앙에서 주님이 나에게 오시면, 주님이 나를 빛으로 인도하시면, 내가 빛 비추임을 받으면 어둠에 숨겨졌던 나의 마음 속이 들추어진다.[39] 이는 율법의 예법을 행위로 잘 지키기에 가려졌던 마음 속의 율법 준수 동기가 들추이저서 나의 마음 속의 영적 실제를 보고 느끼고 깨닫게 된다는 의미이다. 빛 비추임!

---

38) **데살로니가전서 5:5**, 너희는 다 빛의 아들이요 낮의 아들이라 우리가 밤이나 어둠에 속하지 아니하나니

39) **고린도전서 4:5**, 그러므로 때가 이르기 전 곧 주께서 오시기까지 아무 것도 판단하지 말라 그가 어둠에 감취진 것들을 드러내고 마음의 뜻을 나타내시리니 그 때에 각 사람에게 하나님으로부터 칭찬이 있으리라 (Therefore judge nothing before the appointed time; wait till the Lord comes. He will bring to light what is hidden in darkness and will expose the motives of men's hearts. At that time each will receive his praise from God).

어둠 속에 빛이 비추어진다는 의미! 어둠의 존재인 나에게 빛이 비추어진다는 의미! 이것은 나의 마음 속의 동기가 들추어지는 것을 말한다.

바울은 어둠에 감춰진 것들을 빛이 드러내듯이 인간의 마음의 동기(the motives of men's hearts)를 주님께서 들추어내신다고 했다. 이 말은 사람이 예수를 인격적으로 만나면 자기 자신이 말하고 행동하는 마음의 동기를 스스로 알게 된다는 의미이다. 즉 참 빛이 비추어진 자는 자기 마음의 동기를 밝히 볼 줄 알기에 자신이 왜 이런 말과 행동을 하는 지를 안다. 그러나 어둠에 있는 사람들은 왜 자기가 그렇게 말하고 행동하는 지을 모른다. 즉 "어두움에 다니는 자는 그 가는 바"를 알지 못한다는 말이다.[40]

지금까지 성도가 자신의 행위만 보고 마음 속을 보지 못한 이유는, 마음 속에 있는 왕으로 군림하여 나를 노예로 부리고 있는 죄에 지배받는 영적 상태를 보지 못한 이유는 행위의 온전함을 마음의 온전함으로 착각하게 만든 미혹의 영의 역사 때문이다. 즉, 율법적 신앙을 하였기 때문이다. 그래서 율법은 어둠이며, 마음의 눈이 밝아지면 자신의 잘못된 행위적 신앙을 깨닫게 된다.

어둠이란 예수 믿기 전의 상태로서 율법의 행위의 義, 자기의 義를 따를 때의 신앙 상태를 말한다. 어둠의 신앙적 열매는 선악을 알게 하는 나무의 열매처럼 먹으면 죽는 신앙이다. 어둠의 열매는 율법적 신앙생활에 열심을 내어 자기의 義를 만들어가며 스스로 신앙적 만족을 추구하는 신앙이다. 결국 심판의 저주를 받게 됨에도 불구하고 구원받는다고 착각하는 저주의 신앙이다. 선악을 알게 하는 나무의 열매를 먹으면 결국에는 사망에 이른다는 하나님의

---

40) 요한복음 12:35, 예수께서 이르시되 아직 잠시 동안 빛이 너희 중에 있으니 빛이 있을 동안에 다녀 어둠에 붙잡히지 않게 하라 어둠에 다니는 자는 그 가는 곳을 알지 못하느니라.

경고의 말씀을 듣지 않는 신앙이 어둠의 일에 참여하는 것이다.[41]

바울은 지금 자기의 사명인 예수가 그리스도이심을 전하는 복음을 창세기의 빛과 어둠의 표현을 빌어 비유로 설명하고 있다. 창세기의 자연현상으로써의 6일간의 창조와 안식에 무슨 영적 비밀을 숨겨놓았기에 이렇게 인용되는 것일까?

어둠, 형제를 미워하는 자

사도 요한은 빛과 어둠을 형제사랑과 연계하여 설명한다. 율법적 신앙생활을 하는 자들도 자신들이 빛에 있다고 생각한다. 빛이란 그리스도이며 하나님을 의미한다. 즉, 하나님을 올바로 믿는 자는, 그리스도를 올바로 깨닫고 있는 자는 형제를 사랑하게 되어 있다. 여기서 형제란 하나님을 아버지라고 부르는 자들이다. 마치 아담을 아버지라 부르는 두 형제인 카인과 아벨, 아브라함을 아버지라고 부르는 두 형제, 즉 여종인 하갈의 아들 이스마엘과 본부인인 사라의 아들인 이삭을 의미한다. 그리고 이삭의 두 아들 에서와 야곱을 의미한다. 형제를 미워하는 자는 어둠에 있는 자이다.[42] 형제를 미워한다는 의미는 두 가지로 해석할 수 있다. 첫째, 율법의 행위의 義를 추구하는 신앙을 하는 형이 그리스도의 대속의 은총을 믿는 믿음의 義를 추구하는 신앙을 하는 동생을 핍박한다는 의미이다. 둘째, 하나님을 잘못 섬긴다고 핍박하는 형을 피하거나 대적하며 미혹의 영에 속아 잘못된 신앙을 하는 형을 건져내기 위해 복음을 전

---

41) **에베소서 5:8, 11**, 8 너희가 전에는 어둠이더니 이제는 주 안에서 빛이라 빛의 자녀들처럼 행하라 11 너희는 열매 없는 어둠의 일에 참여하지 말고 도리어 책망하라.

42) **요한일서 2:9-11**, 9 빛 가운데 있다 하면서 그 형제를 미워하는 자는 지금까지 어둠에 있는 자요 10 그의 형제를 사랑하는 자는 빛 가운데 거하여 자기 속에 거리낌이 없으나 11 그의 형제를 미워하는 자는 어둠에 있고 또 어둠에 행하며 갈 곳을 알지 못하나니 이는 그 어둠이 그의 눈을 멀게 하였음이라.

하지 않는 것을 의미한다.

빛 가운데 거하는 자는 형제를 사랑한다. 그러나 어둠에 거하는 자는 형제 사랑이 불가능하다. 예수 그리스도의 십자가의 대속의 은총을 깨달은 자는 형제에게 참 구원의 길로서의 복음을 전하게 되지만, 깨닫지 못하고 행위적 신앙을 하는 자는 형제의 신앙이 하나님을 모독하는 것이라며 죽이기까지 하게 된다. 이는 신앙의 차이로서 옛 언약과 새 언약, 율법과 복음, 행위와 마음을 대비 하는 표현이 형제사랑이란 의미이다.

예수 믿는 자를 핍박하는 것! 어둠 즉, 율법이 신앙인의 눈을 멀게 하여 형제를 죽이기까지 한다. 죄의 지배를 받으나 율법으로 죄를 가려 자신이 죄인인지 모르고, 하나님을 섬기는 참된 예법이 뭔지도 모르면서 진리를 수호한다는 명분에 사로 잡혀 박해와 핍박을 정당화한다. 이들이 자칭 유대인으로서 사탄의 회당이었다.[43]

흑암

하나님의 말씀인 율법을 제대로 깨달으면 자신의 신앙이 율법의 행위의 義를 추구하는 지를 분별하게 된다. 다윗은 자신이 어둠에 있음을 깨달았다. 다윗은 자신의 마음 속의 동기를 보고 올바로 하나님의 뜻에 순종하기를 원하고 있다. 자신이 어둠의 존재인지를 깨달은 자는 이런 고백을 하게 된다.

---

43)　요한계시록 2:9, 내가 네 환난과 궁핍을 알거니와 실상은 네가 부요한 자니라 자칭 유대인이라 하는 자들의 비방도 알거니와 실상은 유대인이 아니요 사탄의 회당이라.

다윗은 자신이 흑암의 상태에 있는 것을 알고 하나님께 기도하며 자신을 빛으로 인도해달라고 하였다. 다윗 자신이 흑암에 있다는 말의 의미는 무엇일까? 다윗 주변의 사람 모두가 보이지 않는 어둠의 권세의 조종을 받고 있다는 의미이며, 개인적으로는 자신의 죄로 인해 고통 받는 현실을 말하는 것이다. 자신의 영적 상태를 안 다윗은 이런 어둠의 영적 상태에서 구출해줄 분은 오직 여호와 밖에 없음을 깨닫게 된다. 왜냐하면 세상에 자기가 하나님이라 주장하는 영들 중에서 오직 여호와만 참 神이시기 때문이다.

아삽은 강포한 자가 가득 찬 세상을 흑암한 곳(the dark places 0f the land)이라 하며, 이곳에서 어둠의 권세를 휘두르는 강포한 자들로부터 폭력에 시달리는 사람들을 학대받는 자, 가난한 자, 궁핍한 자라고 불렀다. 폭력의 근본은 빛을 보지 못하게 하는 것이다. 자신의 죄를 깨달을 틈이 없이 현실에 매이게 하는 것이다. 아삽은 이렇게 죄와 삶에 매여 있는 이들의 목숨을 구해달라며, 그 기도의 근거로 하나님께서 인간과 맺은 언약을 제시하였다. 여기서 아삽이 말한 언약은 무엇인가? 하나님께서 아브라함과 맺은 언약을 의미한다. 흑암의 땅에서 어둠의 세상 주관자인 강포한 자에게 율법의 강요를 받고 사는 사람들의 생명을 구해달라는 것은 믿음으로 구원받게 해달라는 것이다. 아브라함에게 약속하신 오시리라 한 그리스도를 보내달라는 기도이다. 결국 흑암의 땅에 빛을 비추어달라는 기도이다.[44]

---

44) **시편 74:20–21**, 20 언약을 돌아보소서 대저 땅 흑암한 곳에 강포한 자의 처소가 가득하였나이다. 21 학대 받은 자로 부끄러이 돌아가게 마시고 가난한 자와 궁핍한 자로 주의 이름을 찬송케 하소서.

시편 104편에서 흑암(darkness)은 짐승들이 먹이를 구하러 숲에서 나오는 시간대로 표현한다. 흑암 속에서 활동하는 것이 짐승이다. 이 짐승은 마귀 사탄이다. 마귀는 어둠의 세상의 주관자이기에 어둠인 사람들에게 삶의 염려를 줌으로써 사람들을 다스린다. 마귀는 굶주린 젊은 사자로서 삶의 염려에 계속 사람들을 사로잡히게 만든다. 베드로는 이것을 마귀가 "굶주린 사자처럼 삼킬 자를 찾는다."라는 말로 표현한다. 흑암의 세계에서 이루어지는 일은 삶의 염려를 주는 일이다.[45][46]

시편 107편에서는 사람이 흑암과 사망의 그늘에 앉아 곤고하고 쇠사슬에 매인 인생을 살게 되는 이유를 지존자이신 하나님의 말씀과 뜻을 거역하였기 때문이라고 한다.[47] 하나님의 말씀을 거역하는 행위는 율법의 행위를 준수하지 않는 것을 말하는 것이 아니다. 이는 예수 그리스도의 십자가의 대속의 은총을 거부하는 것이며, 믿음의 義로 하나님께 나아가는 것을 거부하는 것이다. 그래서 거역한 자의 영적 상태는 율법으로 인해 흑암과 사망의 그늘에 살고 있으며, 곤고와 쇠사슬에 매여 살고 있다고 하는 것이다. 그러나 율법주의자들은 이를 거꾸로 알아듣고 있다. 따라서 흑암과 사망의 쇠사슬로 인한 곤고한 인생에서 해방되려면 하나님의 말씀과 뜻에 순종하면 된다. 지금 인간이 흑암과 사망의 상태에 있다는 말은 하나님의 비밀인 예수 그리스도에 대하여 깨닫고 믿어야 한다는 하나님의 말씀과 뜻에 불순종하는 삶을 살고 있는 상태를 의미한다.

---

45) **시편 104:20-23,** 20 주께서 흑암을 지어 밤이 되게 하시니 삼림의 모든 짐승이 기어 나오나이다. 21 젊은 사자가 그 잡을 것을 쫓아 부르짖으며 그 식물을 하나님께 구하다가 22 해가 돋으면 물러가서 그 굴혈에 눕고 23 사람은 나와서 노동하며 저녁까지 수고하는도다.

46) **베드로전서 5:7-9,** 7 너희 염려를 다 주께 맡겨버리라 이는 저가 너희를 권고하심이니라. 8 근신하라 깨어라 너희 대적 마귀가 우는 사자 같이 두루 다니며 삼킬 자를 찾나니 9 너희는 믿음을 굳게 하여 저를 대적하라 이는 세상에 있는 너희 형제들도 동일한 고난을 당하는 줄을 앎이니라.

47) **시편 107:10-11,** 10 사람이 흑암과 사망의 그늘에 앉으며 곤고와 쇠사슬에 매임은 11 하나님의 말씀을 거역하며 지존자의 뜻을 멸시함이라.

이사야는 스스로 지혜롭다 하며 스스로 명철하다 하는 자의 미련함을 광명과 흑암을 구분하지 못함으로 표현하였다. 스스로 지혜롭고 명철한 자들의 행태가 흑암을 광명이라 하고, 광명을 흑암이라고 하는 자들이라고 한다. 이는 구원이 믿음이 아닌 율법에 있다고 하며, 율법을 광명의 길로 여기는 것을 말한다. 그래서 이들은 도리어 하나님께 심판의 화를 당하게 된다.[48]

예수님께서 이사야의 예언을 인용하신 부분이 있다(마태복음 4:16). 그것은 이사야 9장 2절인 "흑암에 행하던 백성이 큰 빛을 보고 사망의 그늘진 땅에 거하던 자에게 빛이 비추도다"이다. 이사야는 그리스도의 오심을 이렇게 예언하였고, 예수님은 이를 인용하셨다. 이사야는 이와 같이 하나님이 보내시는 빛의 종이시며 구세주이신 그 분이 오시면 소경의 눈을 밝히고 옥에 갇힌 자와 흑암의 지하 감옥에 갇힌 자를 풀어준다고 한다.[49] 여기서 말하는 소경은 누구며, 흑암의 지하 감옥에 갇힌 자들은 누구인가? 이렇게 처참한 상황에 처한 사람들, 이들은 율법에 매인 유대교인들을 말한다. 성경은 흑암을 사탄의 권세,[50] 사탄과 그 무리들인 타락한 천사들을 가두어둔 곳,[51] 복음의 길을 방해하는 사람들을 가두는 감옥[52]으로 표현한다.

성경에서 흑암은 어둠과 마찬가지 의미로 사용되었다. 모두가 인간의 영적 상태, 인간의 마음의 상태, 마귀 사탄의 권세에 의해 지배

---

48) **이사야 5:20-21,** 20 악을 선하다 하며 선을 악하다 하며 흑암으로 광명을 삼으며 광명으로 흑암을 삼으며 쓴 것으로 단 것을 삼으며 단 것으로 쓴 것을 삼는 그들은 화 있을진저 21 스스로 지혜롭디 히며 스스로 명철하다 하는 그들은 화 있을진저

49) **이사야 42:6-7,** 6 나 여호와가 의로 너를 불렀은즉 내가 네 손을 잡아 너를 보호하며 너를 세워 백성의 언약과 이방의 빛이 되게 하리니 7 네가 소경의 눈을 밝히며 갇힌 자를 옥에서 이끌어내며 흑암에 처한 자를 간에서 나오게 하리라.

50) **골로새서 1:13,** 그가 우리를 흑암의 권세에서 건져내사 그의 사랑의 아들의 나라로 옮기셨으니

51) **유다서 1:6,** 또 자기 지위를 지키지 아니하고 자기 처소를 떠난 천사들을 큰 날의 심판까지 영원한 결박으로 흑암에 가두셨으며

52) **유다서 1:13,** 자기의 수치의 거품을 뿜는 바다의 거친 물결이요 영원히 예비된 캄캄한 흑암에 돌아갈 유리하는 별들이라.

되는 상태, 구원이 없는 율법에 매인 상태, 마귀 사탄 그 자체를 말하는 등의 의미로 활용되었다. 모두가 간절하고 절실하게 빛을 필요로 하는 상태를 의미하고 있다. 하나님은 이런 상태의 세상과 인간에게 빛을 비추시려고 한다.

바울은 창세기의 창조 이야기를 어떻게 깨달았기에 자기의 사명과 예수가 그리스도이심을 전하는 복음을 창세기의 빛과 어둠의 표현을 활용하여 비유로 설명하고 있는가? 왜 선지자들과 사도들은 바울처럼 인용하여 말씀을 전하는가? 하나님은 창조 이야기에 어떤 영적 비밀을 숨겨 놓았을까? 참 하나님 여호와를 만난 믿음의 사람들은 이 비밀을 알았다. 예수 그리스도의 십자가의 대속의 은총을 믿는 자들은 이 비밀을 성령의 계시로 깨달았다.

인간의 마음, 혼돈과 공허 그리고 흑암에 싸인 땅

    바울은 창세기 1장의 창조 내용을 해석하고 있다. 바울의 해석을 보면서 첫째, 바울은 6일간의 창조와 안식의 내용을 자기 자신에게 어떻게 적용하여 깨닫고 있는가? 둘째, 이미 창조가 완료된 상태로서 하나님의 창조는 지금 이 순간 존재하는 사람과 관계가 있다는 건가 없다는 건가? 그래서 이 시대에 현존하는 나와 관계가 있다면 완료된 창조 이야기는 지금 이 순간 읽는 나에게 어떻게 읽혀져야 하는가? 하는 의문이 든다.

빛 비추임, 긍휼하심을 입은 자

    인간을 향한 하나님의 긍휼하심은 빛 비추임이다. 인간이 하나님의 긍휼하심을 받으면 변화가 생기게 된다.[53] 변화는 "첫째, 낙심하지 않는다. 둘째, 숨은 부끄러운 일을 버린다. 셋째, 속임을 행하지 않는다. 넷째, 하나님의 말씀을 혼잡하게 하지 않는다. 다섯째, 진리를 나타낸다."이다. 하나님의 긍휼을 받은 자에게 이런 변화의 현상이 드러나는 것은 근본적으로 그 사람의 양심이 변화되었기 때문이다. 변함의 진실성에 대한 평가는 하나님 앞에서 드러난 행위가 아닌 각 개인의 변화된 양심의 영적 상태를 기준으로 한다.

    하나님의 긍휼을 입은 자는 빛 비추임을 받은 자라고 하였다. 마

---

53)   **고린도후서 4:1-2,** 1 그러므로 우리가 이 직분을 받아 긍휼하심을 입은 대로 낙심하지 아니하고 2 이에 숨은 부끄러움의 일을 버리고 속임으로 행하지 아니하며 하나님의 말씀을 혼잡하게 하지 아니하고 오직 진리를 나타냄으로 하나님 앞에서 각 사람의 양심에 대하여 스스로 추천하노라.

음과 양심의 변화는 그림자인 율법이 몸인 그리스도로 해석이 되는 것, 즉 율법에서 그리스도 예수의 복음이 보이고 믿어지는 것을 의미한다. 바울은 육체로 오신 예수가 성경에 기록된 주(主) 되신 그리스도로 오신 분이심을 전파한다.[54]

바울이 자기의 마음에서 체험된 창조

바울이 복음을 전하게 된 힘의 원천은 마음에 비추어진 빛 때문이다. 빛으로 인해 바울은 복음이 마음에서 깨달아지면서 십자가에서 저주의 죽음과 부활의 영광을 얻으신 예수 그리스도의 대속의 은총에 대하여 알게 되었다. 바울은 자신의 마음이 어둠의 상태였음을 알았다. 율법의 행위의 義로 인해 자신의 행위가 올바르다고 여겨서 마음의 상태도 깨끗하고 거룩한 상태인줄 알았다. 그러나 마음에 빛이 비추어지니까 자신의 마음이 창세기 1장 2절의 혼돈과 공허와 흑암이 깊은 땅이라는 것을 알았다. 즉, 자신의 마음 속에서 죄가 왕 노릇하며, 자신은 죄에 지배 받는 죄의 종으로 살고 있다는 처참한 영적 상태를 깨닫게 된다. 그리고 그리스도가 누구신지를 깨닫기 시작하였다.

마음에 빛이 비추어진 바울은 흑암에서 분리해낸 빛과 같이 거짓된 율법의 빛을 빛으로 여겼던 자신의 신앙을 돌아볼 수 있게 되었다.[55] 바울이 전하는 복음이 안 믿어지는 자들은 망하는 자들이며, 심판

대상들이며, 저주 받을 자들이다. 복음이 안 믿어지는 이유는 안 믿어지게 만드는 세상의 神(the god of this age)의 미혹 때문이다. 세상의 神은 마음을 혼미하게 하여 마치 마음의 창에 커튼을 내려 복음의 빛이 비추어지는 것을 막는 것처럼 마음을 가린다(blinded the minds). 마음을 가리는 이유는 하나님의 형상이며 영광인 그리스도의 십자가의 대속의 은총을 깨닫지 못하게 하기 위함이다. 성경은 이와 같은 인간의 미혹된 영적 상태의 마음을 혼돈과 공허와 흑암이 깊은 땅이라고 부른다(창세기 1:2). 바울은 하나님께서 깊은 흑암에 싸여 형체도 없고 텅 빈 땅에 빛을 비추신 것과 같이 인간의 마음에 빛을 비추셨다는 것이다. 이 말은 땅이 흑암에 싸여 형체도 없고 텅 빈 상태에 있는 것과 같이 인간의 마음도 그러하다는 의미이다.

바울은 창조 후 "혼돈, 공허, 깊은 흑암"의 상태인 땅을 마음에 비유 하며 창조에 대한 영적 해석을 시작하고 있다. 바울은 왜 인간의 마음을 6일간의 창조 사역 전의 땅과 같다고 할까? 그리고 바울의 말대로 하나님의 천지창조가 인간의 마음에 대한 창조 과정으로 해석한다면 이것은 이미 인간의 마음이 "혼돈, 공허, 깊은 흑암"한 상태에 있다는 전제하에 성경을 해석한다는 의미이기도 하다.

인간의 마음 상태에 대한 바울의 견해에 대하여 100% 그렇다며 인간의 상태를 인정하는 사람은 없다. 왜냐하면 인간의 마음에는 아름다운 사랑과 선 그리고 정의 등 긍정적 정서가 있기 때문이다. 그러나 바울의 말대로라면 참으로 고귀한 인간의 사랑도 흑암이란 단어 속에 포함된 흑암 속의 사랑으로서 무의미해짐을 알게 된다. 지금 이런 말은 인간끼리 하는 말이 아니다. 하나님께서 인간을 보시고 평가하는 말씀이시다.

빛은 그리스도이시다. 빛이 마음에 비추어졌다는 말은 인간의 마음에 그리스도가 내주하신다는 의미이다. 바울은 "하나님이 우리와 함께 계시다"라는 하나님의 임마누엘의 언약 이행에 대하여 말하고 있다.[56] 바울은 인간의 마음을 질그릇이라고 표현한다. 금방이라도 깨질 수 있는 연약한 존재인 인간에게 하나님이신 그리스도가 내주하신다고 한다.

그리스도가 인간 속에 내주하시는 장소는 육신의 어느 기관이 아닌 영적 기관인 마음이었다. 그러나 내주하시려는 마음은 만물 중에서 가장 거짓되고 부패한 상태에 있다.[57] 인간의 마음은 치료 불가(beyond cure) 상태에 있다. 그러나 인간이 자신의 본질적 마음 상태가 이렇다는 것을 스스로 알 수 있는 능력은 없다(Who can understand it?). 성경은 인간의 마음 상태를 혼돈과 공허와 흑암이 깊다고 하였다. 다른 말로는 죄가 마음에서 왕 노릇하고 있으며, 가나안 땅의 우상숭배 족속인 일곱 족속이 살고 있는 땅처럼 인간의 마음은 탐심과 정욕의 자기 우상숭배로 가득 차있음으로 표현하고 있다. 바울은 자신의 이런 상태를 깨달았다.

바울의 마음은 혼돈과 공허와 흑암이 깊은 마음이었다. 죄에 지배받는 부패 그 자체였고, 진리를 모르는 거짓된 존재로 만드는 바울의 마음이었다. 바울은 자신의 마음에 이루어진 현상을 창조의 시작인 빛 비추임으로 설명한다. 그리고 영적 기관인 마음을 질그릇으로 비유하여 설명한다. 바울은 질그릇인 마음에 보배를 담았다고 한다. 보배는 어두운 데에 비추인 빛이었다. 빛이 보배이며, 빛은 예수 그리스도이시며 이 분이 질그릇과 같은 마음에 내주하신다. 주님의 내주하심으로 바울은 자신이 주님과 연합된 자가 된 것을 깨달았으며, 자신의 영적 상태를 깨닫게 된다. 이와 같이 바울이 체험한 영적인 깨달음의 현상은 인간의 힘이 아닌 하나님의 큰 능력으로만 가능하다.[58]

---

56) **마태복음 1:23**, 보라 처녀가 잉태하여 아들을 낳을 것이요 그의 이름은 임마누엘이라 하리라 하셨으니 이를 번역한즉 하나님이 우리와 함께 계시다 함이라.

57) **예레미야 17:9**, 만물보다 거짓되고 심히 부패한 것은 마음이라 누가 능히 이를 알리요마는

58) **고린도후서 4:6-7**, 6 어두운 데에 빛이 비추라 말씀하셨던 그 하나님께서 예수 그리스도의 얼굴에 있는 하나님의 영광을 아는 빛을 우리 마음에 비추셨느니라 7 우리가 이 보배를 질그릇에 가졌으니 이는 심히 큰 능력은 하나님께 있고 우리에게 있지 아니함을 알게 하려 함이라.

바울은 어떻게 하여 모세가 기록한 창세기의 첫 장 두 번째 문장에 있는 땅의 상태와 이로 인한 창조의 과정에 대한 인식을 자신의 마음 상태와 자신의 마음의 창조 아니면 재창조 또는 회복이라는 측면에서 이해하며 성경을 해석하게 되었을까?

바울의 관점에서 본다면 인간이 마음이라 부르는 실체에 대하여 성경적으로 제대로 깨닫지 못한다면 성경을 깨달아 안다는 말은 하나님 편에서 보면 깨달은 것도 아니요 아는 것도 아니다. 왜냐면 창조된 인간의 말들이 아니고 창조 전의 혼돈과 공허와 깊은 흑암의 상태에 있는 마음을 가진 인간이기에 인간의 형상을 지닌 인간이지만 인간으로 평가될 수 없는 존재의 말이기 때문이다. 바울은 이런 존재를 옛 사람이라고 불렀다.

예수가 누구신지 모르던 바울에게 성육신(聖肉身)하신 예수가 그리스도이시며 하나님의 아들로서 그가 아브라함에게 약속하신 자녀인 것과 그의 대속의 은총을 믿는 믿음으로 구원과 부활이 이루어진다는 사실을 하나님께서 알게 하셨다. 바울은 자신이 죄인이 아니라고 주장하는 율법의 행위의 예법을 철저히 준수하며 자기의 義를 추구하던 자신의 거짓된 외식적 신앙을 발견하였다. 예수가 누군지 모르던 신앙이 어둠이었으며, 거짓 영인 마귀 사탄에게 미혹된 것이 흑암이 깊은 것임을 알게 되었다. 바울은 참 빛이신 예수 그리스도를 환상으로 만났으며, 그 후에 하나님의 성령의 역사와 그리스도의 계시로 말미암아 하나님의 비밀이신 예수 그리스도와 그의 십자가의 대속의 은총이 무엇인지를 점 점 더 알아지기 시작하였다. 바울은 드디어 율법의 행위의 예법을 준수하며 자기의 義를 추구하던 신앙에서 예수 그리스도의 십자가의 대속의 은총을 믿는 믿음의 義를 추구하는 신앙으로 전환되었다. 바울은 이런 것을 깨달으며 성경이 이렇게 읽혀진 것이다.

바울에 대한 하나님의 창조 사역은 바울에게 현재 자신의 마음 상태를 알려주고 마음을 변화시켜주신 새 언약을 이루어주심으로 시작되었다. 하나님은 택하신 자의 마음을 고치신다. 하나님이 "치료의 하나님"이라 스스로 호칭하시는 이유는 마음을 치료하시어 새 생명을 주시는 분이시기 때문이다.[59] 하나님은 그리스도의 대속의 은총으로 사람의 마음 속의 왕으로 군림하는 죄를 멸하셨다. 믿음으로 인간의 마음을 거룩하게 하셨다. 마음을 치료하시는 하나님의 치료 행위는 빛 비추임부터 시작된다. 타락한 인간의 새로운 창조의 시작이다. 바울에게 이것이 이루어졌기에 창조 과정이 자신의 이야기로 읽혀지는 것이다.

창조의 대상은 인간의 마음이었다. 그것이 창조든, 재창조 즉 회복이라 표현하든 하나님은 인간의 마음에 성령의 역사로 창조를 시작하셨다. 성경의 창세기 1장 1절부터 읽는 사람은 분명 자기 마음에 역사하신 하나님의 창조의 과정과 창조 결과로 발생한 현상이 무엇인지 분명히 말할 수 있어야 한다.

하나님은 창세기의 6일간의 창조와 그 다음 날의 안식을 통해서 인간에게 알게 하고 싶으신 하나님 나라의 비밀은 무엇이며, 흑암(어둠)이라 부르는 세상과 인간에 대하여 어떤 영적 비밀을 알려주시고자 하는 것일까? 바울의 깨달음을 따라 같은 깨달음의 길을 성령의 인도함을 따라 걸어 가보도록 하겠다.

---

59) 출애굽기 15:26, 이르시되 너희가 너희 하나님 나 여호와의 말을 들어 순종하고 내가 보기에 의를 행하며 내 계명에 귀를 기울이며 내 모든 규례를 지키면 내가 애굽 사람에게 내린 모든 질병 중 하나도 너희에게 내리지 아니하리니 나는 너희를 치료하는 여호와임이라.

바울의 성경 비유 해석, 성령의 역사

성경 해석은 사람마다 자기가 느낀 것이 다르기 때문에 달리 해석해도 되는가? 아니다. 표현 방식은 그럴 수 있어도 누구나 영적 본질은 똑같이 깨달아야 하는 것 아닌가? 그렇다면 십자가의 증인으로서 비유적으로 쓰인 성경을 어떻게 해석해야 하는가? 이런 질문에 대한 답을 바울의 성경 보기를 통해 알아보겠다.

나의 성경 해석의 주체, 사람이 아닌 하나님

바울은 자신이 율법을 재해석하게 된 배경을 이야기한다. 바울은 사람에게 배워서 복음을 전하지 않았다. 바울은 예수 그리스도에 의해 직접 배워 깨달았다.

> 11. 형제들아 내가 너희에게 알게 하노니 내가 전한 복음은 사람의 뜻을 따라 된 것이 아니니라
> 12. 이는 내가 사람에게서 받은 것도 아니요 배운 것도 아니요 오직 예수 그리스도의 계시로 말미암은 것이라 (갈라디아서 1:11-12)

교회를 다니는 성도들, 좀 더 구체적으로 말해서 예수를 자신의 그리스도로 믿는 성도들, 더 구체적으로 말하면 예수 그리스도의 십자가의 대속의 은총이 마음으로 믿어진 성도들은 모두 바울처럼 예수 그리스도께서 각 개인에게 주신 계시로 말미암아 복음이 깨달아져야 한다.

바울은 그리스도가 주시는 그리스도에 대한 복음의 깨달음을 다른 형태로도 표현한다. 바울은 복음을 전할 때 사람의 지혜로 설득력 있게 표현하며 사람의 이성적 논리를 통해 복음을 이해시키려고 하지 않았다. 바울은 하나님의 말씀을 전할 때 사람의 지혜에 의한 박학다식한 지식을 활용하지 않았다. 도리어 율법주의자들이나 이성적 사람들에게는 믿고 이해하기 곤란한 예수 그리스도와 그의 십자가의 죽음과 부활에 대한 것만 전하였다. 성령의 능력으로 그리스도가 누구신지 복음의 핵심을 깨닫게 해주시는 하나님의 역사만을 따랐다. 바울은 자신에게 역사하신 지혜와 계시의 영인 성령의 말하게 하심을 따랐으며, 또한 자신이 전하는 복음을 듣는 사람에게도 동일하게 역사하실 성령의 역사도 믿었다. 바울은 복음을 깨닫게 하는 것은 자신이 깨닫게 하려고 노력한다고 되는 일이 아니라는 것을 알았다.[60]

바울이 자신의 마음 안에서 하나님의 비밀한 것들을 깨닫게 해주시는 성령의 역사만을 따른 이유는 믿음의 출처가 분별되었기 때문이다. 인간의 논리성에 따른 이성적 그리고 지적 동의로 이루어지는 믿음의 형태는 십자가의 대속의 은총에 의한 죄 사함의 능력이 없는 텅 빈 십자가를 붙들고 있는 신앙이다. 믿음은 사람의 지혜로 생기는 것이 아니다. 믿음은 하나님의 선택에 의하여 하나님의 능력인 성령에 의한 깨달음으로 생기는 것이다. 이 믿음만이 십자가의 죄 사함의 은혜가 있는 신앙이다. 바울은 그리스도의 십자가의 능력이 헛되지 않도록[61] 경건의 모양이 아닌 경건의 능력에 초점을

---

60) **고린도전서 2:1-5,** 1 형제들아 내가 너희에게 나아가 하나님의 증거를 전할 때에 말과 지혜의 아름다운 것으로 아니하였나니 2 내가 너희 중에서 예수 그리스도와 그가 십자가에 못 박히신 것 외에는 아무 것도 알지 아니하기로 작정하였음이라 3 내가 너희 가운데 거할 때에 약하고 두려워하고 심히 떨었노라 4 내 말과 내 전도함이 설득력 있는 지혜의 말로 하지 아니하고 다만 성령의 나타나심과 능력으로 하여 5 너희 믿음이 사람의 지혜에 있지 아니하고 다만 하나님의 능력에 있게 하려 하였노라.

61) **고린도전서 1:17,** 그리스도께서 나를 보내심은 세례를 베풀게 하려 하심이 아니요 오직 복음을 전하게 하려 하심이로되 말의 지혜로 하지 아니함은 그리스도의 십자가가 헛되지 않게 하려 함이라.

맞춘 복음을 전파하였다.[62]

참과 거짓의 분별 기준, 비유 해석

성경 해석에 대한 바울의 관점, 성경 이야기를 푸는 것은 참 복음과 다른 복음을 분별하는 기준이다. 복음과 다른 내용을 전하면서 복음이라고 전하는 어둠의 세력들의 목적은 성도로 하여금 "이게 맞는 거야? 저게 맞는 거야?"하며 헛갈리게 하여 그리스도를 올바로 깨닫지 못하게 하려 함이다.

바울은 율법에 기록된 아브라함의 이야기를 통하여 거짓된 다른 복음을 전하는 거짓 사역자들의 성경 해석 방식에 대비한 자신의 해석을 전하였다. 원래 율법에서 의미하는 아브라함 가족사를 풀어주면서 자신처럼 이렇게 풀지 않고 율법의 이야기를 복음적이라고 해석하며 전하는 자는 거짓 사역자라고 하였다.

바울은 갈라디아 교회 성도들에게 자신이 언성을 높이는 이유를 '의혹'이라는 단어를 사용하며 "내가 지금 언성을 높이는 이유는 성도 여러분이 깨닫고 있는 복음에 대해 의혹이 있기 때문입니다. 여러분들은 지금 다른 복음을 따르는 것 같습니다! 율법에 기록된 아브라함 이야기 아시지요? 이제 아브라함의 가족사에 대하여 해석할 테니 들어보십시오! 성경의 이야기를 푸는 것을 보면 왜곡된 복음을 전하는지 알 수 있습니다. 지금부터 성경 이야기 푸는 것을 듣고 사역자를 분별하십시오!"라고 말하고 있다.[63] 아브라함의 이야기는 어떻게 해석되어야 할까?

---

62) **디모데후서 3:5**, 경건의 모양은 있으나 경건의 능력은 부인하니 이 같은 자들에게서 네가 돌아서라.

63) **갈라디아서 4:20-21**, 20 내가 이제라도 너희와 함께 있어 내 언성을 높이려 함은 너희에 대하여 의혹이 있음이라 21 내게 말하라 율법 아래에 있고자 하는 자들아 율법을 듣지 못하였느냐.

비유로 된 성경은 영적으로 귀가 열린 자만이 들린다. 영적으로 마음의 눈이 열린 자만이 보인다.[64] 영적으로 십자가의 증인만이 말할 수 있다. 그래서 바울은 하나님의 능력인 성령의 역사를 따라 성경을 깨닫고 복음을 전한다고 한다.

아브라함의 가족사는 그냥 이야기 속에서 문자대로 교훈을 도출하여 말씀을 전하면 안 된다. 왜냐하면 비유이기 때문이다.[65] 주님께서 비유로 말씀하시는 이유! 그리고 성경이 비유로 쓰여져 있는 이유! 그 이유는 간단하다. 들리는 자만 알아듣고 알아듣지 말아야 하는 자는 알아듣지 못하게 해야 하기 때문이다. 마치 선악을 알게 하는 나무의 열매를 먹은 인간이 생명나무의 열매를 먹고 영생할까 봐 생명나무의 길을 지켜 먹지 못하게 하는 것과 같다. 율법을 문자적으로 해석하여 문자대로 철저히 행위로 준수하며 자기의 義를 추구하는 자들은 절대로 성경의 본뜻을 알아들으면 안 된다. 이들에게는 철저히 못 알아듣게 하여 심판 날에 저주를 받게 하여야 한다. 그리스도의 그림자인 율법을 십자가의 대속의 은총을 주신 그리스도 중심으로 해석하지 못하는 자는 절대로 알아들어서는 안 된다. 천국에 들어가서는 절대 안 된다. 그래서 성경을 비유로 표현함으로서 구원의 길인 생명나무의 길을 막아놓았다.[66]

---

64) **마가복음 4:33-34**, 33 예수께서 이러한 많은 비유로 그들이 알아들을 수 있는 대로 말씀을 가르치시되 34 비유가 아니면 말씀하지 아니하시고 다만 혼자 계실 때에 그 제자들에게 모든 것을 해석하시더라.

65) **갈라디아서 4:24-26**, 24 이것은 비유니 이 여자들은 두 언약이라 하나는 시내 산으로부터 종을 낳은 자니 곧 하갈이라. 25 이 하갈은 아라비아에 있는 시내 산으로서 지금 있는 예루살렘과 같은 곳이니 그가 그 자녀들과 더불어 종노릇 하고 26 오직 위에 있는 예루살렘은 자유자니 곧 우리 어머니라.

66) **마태복음 13:9-12**, 9 귀 있는 자는 들으라 하시니라 10 제자들이 예수께 나아와 이르되 어찌하여 그들에게 비유로 말씀하시나이까 11 대답하여 이르시되 천국의 비밀을 아는 것이 너희에게는 허락되었으나 그들에게는 아니 되었나니 12 무릇 있는 자는 받아 넉넉하게 되되 없는 자는 그 있는 것도 빼앗기리라.

율법에 기록된 아브라함의 가족사는 비유이다. 그 이유는 아브라함의 이야기 속에는 천국의 비밀이 숨어있기 때문이다. 따라서 비유가 하나님의 계시에 의해 깨달아져야 한다. 그리고 비유로 쓰여 진 하나님의 생명의 말씀은 복음을 듣는 사람의 마음과 절대적 관련이 있다. 즉, 그리스도 예수에 대한 복음을 듣는 자의 마음 상태에 따라 비유로 쓰여진 율법이 깨달아지기도 하고 잘못 깨닫기도 한다.[67]

믿음은 마음의 영적 현상이다. 예수 그리스도의 십자가의 대속의 은총은 마음과 양심으로 믿는 것이다. 마음의 변화 없이는 성경을 깨달을 수 없다. 광야에서부터 이스라엘 백성들이 불순종한 이유는 하나님께서 보는 눈과 듣는 귀와 깨닫는 마음을 주시지 않으셨기 때문이다.[68] 비유로 쓰여진 율법이 의도하신 하나님의 뜻대로 깨달아지기 위해서는 하나님께서 선행적으로 해결해주셔야 할 것이 있다. 그것이 마음의 문제이다.

광야에서 건축된 이동하는 성전인 장막은 비유이다. 장막에서 드리는 제사 자체도 비유적 의미를 담고 있다. 장막의 제사 행위 자체는 의미가 없다. 하나님께서 비유를 통해 깨닫게 하시고자 하는 바를 깨닫는 것이 올바른 율법 준수이다. 장막에서 드리는 율법의 제

---

67) **마태복음 13:14-15,** 14 이사야의 예언이 그들에게 이루어졌으니 일렀으되 너희가 듣기는 들어도 깨닫지 못할 것이요 보기는 보아도 알지 못하리라 15 이 백성들의 마음이 완악하여져서 그 귀는 듣기에 둔하고 눈은 감았으니 이는 눈으로 보고 귀로 듣고 마음으로 깨달아 돌이켜 내게 고침을 받을까 두려워함이라 하였느니라.

68) **신명기 29:2-4,** 2 모세가 온 이스라엘을 소집하고 그들에게 이르되 여호와께서 애굽 땅에서 너희의 목전에 바로와 그의 모든 신하와 그의 온 땅에 행하신 모든 일을 너희가 보았나니 3 곧 그 큰 시험과 이적과 큰 기사를 네 눈으로 보았느니라 4 그러나 깨닫는 마음과 보는 눈과 듣는 귀는 오늘 여호와께서 너희에게 주지 아니하셨느니라.

사는 양심을 온전케 하는 방법과 길이 무엇인지를 알기 위한 행위일 뿐이다. 그러므로 글자를 보고 하나님께서 알기를 원하시는 것을 안다는 것은 불가능하다.[69]

　비유적 표현은 성령의 역사와 예수 그리스도로 인하여 깨닫게 해 주길 원하는 자에게만 알게끔 하시겠다는 하나님의 의지의 표현이다. 하나님께서 알게 하고자 하는 자만 하나님의 비밀인 예수 그리스도에 대하여 깨달을 수 있다. 따라서 비유를 어떻게 이해하고 깨달아 전하느냐는 전하는 자와 하나님 그리고 예수 그리스도와의 관계성을 증명하는 방식이 된다.[70]

---

69)　**히브리서 9:9-10,** 9 이 장막은 현재까지의 비유니 이에 따라 드리는 예물과 제사는 섬기는 자를 그 양심상 온전하게 할 수 없나니 10 이런 것은 먹고 마시는 것과 여러 가지 씻는 것과 함께 육체의 예법일 뿐이며 개혁할 때까지 맡겨둔 것이니라.

70)　**요한1서 5:20,** 또 아는 것은 하나님의 아들이 이르러 우리에게 지각을 주사 우리로 참된 자를 알게 하신 것과 또한 우리가 참된 자 곧 그의 아들 예수 그리스도 안에 있는 것이니 그는 참 하나님이시요 영생이시라.

바울의 창세기 1:1-3절 비유 해석의 '예'
(고린도후서 4:1-7)

바울이 고린도후서(4:1-7)에 기록한 말씀을 바울이 체험한 창조 과정에 대한 신앙고백으로 전환하여 독백 형식으로 다시 작성해 보겠다.

> 1. 그러므로 우리가 이 직분을 받아 긍휼하심을 입은 대로 낙심하지 아니하고
> 2. 이에 숨은 부끄러움의 일을 버리고 속임으로 행하지 아니하며 하나님의 말씀을 혼잡하게 하지 아니하고 오직 진리를 나타냄으로 하나님 앞에서 각 사람의 양심에 대하여 스스로 추천하노라

나는 죄에 지배받을 수밖에 없는 어둠과 흑암의 존재로 태어나 하나님을 알지도 못하면서 안다고 주장하면서 율법의 예법을 문자적으로 알아 행위로 준수한 신앙인이었습니다.

나는 유대교의 전통을 따라 조상들이 옳다고 가르치는 하나님을 섬기는 전통적 신앙을 열심히 배우며 믿고 따랐습니다. 그러나 궁극적으로 하나님의 義인 예수 그리스도를 믿는 믿음의 義를 거부하고 도리어 열심으로 하나님께 불순종한 자라는 것을 몰랐습니다.

이는 나의 마음이 죄에 지배를 받고 있으며, 세상의 神의 미혹으로 인해 마음으로 진리를 깨달을 수 없는 혼미한 상태로 있기 때문이며, 그래서 율법의 행위의 義를 바탕으로 자기의 義를 추구하는 것이 하나님 앞에 의로운 자로 담대히 서는 것이라 착각하였기 때

문입니다. 결국 나는 진정한 구원의 길을 보지 못하는 영적으로 흑암의 상태에 있는 존재였습니다. 나는 행위를 보고 빛의 義의 길을 간다고 착각하는 신앙인이었으며, 참 하나님 여호와를 섬긴 것이 아니라 마귀를 섬기고 있다는 것을 몰랐습니다.

그러나 하나님의 긍휼하심으로 인해 어두운 마음에 빛이 비추어져 하나님께서 인간이 알기 원하시는 것을 알게 되었습니다. 행위만 보고 마음 속을 보지 못하던 상태에서, 철저한 행위적 율법의 예법 준수를 통해 마음 속을 볼 수 없었던 상태에서, 마음에 비추어진 빛으로 말미암아 내 마음 속에서 내가 말하고 행동하는 근본적인 동기가 무엇인지 보고 느끼게 되었습니다.

나는 하나님의 긍휼하심을 입은 자로서 나 자신의 영적 상태로 인해 절망하여 낙심하지 않게 되었습니다. 왜냐하면 예수 그리스도의 십자가의 대속의 은총을 믿음으로 죄와 세상의 영의 지배에서 이미 해방되었음을 알았기 때문입니다.

나는 하나님의 긍휼을 입는 자로서 행위의 온전함이 아닌 온전해진 양심으로 하나님을 섬기게 되었습니다. 그 동안 나는 율법의 예법을 철저히 준수함으로써 행위의 온전함을 통해 마음 속에서 왕노릇 하는 죄에 지배를 받는 죄인이라는 사실을 숨기려고 노력해왔습니다. 그러나 하나님의 긍휼을 입은 자로서 율법의 행위의 義를 추구하며 미혹의 영인 거짓 神을 섬기는 부끄러운 일을 벗어버렸습니다.

나는 더 이상 내가 죄에 지배를 받았던 존재였으며 다른 거짓 神을 섬겼다는 사실을 숨기지 않고 고백하게 되었습니다. 또한 거짓 신앙인이 되도록 나를 속인 율법의 미혹에 더 이상 속지 않게 됨으로써 비 진리를 진리라고 속이는 율법의 해석을 전하지 않는 자가 되었습니다.

뿐만 아니라 나는 영적 미혹으로 인해 하나님을 섬기는 길이 이런 것이라고 주장하며 나름대로 자기의 義를 추구하였습니다. 그러나 예수 그리스도를 통해 하나님을 섬기는 것이 무엇인지 몰라 스스로도 혼돈스러워 진리를 따르지 못했습니다. 진리가 담겨져야 할 마음 그릇이 텅 빈 상태여서 하나님의 말씀을 혼잡하게 만들었습니다. 그러나 이제 진리가 무엇인지 하나님께 나아가는 義의 길이 무엇인지 깨달았기에 하나님의 말씀을 올바로 전하는 자로 변했습니다. 더 이상 율법을 통해 하나님의 말씀을 혼잡하게 하는 자가 아니라 단 하나의 구원의 진리를 전하는 자가 되었습니다. 이제 나는 하나님의 긍휼을 입은 자입니다. 빛이 마음에 비추어진 자입니다. 십자가의 보혈의 능력으로 양심이 온전하게 되어 하나님 앞에 죄 사함 받아 믿음으로 거룩하게 된 하나님의 자녀로서 나 자신을 증명할 수 있게 되었습니다.

> 3. 만일 우리의 복음이 가리었으면 망하는 자들에게 가리어진 것이라
> 4. 그 중에 이 세상의 신이 믿지 아니하는 자들의 마음을 혼미하게 하여 그리스도의 영광의 복음의 광채가 비추지 못하게 함이니 그리스도는 하나님의 형상이니라

나는 하나님의 긍휼을 입은 자로서 빛이신 예수 그리스도가 마음에 내주하시게 되어 임마누엘을 약속하신 하나님의 언약이 이루어진 자가 되었습니다. 이제 나는 성령의 역사로 예수 그리스도의 복음을 전하다 보니 구원 받을 자와 구원 받지 못해 심판의 저주를 받을 망할 자들이 분별되었습니다. 이들은 자신들이 만든 율법의 바벨탑 속에서 절대로 나오려고 하지 않았습니다. 이들은 예수 그리스도의 십자가의 대속의 은총을 절대로 받아들이지 않았습

니다. 복음을 믿지 못하였습니다. 이러한 자들에게는 복음이 가리워져 심판의 저주가 예비 되었다는 사실을 보게 되었습니다. 이들은 어둠과 죽음의 그늘에 앉은 자들이었습니다.

어둠과 죽음의 그늘에 앉은 자인 망하는 자들은 이들에게 복음을 믿지 못하도록 역사하는 영적 존재로서의 세상의 神을 하나님으로 섬기고 있었습니다. 세상의 神은 이들의 마음을 세상의 정욕과 탐심으로 가려버렸습니다. 진리를 깨달을 수 없도록 재물을 하나님으로 섬기면서도 참 하나님 여호와를 섬긴다며 스스로를 속이고 있었습니다. 이들은 자기가 원하는 바를 이루고 살아가는 자기 우상숭배적 존재였습니다.

세상의 神이 마음을 혼미하게 하여 가리는 이유는 하나님의 형상이며 영광인 그리스도의 십자가의 대속의 은총을 깨닫지 못하게 하기 위함이라는 것을 깨닫게 되었습니다. 세상은 이미 예수를 믿지 못하도록 미혹된 상태입니다. 그래서 세상은 미혹되었으며 마음을 혼돈과 공허와 흑암이 깊다고 표현하는 것이 이해가 되었습니다.

> 5. 우리는 우리를 전파하는 것이 아니라 오직 그리스도 예수의 주 되신 것과 또 예수를 위하여 우리가 너희의 종 된 것을 전파함이라
> 6. 어두운 데에 빛이 비추라 말씀하셨던 그 하나님께서 예수 그리스도의 얼굴에 있는 하나님의 영광을 아는 빛을 우리 마음에 비추셨느니

나는 하나님의 긍휼을 입은 자로서 빛의 자녀입니다. 나는 그리스도의 복음을 전하는 자입니다. 나는 복음을 전하는 자로서 그리스도를 위해 예수의 종으로서 복음으로 성도를 섬기게 되었으며, 오직 그리스도 예수의 주 되신 것만을 전합니다.

내가 오직 그리스도 예수가 주 되신 것을 전하게 된 것은 나의 힘이 아니고 하나님의 큰 능력에 의한 것입니다. 나는 하나님의 크신 능력으로 마음에 빛이 비추어져 예수 그리스도의 십자가의 죽음과 부활에 대하여 깨닫게 되었습니다. 그리스도 예수의 십자가의 죽음과 부활에서 희생의 대속 제물의 의미로써 그리스도의 대속의 은총을 믿게 되었습니다. 또한 하나님께서 인간으로 하여금 예수 그리스도를 믿게 하심으로 말미암아 죄의 지배로부터의 해방, 마귀 사탄의 사망권세로부터의 해방, 율법의 저주에서 속량이라는 궁극적 승리를 얻게 하심으로 스스로 영광을 얻으심도 알았습니다.

복음 전파를 방해하는 자와 복음을 전하는 자 간의 차이는 마음에 참 빛이신 예수 그리스도의 내주하심의 차이라는 것을 알았습니다. 복음 전파를 방해하는 율법주의자들은 어둠 그 자체이기에 복음을 깨달을 수 없는 마음을 갖고 있습니다. 복음을 전하는 자들은 십자가의 대속의 은총을 마음으로 깨달아 믿음이 있는 자로서 어둠에서 분리해낸 빛과 같은 존재입니다. 즉, 비 진리를 믿는 자들 중에서 진리이신 그리스도를 하나님께서 깨닫게 한 자들입니다.

7. 우리가 이 보배를 질그릇에 가졌으니 이는 심히 큰 능력은 하나님께 있고 우리에게 있지 아니함을 알게 하려 함이라

나의 마음은 질그릇과도 같습니다. 흙으로 지어진 무가치한 존재인 나의 마음에 보배가 담겼습니다. 보배는 곧 참 빛이신 예수 그리스도입니다. 마음에 빛이 비추어졌다는 의미는 예수 그리스도가 내주하신다는 의미입니다. 나의 마음엔 주님이, 진리의 영이신 성령님이, 주 안에 하나님께서 생명으로 살고 계십니다. 나는 주님과 연

합된 자가 되어 십자가의 죽음과 부활에 동참한 자라는 것을 깨달았습니다. 그리고 나는 새 사람이 된 지금, 지난 과거의 영적 상태가 어떤 것이었는지 알게 되었습니다.

나에게 발생한 이와 같은 영적인 현상은 인간의 힘, 즉 율법의 행위의 義를 추구한다고 될 수 있는 것이 아니었습니다. 창세 전에 이미 결정된 하나님의 선택하심을 따라 그리스도를 나의 마음 속에 나타내주신 하나님의 언약의 이행이었습니다. 그리스도가 나의 마음에 내주하시게 됨은 크신 하나님의 능력이며, 어느 神도 할 수 없는 기이한 하나님의 역사입니다. 이로 인해 나는 참 神(true God)과 거짓 神(false gods)을 분별할 수 있는 영적 분별력을 갖게 되었습니다. 길이요, 진리요, 생명이신 예수 그리스도와 하나님과 성령님과 나와 임마누엘이 이루어졌기에 참 하나님 여호와를 새 사람이 된 마음과 양심으로 진정으로 섬길 수 있게 되었습니다.

바울이 본 창세기의 창조 과정은 그냥 역사적 사실로 증명된 현상을 보고 창조주로서의 하나님을 말하는 것이 아니다. 바울에게 하나님의 창조는 자기 자신을 창조하셨다는 하나님의 말씀이었으며, 택하신 자를 창조하신다는 하나님의 뜻을 발견하게 하는 것이었다. 그리고 하나님의 창조는 인간을 창조하시는 진정한 의미가 무엇인지를 깨닫게 하시는 것이었다.

바울은 창조 과정을 통해 자신에게 이루어진 창조가 무엇인지를 알았다. 바울은 현존하는 자신이 하나님의 권능으로 창조됨에 대하여 증거한 사도였다.

나와 관계된 창조 말씀

바울이 "어두운 데에 빛이 비치라 말씀하셨던 그 하나님께서 예수 그리스도의 얼굴에 있는 하나님의 영광을 아는 빛을 우리 마음에 비추셨느니라"(고린도후서 4:6)라고 한 것은 빛이 택함 받는 성도의 각자의 마음에 비추어진다는 의미이다. 빛은 예수 그리스도이다. 빛 비추임은 하나님의 긍휼을 의미한다. 그리고 빛 비추임은 하나님께서 택함 받은 자가 알기 바라는 것을 깨닫게 하시는 것을 말한다.

바울은 하나님께서 깊은 흑암에 싸여 형상(form)도 없고 텅 빈(empty) 땅에 빛을 비추신 것과 같이 인간의 마음에 빛을 비추셨다고 한다. 이 땅의 상태가 그 때나 지금이나 사람의 마음이라고 본다. 인간의 마음은 절망적이고 소망을 품을 수 없는 흑암에 뒤 덮인 상태이며, 바울은 자기 자신의 마음이 이런 상태라는 사실을 빛 비추임을 받아 깨달았다고 말한다.

바울의 관점에서 창조 과정을 깨닫기 위한 전제적 조건은 창조의 시간을 택함 받는 나라는 존재가 살고 있는 현재로 가져오는 것이다. 창조는 과거 어느 시점에 이루어진 역사적 사건으로만 존재하는 것이 아니라, 내가 현존하는 지금 이 시대에 택함 받은 존재인 나에게 이루어지는, 나와 지금 이 시간에 관계된 하나님의 창조이다. 창조는 일회적 사건이 아니라 지금 나에게 이루어지는 사건이다.

결국 창조는 마음에 하나님의 형상을 이루는 것이며, 하나님의 형상인 예수 그리스도가 마음에서 지워진 자에게 다시 그 형상을 잉태하게 하는 창조 또는 재창조 또는 회복이라는 측면에서 해석되어야 한다. 바울의 관점에서 본다면 인간이 마음이라 부르는 실체에 대하여 성경적으로 깨닫지 못한다면 성경을 깨달아 안다는 말은 하나님 편에서 보면 깨달은 것이 아니요 아는 것도 아니다. 왜냐하면 하나님의 형상으로 창조된 인간의 신앙고백이 아니고, 창조 전의 혼돈과 공허와 깊은 흑암의 상태에 있는 마음을 가진, 사람은 사람이되 죽어있는 존재로서의 사람이기 때문이다.

창조의 대상은 인간의 마음이었다. 이것이 창조든 재창조든 회복이든 뭐라 표현하든 하나님께서 택하신 사람의 마음에 성령의 역사를 시작하신다는 의미이다. 따라서 수면 위에 운행하시던 하나님의 영의 역사가 마음에 시작된 자는 성경의 창세기 1장 1절부터 읽기 시작할 때 자기 마음에 역사하신 하나님의 창조의 과정과 그 결과로 발생한 현상이 무엇인지 분명히 말할 수 있을 것이다. 그래서 인간의 창조 목적대로 빛 비추임을 받는 자는 그리스도 예수 안에서 선한 일 즉, 증인의 삶을 살게 된다.[71]

하나님은 분명 내가 택함 받아 현재 성령을 받은 자 즉, 예수 그리스도의 보혈의 피가 뿌려진 자로서 진리의 영[72]으로 성경을 읽고 있다면, 성경 창세기의 6일간의 창조와 안식을 통해서 나에게 알게 하시고 싶으신 하나님의 나라의 비밀에 대하여 깨닫게 하여주실 것이다.

하나님의 천지창조, 6일간의 창조와 안식은 21세기에 현존하는 나에게 나를 거듭나게 창조하시는 하나님의 역사를 깨달으라는 말씀이시다.

---

71) **에베소서 2:10**, 우리는 그가 만드신 바라 그리스도 예수 안에서 선한 일을 위하여 지으심을 받은 자니 이 일은 하나님이 전에 예비하사 우리로 그 가운데서 행하게 하려 하심이니라.

72) **요한복음 14:17**, 그는 진리의 영이라 세상은 능히 그를 받지 못하나니 이는 그를 보지도 못하고 알지도 못함이라 그러나 너희는 그를 아나니 그는 너희와 함께 거하심이요 또 너희 속에 계시겠음이라.

6일간의 창조와 안식

"어두운 데에 빛이 비치라 말씀하셨던 그 하나님께서
예수 그리스도의 얼굴에 있는 하나님의 영광을 아는 빛을
우리 마음에 비추셨느니라"

(고린도후서 4:6)

첫째 날의 창조

> 3. 하나님이 이르시되 빛이 있으라 하시니 빛이 있었고
>
> 4. 빛이 하나님이 보시기에 좋았더라 하나님이 빛과 어둠을 나누사
>
> 5. 하나님이 빛을 낮이라 부르시고 어둠을 밤이라 부르시니라 저녁이 되고 아침이 되니 이는 첫째 날이니라 (창세기 1:3-5)

하나님의 창조 역사는 "빛이 있으라!"로부터 시작된다. 역사의 대상은 사람이 아닌 땅이었다. 땅은 사람의 마음이다. 마음의 상태는 혼돈과 공허와 깊은 흑암의 상태로 존재하고 있다. 창조 후에 창조된 인간은 하나님의 금기사항인 선악을 알게 하는 나무의 열매를 먹었다. 율법의 행위의 義로 하나님께 나아오면 정녕 죽는다는 하나님의 말씀에 불순종한 아담이 받은 저주는 아담이 아닌 땅이 받았다. 저주 받은 땅은 가시덤불과 엉경퀴만 생산하는 땅으로 변하였다.[73]

---

73) **창세기 3:17-19**, 17 아담에게 이르시되 네가 네 아내의 말을 듣고 내가 네게 먹지 말라한 나무의 열매를 먹었은즉 땅은 너로 말미암아 저주를 받고 너는 네 평생에 수고하여야 그 소산을 먹으리라 18 땅이 네게 가시덤불과 엉겅퀴를 낼 것이라 네가 먹을 것은 밭의 채소인즉 19 네가 흙으로 돌아갈 때까지 얼굴에 땀을 흘려야 먹을 것을 먹으리니 네가 그것에서 취함을 입었음이라 너는 흙이니 흙으로 돌아갈 것이니라 하시니라.

1. 저주 받은 땅, 마음에 비추인 참 빛!

저주 받은 땅은 저주 받은 아담의 마음이었다. 성경은 인간의 저주 받은 마음의 땅을 "땅이 혼돈하고 공허하며 흑암이 깊음 위에 있고 하나님의 영은 수면 위에 운행하시니라"(창세기 1:2)로 표현한다. 저주 받은 인간의 마음은 가시덤불과 엉경퀴만 소산하기에 먹을 수 있는 먹거리는 생산이 불가능한 땅처럼 되었다. 쓴 뿌리에서 열리는 열매만 생산하는 마음의 땅이 되었다.[74] 인간의 마음이 저주를 받았다. 그렇다면 인간이 저주로부터 해방되면 어떤 상태가 되는 것인가? 당연히 땅이 먹을 수 있는 먹거리를 생산할 수 있는 상태가 될 것이다.

저주로부터의 해방, 구원

하나님은 저주 받은 인간에게 저주를 풀어주시고자 하신다. 모든 인류가 아니고 택한 자에만 국한된다. 흑암의 땅의 수면 위를 운행하시던 성령, 성령의 창조사역을 하나님께서 이렇게 선언하신다.

빛이 있으라!

인간을 저주로부터 해방하시는 하나님의 역사! 흑암을 빛으로 변하게 하심! 땅의 소산이 바뀌게 하시는 것! 인간을 저주로부터 해방시키시겠다는 하나님의 의지의 표현이 바로 "빛이 있으라!"이다. 이

---

74) **히브리서 12:15**, 너희는 하나님의 은혜에 이르지 못하는 자가 없도록 하고 또 쓴 뿌리가 나서 괴롭게 하여 많은 사람이 이로 말미암아 더럽게 되지 않게 하며

사야 선지자는 "일어나라 빛을 발하라. 이는 네 빛이 이르렀고 여호와의 영광이 네 위에 임하였음이니라!"(이사야 60:1)하며 이미 비추어진 창조의 빛 비추임을 택함 받은 자에게 적용한다. 택함 받은 자가 저주의 사슬에서 해방되었다. 이사야 선지자는 모세오경의 창세기의 창조 과정에서 빛과 해와 달이 비유로 의미하는 바를 설명한다.

창조의 시작인 빛은 해와 달에 의한 빛을 의미하는 것이 아니다. 지지 않는 영원한 빛! 그 빛은 여호와이며, 빛이신 여호와로 인해 저주 받은 인간의 슬픔은 끝이 난다. 여호와의 빛이 비추임으로써 저주 받은 마음은 저주에서 해방된 마음이 된다. 빛 비추임은 인간의 저주 받은 마음을 변화시켜 영광스러운 구원을 받게 하는 것이다. 저주 받은 자에게 비추는 빛은 참 神(true God)이신 참 하나님 여호와가 아니라 거짓 빛으로서 거짓 神(false gods)의 빛이다.[75]

여호와가 어느 택함 받은 자에게 영영한 빛이 될 경우 저주 받은 그 인생의 슬픔은 끝나게 된다. 인생이 슬픈 이유는 참 神이 아닌 거짓 神의 역사를 참 神의 역사로 착각하고 신앙생활을 하기 때문이다. 그래서 여호와는 하나님에 대해 무지하여 본질상 진노의 자녀인 인간이 직면할 수 밖에 없는 심판 날에 있을 처참하고 슬픈 저주의 판결에서 벗어나게 해주실 수 있는 능력의 神이시다. 저주의 슬픔을 당한 인생에게 슬픔을 면할 수 있는 방법은 여호와가 나의 영영한 빛이 되어주시는 것이다.

구원을 바라는 사람들은 "주의 얼굴 빛"을 비추어달라고 기도한다.[76] 인간이 자신의 영적 상태가 어두운 흑암의 존재라는 것을 깨

---

75) **이사야 60:19-20**, 19 달도 네게 빛을 비취지 않을 것이요 오직 여호와가 네게 영영한 빛이 되며 네 하나님이 네 영광이 되리니 20 다시는 네 해가 지지 아니하며 네 달이 물러가지 아니할 것은 여호와가 네 영영한 빛이 되고 네 슬픔의 날이 마칠 것임이니라.

76) **시편 80:19**, 만군의 하나님 여호와여 우리를 돌이키시고 주의 얼굴빛을 비추소서 우리가 구원을 얻으리이다.

닿게 되면 인간은 당연히 그런 영적 상태에서 해방되고자 하는 갈망이 생기게 된다. 따라서 죄에 지배를 받는 흑암의 땅과 같은 마음을 지닌 인간이 자신의 힘으로는 해방의 소망과 갈망을 해결할 수 없다는 것을 알게 되면 "나를 고쳐주소서!"라는 절규를 하게 된다. 시편에서는 이를 '복수'라는 단어를 사용하며 빛과 연관지어 표현한다.[77] 그래서 "고쳐주소서!"라는 의미에는 영적으로 "하나님의 자녀를 억압하고 있는 다른 神과 다른 神의 통제를 받는 율법주의자들에게 복수하시고 나를 그들로부터 해방시켜주시옵소서!"라는 의미가 포함되어 있다.

요한도 마찬가지로 자연의 빛은 진정한 빛이 아니라고, 참 빛은 오직 예수뿐이라고 했다.[78] 예수님은 스스로 표현하시기를 "나는 빛으로 세상에 왔나니"라고 하셨다. 예수님께서 인간의 모습으로 이 땅에 태어나신 것 자체가 빛이 비추어진 것이다. 즉 예수님의 오심 자체가 빛이 비추어진 것이다. 예수님이 이 땅에 빛으로 오신 이유에 대해서 예수님은 스스로 말씀하시기를 "무릇 나를 믿는 자로 어둠에 거하지 않게 하려 함이로라!"라고 하셨다.[79] 사람이 "어둠에 거한다"는 말의 실제는 무엇을 의미하는가? 앞에서도 말한 것처럼 여호와 하나님을 알아 보지 못하는 것이다. 그래서 예수가 오심으로써 인간이 창조주 하나님 여호와를 영적으로 알아 볼 수 있는 길이 열렸기 때문에 예수를 길이요, 진리요, 생명이라고 말하는 것이다.[80] 이는 예수를 모르면 하나님도 모르게 된다는 의미이다. 그러므로 예수를 못 알아보는 것은 인간이 흑암 즉 어둠의 상태에 있다는 것이다.

요한이 예수님을 '참 빛'이라 말하는 근본적인 이유가 여기에 있다.

구원을 방해하는 무서운 세력?

빛 비추임은 수많은 영적 존재 중에서 창조주 하나님 여호와를 분별할 수 있게 해주시는 하나님의 역사이다.[81] 이는 인간의 구원과 신앙의 본질이다. 즉 빛 비추임은 십계명의 제1계명을 준수할 수 있는 영적 분별 능력이다.[82] 혼돈과 공허와 흑암이 깊은 마음을 지닌 인간은 참 神(true God)이신 여호와를 알아보지 못하는 존재이다. 창세기 1장 2절이 표현한 인간의 마음 상태는 인간이 다른 神, 거짓 神(false gods)에게 지배받고 있다는 영적 절망감을 의미한다.[83] 광명의 천사로 가장한 마귀 사탄이 창조와 동시에 사람을 미혹하여 이미 참 하나님 여호와를 만날 수 없게 만든 상태! 이런 영적 상태로 태어난 인간은 참 하나님 여호와를 섬기는 것이 태생부터 불가능한 존재이다.

사탄은 혼돈과 공허와 흑암의 깊은 상태인 인간이 이와 같은 상태로 유지되어 저주로 인생을 마감하도록 다른 예수와 다른 복음 그리고 다른 영의 지배를 받도록 한다.[84] 인간이 절대로 십계명의 제1계명을 준수할 수 없게 만든다. 창조는 구원의 역사이다. 구원은 true God와 false gods를 분별하여 참 하나님 여호와만 섬기는 것

---

81) **고린도전서 8:5-6**, 5 비록 하늘에나 땅에나 신이라 칭하는 자가 있어 많은 신과 많은 주가 있으나 6 그러나 우리에게는 한 하나님 곧 아버지가 계시니 만물이 그에게서 났고 우리도 그를 위하며 또한 한 주 예수 그리스도께서 계시니 만물이 그로 말미암고 우리도 그로 말미암았느니라.

82) **출애굽기 20:3**, 너는 나 외에는 다른 신들을 네게 있게 말지니라.

83) **이사야 26:13**, 여호와 우리 하나님이시여 주 외에 다른 주들이 우리를 관할하였사오나 우리는 주만 의지하고 주의 이름을 부르리이다.

84) **고린도후서 11:4**, 만일 누가 가서 우리가 전파하지 아니한 다른 예수를 전파하거나 혹은 너희가 받지 아니한 다른 영을 받게 하거나 혹은 너희가 받지 아니한 다른 복음을 받게 할 때에는 너희가 잘 용납하는구나.

이다. 그러나 하나님을 섬기는 것은 율법의 행위의 義나 죄에서 해방되지 않은 옛 사람의 상태가 아닌 새 사람의 마음과 양심으로 행해지는 것이다. 율법에 비유로 기록된 예물과 제사로 하나님을 섬기는 것은 흑암의 상태인 인간의 마음을 변화시킬 수 없다. 마음을 변화시킬 수 있는 능력은 오직 그리스도의 십자가의 피뿐이다.[85]

택함 받은 자는 구원 받고자 하는 갈망이 생긴 자로서 구원의 길을 가려고 한다. 그러나 갈 수 없게 막는 엄청나게 무서운 영적 세력이 있다. 눈에 보이는 육적 현실에서의 겁박과 내면 세계에서의 공격! 어찌할 수 없는 두려움을 느낄 수밖에 없지만 두려워하지 않아도 된다. 왜냐하면 여호와가 나의 빛이시고 구원이시기 때문이다. 시편 기자는 "여호와는 나의 빛이요 나의 구원이시니 내가 누구를 두려워하리요. 여호와는 내 생명의 능력이시니 내가 누구를 무서워하리요"(시편 27:1)라며 믿음의 승리를 선언한다. 여호와는 생명의 능력이 되시는 빛이시다. 여호와가 비추시는 빛은 죽어 있는 영적 존재인 사람을 살아 있는 영적 존재인 사람다운 사람으로 만드는 능력의 빛이시다.

빛 비추임은 구원이며, 슬픈 저주에서의 해방이다. 인간이 안타깝게도 비참하고 슬픈 인생인 이유는 엄마 뱃속에 잉태되는 순간, 아니 정자와 난자 상태에서조차도 전인격적으로 죄에 지배를 받는 존재이기 때문이다. 그러나 사람들은 모두가 저주 받은 상태로 태어난 것을 모르고 있다. 빛이 자신에게 비추어져서 자신의 마음 상태가 어떠한지를 깨닫는 자들은 자신들의 삶의 형태가 현재 어떠할지라도 義로울 수 없는 자신을 매일 발견하는 슬픈 존재이다. 뿐만 아

---

85) **히브리서 9:9, 14,** 9 이 장막은 현재까지의 비유니 이에 따라 드리는 예물과 제사는 섬기는 자를 그 양심상 온전하게 할 수 없나니 14 하물며 영원하신 성령으로 말미암아 흠 없는 자기를 하나님께 드린 그리스도의 피가 어찌 너희 양심을 죽은 행실에서 깨끗하게 하고 살아계신 하나님을 섬기게 하지 못하겠느냐.

니라 죄에 지배를 받아 죄의 법 아래로 사로잡혀 오는 것을 매일 보는 존재이기도 하다.[86] 그러나 자기를 더 이상 자신의 존재로 판단하며 정죄하거나 죄에 지배 받음에서 오는 처절함에 빠져 있지 않게 된다.

비록 오늘도 거대한 어둠의 세력이 나를 지배하고 있음을 나 자신과 나의 삶의 시공간에서 두렵게 느껴지지만 여호와를 만난 자는 더 이상 그런 상태에 빠져있지 않게 된다.[87] 율법의 저주 속에서 죄에 지배를 받고 있는 처참하고 비참한 인생 존재에게 소망이 생기게 된다. 왜냐하면 하나님은 흑암에 갇혀있는 택함 받은 자를 노략질 하는 이리의 공격에서 양떼를 구원하는 선한 목자처럼 보살피신다는 사실이 믿어지기 때문이다(마태복음 7:15). 이런 상태로의 마음의 전환을 "여호와의 땅에 빛나리로다!"라는 말로 미가 선지자는 표현한다.[88] 이런 고백은 하나님과 나와의 관계가 정립되어 자신이 어떤 존재로 변하였는지 알게 되었다는 것을 의미한다.

미가 선지자는 광명의 천사로 가장한 어둠의 세력이 어둠의 존재들만 존재하는 곳에 빛의 존재가 빛을 비추지 못하도록 공격하며 기뻐한다고 한다. 이 기뻐함은 율법의 행위의 義를 추구하는 미혹의 영만 있는 곳에 예수 그리스도의 십자가의 대속의 은총을 믿는 믿음의 義를 추구하는 진리의 영의 역사에 대한 저항이다.

미가 선지자가 저항하는 대적에게 하는 말은 빛이 비추어진 자가 대적 마귀에게 "니가 비록 율법의 저주로 말미암아 율법에 서속되어 죄인이라 정죄함을 받는다 할지라도 우리 육신의 죄의 몸인 옛

---

86) **로마서 7:23**, 내 지체 속에서 한 다른 법이 내 마음의 법과 싸워 내 지체 속에 있는 죄의 법으로 나를 사로잡는 것을 보는도다.

87) **미가 7:8**, 나의 대적이여 나로 인하여 기뻐하지 말지어다. 나는 엎드러질지라도 일어날 것이요 어두운 데 앉을지라도 여호와께서 나의 빛이 되실 것임이로다.

88) **스가랴 9:16**, 이 날에 그들의 하나님 여호와께서 그들을 자기 백성의 양떼 같이 구원하시리니 그들이 면류관의 보석같이 여호와의 땅에 빛나리로다.

사람이 죄된 상태에서도 스스로의 양심에 저촉이 되어 괴로워할지라도, 저주 받은 마음으로 인해 죄가 왕으로 군림하며 계속 지배하며 괴롭혀도, 세상의 영이 육신의 정욕 – 안목의 정욕 – 이생의 자랑을 부추기며 세상을 살아가며 세상적으로 살라고 윽박지른다 할지라도, 내가 이런 존재라 할지라도, 나는 그럴 수밖에 없는 흑암의 존재임을 알기에 내가 나를 판단하지 않는다. 왜냐하면 나는 여호와 하나님께서 나를 저주에서 해방시켜주실 것을 믿기 때문이다. 나는 여호와 하나님이 나의 빛이신 것을 믿기 때문에 나를 나 됨으로 판단하지 않는다.”라고 하는 말이다.

빛 비추임을 받은 자의 신앙고백

생명을 주시는 능력의 참 神이신 여호와는 “나는 빛도 짓고 어둠도 창조하며 나는 평안도 짓고 환난도 창조하나니 나는 여호와라 이 모든 일들을 행하는 자니라 하였노라”(이사야 45:7)라고 자신을 정의하셨다. 다윗도 미가 선지자와 같이 “여호와는 나의 빛이요 나의 구원이시니 내가 누구를 두려워 하리요. 여호와는 내 생명의 능력이시니 내가 누구를 무서워 하리요”(시편 27:1)라고 고백하였다. 이와 같은 유형의 고백은 빛 비추임을 받은 자들의 자기 선포이기도 하다.

하나님의 역사로 자신의 마음의 영적 상태를 보게 된 자는 가장 먼저 무엇을 하게 될까? 예수 그리스도가 누구신지 깨닫게 된 자는 여호와 하나님을 참 神으로 믿게 된다. 그리고 여호와 하나님이 자신의 창조주이시며 자신은 피조물임을 깨닫고, 자신의 인생의 모든 주권이 하나님께 있음을 고백하게 된다. 하나님께서 자신의 주권자이심을 깨달은 자! 자신의 인생이 자기 마음대로 살 수 없는 존재임을 깨달은 자가 가장 먼저 하게 되는 것은 무엇일까? 가장 먼저 하게 될 일은 수많은 영적 존재 중에서 여호와 하나님을 찾는 것이다. 즉, 나를 낳아주신 부모를 찾게 된다. 날 구원해주실 능력의 神을 찾아 기도를 하게 된다. True God(참 신)이신 참 하나님 여호와를 만나려는 기도는 성령의 역사로만 할 수 있다.[89]

시편 80편을 쓴 아삽은 자신을 소생시켜달라고(revive) 하면서(시편 80:18) 그 소생의 방법, 구원 받는 방법을 언급한다. 창세기의 1장 2절과 3절의 이야기를 자신의 소생과 구원으로 표현한다. 어둠의 세력에 지배 받고 있는 자신의 영적 처참함을 발견한 자의 고백은 "이런 나를 고쳐주소서!"라는 절규이다. 그리고 이 절규는 "수많은 영적 존재 중에서 하나님을 찾을 수가 없습니다. 제가 죄와 마귀 사탄의 지배를 받기 때문에 하나님을 알아볼 수가 없습니다. 아버지 하나님! 제가 소경이라 하나님을 찾을 수가 없습니다. 내 마음의 눈을 밝혀주시옵소서! 나를 지으신 아버지! 나를 고쳐 하나님 앞에 살게 하시옵소서!"라는 의미이다. 빛 비추임은 인간의 마음을 고치시는 하나님의 역사이다.

---

89)	**시편 80:19**, 만군의 하나님 여호와여 우리를 돌이키시고 주의 얼굴 빛을 비추소서 우리가 구원을 얻으리이다(개역한글). 만군의 하나님 여호와여 우리를 돌이켜 주시고 주의 얼굴의 광채를 우리에게 비추소서 우리가 구원을 얻으리이다(개역개정 4판).

빛 비추임? 하나님의 복수 행위

창조는 택한 자에 대한 구원의 역사의 시작이다. 구원은 하나님을 분별할 수 있는 영적 분별력을 받는 것이며, 영적 분별력은 마음의 변화를 전제한다. 마음의 변화는 예수 그리스도의 십자가의 피 뿌림과 성령의 역사로 마음 속에서 역사하는 죄와 다른 영을 죽이고 내보내는 것을 의미한다.

회막에서 성소로 들어가기 전에 물두멍과 번제단에서 이루어지는 제사 행위에 대한 해석과 제사 행위를 통해 깨달아야 할 것이 무엇인지를 사도 바울은 말한다.[90] 인간이 저주 받아 죄에 지배를 받는 마음 상태를 혼돈과 공허와 흑암이 깊은 상태라고 하였다(창세기 1:2). 성경은 이런 존재인 옛 사람인 나를 번제단의 제물처럼 거룩한 산 제물로 드리라고 한다. 거룩한 산 제물은 '상한 심령'을 의미한다.[91] 자신의 부패한 마음을 고쳐달라고 십자가에 옛 사람을 못 박는 것이 상한 심령을 드리는 영적 예배이다. 마음을 고쳐달라는 이런 예배의 제물 드림은 마음을 새롭게 변화 받고자 하는 택함 받은 자의 변화되기 시작하는 마음에서 나오는 의지의 표현이다.

광명의 천사로 가장한 마귀 사탄은 이런 변화된 의지로 표현되는 기도를 할 수 없도록, 마음의 변화를 갈망하지 못하도록, 상한 심령을 제물로 드리는 영적 예배를 드리지 못하도록, 마음에 빛이 비추어지지 못하도록, 복음을 깨닫지 못하도록 마음을 혼미하게 만든

---

90) **로마서 12:1-2**, 1 그러므로 형제들아 내가 하나님의 모든 자비하심으로 너희를 권하노니 너희 몸을 하나님이 기뻐하시는 거룩한 산 제물로 드리라 이는 너희가 드릴 영적 예배니라 2 너희는 이 세대를 본받지 말고 오직 마음을 새롭게 함으로 변화를 받아 하나님의 선하시고 기뻐하시고 온전하신 뜻이 무엇인지 분별하도록 하라.

91) **시편 51:17**, 하나님께서 구하시는 제사는 상한 심령이라 하나님이여 상하고 통회하는 마음을 주께서 멸시하지 아니하시리이다.

다.[92] 미혹의 영인 사탄의 목적은 마음이 변화를 받지 못해 "하나님의 선하시고 기뻐하시고 온전하신 뜻이 무엇인지 분별"하지 못하게 하는 것이다.

창조와 동시에 하나님은 "하나님의 선하시고 기뻐하시고 온전하신 뜻"을 명확히 밝히셨다. 그 뜻은 선악을 알게 하는 나무의 열매를 먹지 말라는 것이었다. 즉 취식금지 열매의 의미는 율법의 행위의 義로 자신의 거룩함을 이루려고 하지 말라는 것이다. 하나님의 뜻은 생명나무의 열매만을 먹는 것이다. 이는 인간이 자신의 구원을 위해 하나님 앞에서 이루어야 할 義는 오직 예수 그리스도의 십자가의 대속의 은총을 믿는 믿음의 義라는 의미이다. 그러나 창조와 동시에 사탄의 미혹으로 인간은 하나님의 뜻에 불순종하였다.

인간이 율법의 행위의 義를 추구하는 신앙을 하는 것은 에덴동산에서의 인간의 불순종이 근본 원죄이다. 이는 현재 이 시대에 똑같이 재현되고 있는데, 그 재현은 사탄의 미혹의 영의 간계로 인함이다. 창조 당시에 발생한 사건은 지금도 지속되고 있다. 각 개인에게 현재도 미혹이 이루어지고 있다. 뱀의 미혹은 성도의 마음이 그리스도를 향하는 진실함과 깨끗함에서 떠나 부패하게 하는 것이다. 이 부패가 바로 죄에 지배 받는 상태에서, 옛 사람이 십자가에서 죽지 않은 상태에서 교회에 헌신·봉사·충성하게 만드는 것이다. 행위만 보고 마음을 보지 못하게 하는 것이 뱀의 미혹이며, 이런 신앙이 다른 예수, 다른 복음, 다른 영을 따르는 것이다. 이것이 인간이 어둠과 흑암의 상태에 있다는 의미이다.[93]

---

92) **고린도후서 4:3-4**, 3 만일 우리의 복음이 가리었으면 망하는 자들에게 가리어진 것이라 4 그 중에 이 세상의 신이 믿지 아니하는 자들의 마음을 혼미하게 하여 그리스도의 영광의 복음의 광채가 비추지 못하게 함이니 그리스도는 하나님의 형상이니라.

93) **고린도후서 11:2-4**, 2 내가 하나님의 열심으로 너희를 위하여 열심을 내노니 내가 너희를 정결한 처녀로 한 남편인 그리스도께 드리려고 중매함이로다 그러나 나는 3 뱀이 그 간계로 하와를 미혹한 것 같이 너희 마음이 그리스도를 향하는 진실함과 깨끗함에서 떠나 부패할까 두려워하노라 4 만일 누가 가서 우리가 전파하지 아니한 다른 예수를 전파하거나 혹은 너희가 받지 아니한 다른 영을 받게 하거나 혹은 너희가 받지 아니한 다른 복음을 받게 할 때에는 너희가 잘 용납하는구나.

하나님은 택함 받은 자를 흑암의 상태에 가두고 지배하며 하나님을 알지 못하게 하기 위해 생명나무의 열매를 먹지 못하도록 하는 즉, 그리스도의 대속의 은총의 빛을 받지 못하게 방해하는 어둠의 세력에게 복수를 하신다.

시편 기자는 왜 하나님께 복수를 요청하고 있는가? 그리고 왜 복수의 방법이 빛 비추임인가? 하나님은 누구에게 복수를 하시는가? 복수를 부탁하며 복수 방식을 왜 빛 비추임으로 해달라고 하는가? 이유는 "하나님의 자녀를 억압하고 있는 다른 神과 다른 神의 통제를 받는 율법주의자들에게 복수하시고 나를 그들로부터 해방시켜 주시옵소서!"라는 해방에 대한 갈구이다. 하나님은 예수 그리스도를 통해서 이 복수를 행하신다. 예수 그리스도는 말이 아니고 행동으로 복수를 실제로 해주시는 분이시다. 이 말은 실제로 빛을 비추어주시는 분이시라는 의미이다.

예수는 참 빛이시다.[94] 택하신 각 사람에게 예수는 빛을 비추신다. 그래서 자신이 어떤 존재인지를 알게 하신다. 주님이 이 흑암의 땅에 오신 성육신의 목적은 믿는 자로 하여금 어둠에 더 이상 살지 않게 하기 위함이다.[95] 결국 예수 그리스도의 성육신이 곧 빛 비추임이다. 성육신의 목적이 곧 창조의 목적이다. 인간의 존재 상태가 혼돈과 공허와 흑암의 상태라는 것은 참 神(true God)이신 하나님 여호와를 못 알아보는 것이다. 그러나 예수의 성육신으로 창조주 하

---

94) 요한복음 1:9, 참 빛 곧 세상에 와서 각 사람에게 비추이는 빛이 있었나니
95) 요한복음 12:46, 나는 빛으로 세상에 왔나니 무릇 나를 믿는 자로 어둠에 거하지 않게 하려 함이로라

나님을 만날 수 있는 길이 열렸다.

"빛이 있으라!" 이 때 빛은 참 빛이신 예수 그리스도이시다. 이 빛 비추임은 하나님께 가는 길을 올바로 찾아가게 해주는 빛이다. 하나님을 어떻게 섬기는 것이 올바른 섬김인지를 깨닫게 해주는 빛이다. 예수께서 자신을 "내가 곧 길이요, 진리요, 생명이니 나로 말미암지 않고는 아버지께로 올 자가 없느니라"(요한복음 14:6)라고 하신 이유는 이런 영적인 배경에서 하신 말씀이시다. 하나님께서 대적 마귀 사탄에게 복수하시는 방식은 빛 비추임이다.

마음 속에서 왕 노릇하면서 택함 받은 자를 지배하는 죄를 진멸하시는 것! 인간이 스스로 그 죄를 번제단에 태우듯이 십자가에 못 박는 것! 죄의 몸인 자신을 십자가에 못 박는 것! 죄의 몸인 자신의 옛 사람을 십자가에 못 박는 것! false gods(거짓 神)와 true God(참 神)를 분별하게 되는 것! 진리의 영과 미혹의 영을 분별하게 되는 것! 행위가 아닌 새롭게 된 마음과 양심으로 하나님을 섬기게 되는 것! 영적 예배를 드릴 수 있는 자가 되는 것! 등등 이러한 영적 정체성의 변화 즉, 흑암의 권세에서 사랑의 아들의 나라로 시민권이 옮겨지는 것은 하나님께서 대적에게 복수하심으로 발생하는 영적 현상들이다.[96]

하나님은 나를 지배하고 있는 대적 마귀 사탄에게 복수하시기 위하여 공격을 하신다. 혼돈과 공허와 흑암이 깊은 땅에 역사하기 위하여 땅 위에 운행하시던 하나님의 영이 공격을 개시하도록 하나님께서 "빛이 있으라!" 하시며 공격 명령을 내리신다.

---

96) 골로새서 1:13, 그가 우리를 흑암의 권세에서 건져내사 그의 사랑의 아들의 나라로 옮기셨으니

2. 창조의 시작, 예수와의 만남

바울은 이 창조의 첫째 날의 "빛이 있으라!"는 사람의 마음에 빛을 비추인 것이라고 했다. 인간의 마음은 이미 흑암의 상태에 있다. 인간은 그 자체가 어둠이다. 그러나 인간 스스로 자기 자신이 어둠의 상태에 있다는 것을 아는 사람은 어디에도 없다. 그리고 인간이 흑암이요, 어둠의 상태에 있다는 것의 영적 실제가 무엇인지 알고 말할 수 있는 사람도 없다. 그래서 세상이 흑암이요, 어둠이다. 성경은 이것을 "빛이 어둠에 비추되 어둠이 깨닫지 못하더라"(요한복음 1:5)라는 형태로 표현한다. 빛이신 예수를 만나려고 하는 사람은 자기 자신이 흑암과 어둠의 상태에 있다는 것을 아는 자들이다. 이들만이 매우 절박한 상황 속에서 예수를 만나려고 절규를 외친다. 그럼 인간이 흑암이요, 어둠의 상태에 있다는 말은 무슨 의미일까?

하나님의 천사는 성령으로 잉태한 마리아를 보고 놀란 요셉에게 태어날 예수가 자기 백성을 저희 죄에서 구원하실 구원자로 이 땅에 오시는 것이라 했다.[97] 세례 요한의 부친 사가랴는 성령의 충만함으로 예언하기를 예수님의 오심을 "돋는 해가 위로부터 우리에게 임하여 어둠과 죽음의 그늘에 앉은 자에게 비취고"라며 흑암의 땅에 비추어진 빛에 비유하여 표현하였다. 이 빛 비침 즉 예수님의 오심은 하나님의 긍휼의 표현이었다. 왜냐하면 예수의 오심은 백성의 죄 사함을 위한 것이기 때문이었다.[98]

요한은 바울이 "어두운 데에 빛이 비치라 말씀하셨던 그 하나님께서 예수 그리스도의 얼굴에 있는 하나님의 영광을 아는 빛을 우리

---

97) **마태복음 1:21**, 아들을 낳으리니 이름을 예수라 하라 이는 그가 자기 백성을 저희 죄에서 구원할 자이심이라 하니라.

98) **누가복음 1:77-79**, 77 주의 백성에게 그 죄 사함으로 말미암는 구원을 알게 하리니 78 이는 우리 하나님의 긍휼을 인함이라 이로써 돋는 해가 위로부터 우리에게 임하여 79 어두움과 죽음의 그늘에 앉은 자에게 비추고 우리 발을 평강의 길로 인도하시리로다 하니라.

마음에 비추셨느니라"(고린도후서 4:6)라고 말한 것처럼 예수를 보고 하나님 아버지를 본 듯이 "말씀이 육신이 되어 우리 가운데 거하시매 우리가 그 영광을 보니 아버지의 독생자의 영광이요 은혜와 진리가 충만하더라."(요한복음 1:14)라고 말했다. 요한은 바울의 말처럼 예수 그리스도를 보고 하나님의 긍휼의 베푸심과 구원의 영광을 보았다. 요한은 어떻게 이렇게 고백할 수 있을까?

인간의 마음에 빛이 비추어지면 바울과 요한의 말처럼 예수가 누구인지, 예수를 통하여 여호와 하나님이 누구인지를 알게 된다. 인간의 마음에 비추어진 빛은 죄 용서함의 빛이었다. 따라서 예수를 만나기 고대하는 사람들 그리고 예수를 만난 사람들은 자신이 죄에 지배 받는 죄인이라고 고백하는 사람들이어야 한다. 바울과 요한이 말하는 "예수 그리스도의 얼굴에 있는 하나님의 영광을 아는 빛" 그리고 "아버지의 독생자의 영광이요 은혜와 진리가 충만"은 바로 죄인이 예수님과의 만남 속에서 죄 용서함 받은 확신과 구원의 확신으로 말미암아 나오는 신앙고백이다.

참 빛이신 예수의 빛이 인간의 마음에 비추어진다는 말은 마음과 죄가 관련이 있다는 말이다. 바울은 인간인 자기 자신의 마음 상태를 보았다. 바울은 자기의 마음 속에 죄가 살고 있음을 보았다.[99] 죄가 살고 있기에 인간의 몸은 죄의 몸이며,[100] 죄의 몸에는 죄가 왕 노릇하고 있다.[101] 그리고 그 죄가 왕 노릇하며 사람을 지배하는 그런 몸의 존재는 죄 때문에 죽을 몸이나. 인산은 이런 상태에 있다. 인간이 이런 영적인 자기 자신을 보았을 때 시간이 흐를수록 영적 절규의 외침이 나올 수밖에 없다. 바울은 자기 자신의 영적 절규를 "오

---

99) **로마서 7:17**, 이제는 이것을 행하는 자가 내가 아니요 내 속에 거하는 죄니라.

100) **로마서 6:6**, 우리가 알거니와 우리 옛 사람이 예수와 함께 십자가에 못 박힌 것은 죄의 몸이 멸하여 다시는 우리가 죄에게 종노릇 하지 아니하려 함이니

101) **로마서 6:12**, 그러므로 너희는 죄로 너희 죽을 몸에 왕 노릇하지 못하게 하여 몸의 사욕을 순종치 말고

호라 나는 곤고한 사람이로다. 이 사망의 몸에서 누가 나를 건져내랴!"라고 표현하였다.[102]

인간의 마음에 빛이 비추인다는 말은 인간으로 하여금 자신의 영적 상태를 깨달아 알게 한다는 의미이다. 인간이 자신이 죄에 지배받는 존재임을 고백하여 예수를 그리스도로 믿는 것이 빛 비추임을 받은 자의 현상이다. 그래서 믿음의 사람이 진리를 따르는 자며, 믿지 않는 자 즉, 자기가 죄인이라고 고백하지 않는 자는 죄인을 구원하러 오신 빛이신 예수를 거부하는 사람이다. 거부하는 이유는 어둠인 죄를 더 사랑하기 때문이다. 죄에 지배 받는 존재로서 예수를 믿음은 하나님 안에서의 진리를 따르는 믿음의 행위이다.[103]

참 빛이신 예수와 인간의 만남은 자기 자신의 영적인 상태를 깨닫는 것으로부터 시작된다. 인간이 자기 자신이 죄에 지배 받는 존재임을 깨달아 죄인이라고 고백할 때 하나님의 인간을 향한 창조사역은 시작된 것이다.

---

102) **로마서 7:24**, 오호라 나는 곤고한 사람이로다 이 사망의 몸에서 누가 나를 건져내랴.

103) **요한복음 1:17-21**, 17 하나님이 그 아들을 세상에 보내신 것은 세상을 심판하려 하심이 아니요 저로 말미암아 세상이 구원을 받게 하려 하심이라 18 저를 믿는 자는 심판을 받지 아니하는 것이요 믿지 아니하는 자는 하나님의 독생자의 이름을 믿지 아니하므로 벌써 심판을 받은 것이니라 19 그 정죄는 이것이니 곧 빛이 세상에 왔으되 사람들이 자기 행위가 악하므로 빛보다 어두움을 더 사랑한 것이니라 20 악을 행하는 자마다 빛을 미워하여 빛으로 오지 아니하나니 이는 그 행위가 드러날까 함이요 21 진리를 좇는 자는 빛으로 오나니 이는 그 행위가 하나님 안에서 행한 것임을 나타내려 함이라 하시니라.

3. 빛과 어둠, 두 종류의 인간

하나님께서 빛을 비추니 어둠에서 빛이 생겼다. 하나님께서 빛을 비추니 원래 흑암이었던 세상이 둘로 나뉘었다. 하나는 낮이라 부르는 빛이요, 하나는 밤이라 부르는 어둠이었다. 그런데 성경을 보면 깨달은 자들은 한결 같이 사람을 낮과 밤, 빛과 어둠으로 비유하여 말한다.

빛의 자녀가 말할 수 있는 것!

바울은 "너희가 전에는 어둠이더니 이제는 주 안에서 빛이라. 빛의 자녀들처럼 행하라"(에베소서 5:8)하며 창조 첫째 날의 빛과 어둠의 나뉨 현상을 사람의 구분됨으로 표현하였다. 세상에는 처음엔 어둠의 자녀들만 살고 있었다. 이들은 육신은 살아있어도 죽은 상태에 있는 존재이다. 기록상, 창조 당시의 땅이 혼돈과 공허와 흑암의 땅이기 때문에 이렇게 표현할 수 있다. 그러나 이런 존재인 인간에게 하나님의 생명의 호흡을 불어넣어 살아있는 생령(生靈)의 존재가 되게 하셨다.

그러나 마귀 사탄은 에덴동산에서 하나님의 취식금지 나무의 열매인 선악을 알게 하는 나무의 열매를 먹도록 하와를 미혹하여 아담까지 미혹에 넘어가게 하였다. 생명나무의 열매를 먹어야 하는 생령의 존재가 먹지 말아야 할 음식을 먹었다. 이런 인간 타락의 참 의미는 생명나무인 그리스도를 향한 진실하고 깨끗한 마음을 부패하게 하고자 하는 마귀 사탄의 미혹이라고 바울은 말한다. 그리고 미혹은 하나님의 생명의 말씀이신 그리스도에 대하여 왜곡되게 깨닫게 하는 것이었다. 선악을 알게 하는 나무의 열매란 생명나무의 열매를 먹지 못하게 하는 미혹의 신앙이다. 미혹된 자는 다른 예수를 전파하고, 다른 영을 받게 하며, 다른 복음을 믿게 하는 신앙을 참 신앙이라 여기며 산다.[104] 결국, 하나님의 뜻을 제대로 분별하지 못하도록 사탄의 미혹의 영이 역사함으로서 인간의 마음은 저주를 받은 상태가 되었다.

인간의 마음은 혼돈과 공허와 흑암이 깊은 땅이 되어버렸다. 어려서부터 악하게 된 인간의 마음은 하나님께서 탄식하는 대상이 되었다. 왜냐하면 하나님의 생명의 호흡인 하나님의 神(성령)이 떠나신 후로 모든 인간은 죽은 존재가 되었기 때문이다. 인간은 모두가 영적 흑암의 상태로 죄에 지배 받는 육신적 삶만 살게 된 존재로 변해버렸다. 이런 존재가 현존하는 우리 인간들이다.

예수가 오심으로 세상의 인간은 빛의 자녀와 어둠의 자녀로 구별되었다. 빛의 자녀는 자기가 어둠이었던 과거를 안다. 빛의 자녀라 하면서 어둠의 자녀였던 과거를 말할 수 없다면 빛의 자녀란 말이 거짓이 될 수 있다. 왜냐하면 빛의 자녀는 예수로 말미암아 죄 용서함을 받은 자이기에 용서함 받기 전의 자신의 죄에 지배를 받았던 존재에 대하여 분명한 인식이 있어야 하기 때문이다.

빛이 인간의 마음에 비추어진 결과 즉, 예수 그리스도께서 성육신 하신 결과 사람은 두 종류로 구분되었다. 빛 비추임을 받은 자는 빛의 자녀이며 하나님의 자녀이다. 이들에게 아버지는 하나님이시다. 이들은 성령을 받은 자이며 그리스도가 내주하시는 성도들이다. 그러나 사람은 사람이되 사람이 아닌 존재가 있다. 참 빛이 아닌 다른

---

104) **고린도후서 11:2-4**, 2 내가 하나님의 열심으로 너희를 위하여 열심을 내노니 내가 너희를 정결한 처녀로 한 남편인 그리스도께 드리려고 중매함이로다 그러나 나는 3 뱀이 그 간계로 하와를 미혹한 것 같이 너희 마음이 그리스도를 향하는 진실함과 깨끗함에서 떠나 부패할까 두려워하노라 4 만일 누가 가서 우리가 전파하지 아니한 다른 예수를 전파하거나 혹은 너희가 받지 아니한 다른 영을 받게 하거나 혹은 너희가 받지 아니한 다른 복음을 받게 할 때에는 너희가 잘 용납하는구나.

빛을 받은 자로서 율법의 어둠의 자녀인 마귀의 자녀가 있다. 이들의 아버지는 마귀이다. 이들은 세상의 영을 받은 자들이다.

빛의 자녀는 어둠의 자녀와 달리 말할 수 있는 것이 생긴다. 빛 비추임을 받은 자는 첫째, 죄 용서함을 받은 자이기에 용서함 받기 전의 자기의 상태를 둘째, 마음 속에서 죄가 왕으로 군림하기 때문에 죄에 종노릇하였음을 셋째, 그래서 거짓 神인 마귀 사탄에게 지배받았던 사실을 넷째, false gods(거짓 神)와 true God(참 神)를 분별하는 기준을 다섯째, 십자가의 대속의 은총을 믿는 자신의 영적 현상 등을 십자가의 증인으로서 증언할 수 있는 자가 된다.

어둠의 존재였던 바울의 고백

바울은 인간의 영적인 자기인식에 대하여 로마서에서 죄와 마음의 관계를 언급하였다. 바울은 어둠이었던 인간을 하나님께 "어그러지고 거스리는 세대"라고 하였다. 세상은 어둠의 상태에 있는 사람들이 사는 곳이다. 지금도 인간은 이런 존재이다. 죄 때문에 인간은 하나님께 대하여 이렇게 살 수밖에 없다. 빛 비추임을 받아 변화된 바울은 자신의 지난 날의 신앙생활도 "어그러지고 거스리는 세대"를 따른 것임을 알았다. 뿐만 아니라 자신의 과거의 그릇된 신앙을 고백하였다. 바울은 첫째, 자신이 조상의 전통적 신앙에 열심을 내었던 율법주의적 신앙을 추구했던 과거를[105] 둘째, 율법의 예법을 행위로 철저히 준수하며 마음이 아닌 행위로 하나님을 섬기던 과거를 셋째, 율법이 의미하는 진리를 제대로 깨달아 예수를 그리스도

---

105) 갈라디아서 1:14, 내가 내 동족 중 여러 연갑자보다 유대교를 지나치게 믿어 내 조상의 전통에 대하여 더욱 열심이 있었으나

로 그리고 主로 고백하는 하나님의 義를 추구한 것이 아니라 율법에 미혹되어 자기의 義를 열심히 추구하여 결과적으로는 하나님께 불순종한 자였던 과거를 고백하였다.

바울은 자신이 이렇게 거짓된 존재로서 흑암의 존재였음에도 불구하고 하나님의 진리를 준수하며 하나님을 위해 산다고 착각하였었다. 바울은 이럴 수밖에 없는 이유를 알았다. 그것은 자신이 죄에 지배를 받기 때문이었다. 죄 때문에 바울은 하나님께 대하여 이렇게 살 수밖에 없었다. 그러나 죄 용서함 받은 사람은 그와 반대로 산다는 것을 알았다. 바울은 이를 "흠이 없고 순전하여"라고 표현한다. 하나님의 흠 없는 자녀는 율법의 행위의 예법 준수를 진리 준수로 착각하고 자기의 義를 추구하던 신앙인들 중에서 예수 그리스도의 십자가의 대속의 은총을 믿는 믿음의 義를 따르는 신앙인으로 변화된 자들이다.

믿음의 義를 따르는 자들은 "전도한다", "선교한다", "복음을 전한다"라는 말을 한다. 사실 이 말은 죄 용서함 받은 자들이 죄 용서함을 어떻게 받는지를 알려주는 증언의 행위이다. 죄 용서함을 받게 한다는 말은 인간에게 생명을 주는 말이기에 생명의 말씀을 전한다고 한다. 하나님께서 인간에게 빛을 비춘다는 말은 결국 죄 용서함 받는 생명의 말씀을 깨닫게 한다는 것이며, 믿는 자의 복음 전함은 이 생명의 빛을 밝히는 것, 즉 다른 사람에게 자기의 죄 용서 받음에 대하여 증언하는 것을 말한다.[106] 죄 사함 받은 체험자로서의 고백을 확실히 명확하게 자신 있게 말하는 것을 복음을 담대히 전한다고 하는 것이다.

예수님은 이런 사람을 십자가의 증인이라고 부른다.그래서 빛의

---

106) **빌립보서 2:15-16,** 15 이는 너희가 흠이 없고 순전하여 어그러지고 거스리는 세대 가운데서 하나님의 흠 없는 자녀로 세상에서 그들 가운데 빛들로 나타내며 16 생명의 말씀을 밝혀 나의 달음질도 헛되지 아니하고 수고도 헛되지 아니함으로 그리스도의 날에 나로 자랑할 것이 있게 하려 함이라.

자녀는 예수 그리스도의 십자가의 증인이 될 수밖에 없는 존재이다.[107][108][109] 바울은 그리스도의 날, 즉 심판의 날에 그리스도 예수를 만났을 때 "주님 아시지요? 제 삶은 깨달은 '생명의 말씀'을 전하다 죽은 삶! 이었습니다."라고 자랑하고 싶어 한다. 예수 그리스도의 십자가의 대속의 은총을 깨달은 자의 인생은 십자가의 증인으로 살아가는 삶이다. 바울의 자랑은 죽을 때까지 십자가의 증인으로 살았다는 것이다.

거짓 빛인 어둠을 제거하는 참 빛

앞에서 어둠과 흑암의 상태에 있는 인간이란 마음 속에 죄가 살고 있는 인간을 말한다고 했다. 즉 죄인인 인간을 의미한다. 바울은 인간의 영적 마음의 상태를 표현했던 어둠을 "율법"과 연관지어 "네가 율법에 있는 지식과 진리의 규모를 가진 자로서 소경의 길을 인도하는 자요 어둠에 있는 자의 빛이요"(로마서 2:19)라고 말했다. 바울은 당시 유대교에 열심인 종교지도자들과 추종자들인 유대인에게 이 말을 했다. 이들이 예수를 받아들이지 않기 때문에 한 말이다.

영적으로 어둠이란 예수를 구세주로 알아보지 못하는 자를 말한다. 바울은 율법을 지키며 율법대로 살아가는 자들에게 어둠이라고 말한다. 지금 자기의 의를 추구하는 율법석 신앙을 설교하고 가르치는 자를 어둠에 있는 자의 빛이라고 하였다. 이들은 자칭 어둠 속

---

107) **사도행전 1:8**, 오직 성령이 너희에게 임하시면 너희가 권능을 받고 예루살렘과 온 유대와 사마리아와 땅 끝까지 이르러 내 증인이 되리라 하시니라.

108) **사도행전 26:16**, 일어나 너의 발로 서라 내가 네게 나타난 것은 곧 네가 나를 본 일과 장차 내가 네게 나타날 일에 너로 종과 증인을 삼으려 함이니

109) **베드로전서 5:1**, 너희 중 장로들에게 권하노니 나는 함께 장로된 자요 그리스도의 고난의 증인이요 나타날 영광에 참여할 자니라.

의 빛이다. 그러나 이들은 어둠 속에서 빛으로 인도하는 빛이 아니
고 어둠을 더욱 더 어둡게 하는 어둠의 길로 계속 인도하는 역할을
하는 자들이라는 의미이다. 결국 구원의 참 빛이 아닌 구원 받은 줄
착각하게 하는 거짓 빛이라는 의미이다. 이들은 스스로 구원받은
자인 줄 알았으나 구원받지 못한 자들이다.

어둠에 있는 자는 어둠의 빛인 율법을 따라간다. 빛에 있는 자는
어둠의 길로 인도하는 거짓 빛인 자기의 의를 추구하게 하는 율법
적 신앙을 따라가지 않는다. 왜냐하면 행위의 자기 의로는 구원받
지 못한다는 것을 알기 때문이다. 바울은 율법을 구원의 빛으로 설
교하며 가르치는 자들을 소경으로서 소경의 길을 인도하는 자라고
도 하였다. 어둠 그 자체인 인간은 이미 소경이다. 소경인 줄 모르는
소경이다. 바울은 마음 속에서 왕 노릇하는 죄를 보지 못하고 행위
만 보고 자신의 행위의 죄를 보며 행위 온전함을 추구하는 자를 소
경이라고 불렀다. 주님도 바리새인들을 눈 먼 자라고 지적하셨다.[110]

바울은 어둠에 있는 자는 자신이 죄에 지배를 받는 죄인임을 인정
하지 않는다는 것을 알았다. 죄에 지배 받지 않음을 증명하기 위해
계속 행위의 온전함을 추구한다. 자신의 악을 감추려 한다. 어둠은
어둠을 좋아한다. 행위 이전에 마음 상태를 보지 못하고 자기의 義
를 추구한다. 그러나 빛에 있는 자는 행위가 아닌 믿음의 마음을 보
고 믿음의 義를 추구한다. 예수 그리스도의 십자가의 대속의 은총
을 믿는다.

사람의 마음을 영적으로 어둡게 만드는 율법의 대가였던 바울
은 율법에 대하여 올바로 깨달았다. 원래 하나님이 인간에게 율법
을 줄 때에는 율법을 통하여 의인이 되어 구원의 길을 걸어오게 하
기 위하여 주신 것이 아니다. 율법은 인간으로 하여금 인간의 노력

---

110) **마태복음 23:26**, 눈 먼 바리새인이여 너는 먼저 안을 깨끗이 하라 그리하면 겉도 깨끗하리라.

으로 율법을 지켜서 구원받을 수 없다는 것과 아무리 인간의 힘으
로 율법을 지켜도 죄인일 수밖에 없음을 깨닫게 하기 위한 것이었
다.[111][112] 바울은 모세를 통해 율법을 받은 날부터 예수님이 오시기까
지 유대인들은 절대로 율법을 지킬 수 없다는 고백을 하였어야 하
며, 이 지구상에 율법을 지켜 의인으로 구원받을 인간은 단 한 명도
없다는 고백을 하였어야 한다는 것을 알았다. 그러나 결과는 반대
였다. 율법 준수에 열심이었던 유대인들은 율법을 통하여 하나님의
義인 예수를 찾았어야 하나, 자기의 義를 더욱 굳게 하는데 열심히
함으로써 결국은 하나님께 불순종한 결과를 가져왔다.[113]

바울은 자신이 지금까지 알던 율법에 대한 깨달음이 잘못된 것임
을 알았다. 예수 그리스도를 만나고 난 후, 빛이 자신에게 비추어진
후, 율법의 기능이 무엇인지 알게 되었다. 그리고 율법의 기능대로
깨닫지 못하고 왜곡된 조상의 전통적 신앙대로 유대교에 열심이었
던 것은 영적 미혹이었다는 것을 알았다.

사실 선지자들이 메시야가 온다고 예언한 것은 인간을 자기 죄에
서 구원할 구세주가 오신다는 것이다. 그러나 유대인들은 율법을
지키면 죄 없는 의인이 된다며 믿음으로 구원 받는다는 말을 거부
하였다. 이는 구세주의 오심을 거부하는 결과를 가져왔다. 구원에
이르는 길로써 율법 준수는 예수를 부인하는 것이다. 그렇기 때문
에 바울은 율법에 매여 사는 자들을 어둠에 붙잡혀 사는 자라고 표
현하였다. 인간은 태생적 죄인으로서 이미 하나님의 저주와 심판을
받은 존재로 태어났다. 인간은 그런 존재이기에 마음과 행동 자체

---

111) **로마서 3:20**, 그러므로 율법의 행위로 그의 앞에 의롭다 하심을 얻을 육체가 없나니 율법으로는 죄를
깨달음이니라.

112) **로마서 5:20**, 율법이 가입한 것은 범죄를 더하게 하려 함이라 그러나 죄가 더한 곳에 은혜가 더욱 넘쳤
나니

113) **로마서 10:2-3**, 2 내가 증거하노니 저희가 하나님께 열심이 있으나 지식을 좇은 것이 아니라 3 하나님
의 의를 모르고 자기 의를 세우려고 힘써 하나님의 의를 복종치 아니하였느니라.

가 100% 완벽하기 전에는 구원 불가능하다.

우리는 율법을 잘 준수하며 신앙 생활하는 사람들의 잘못된 신앙을 외형적으로 구분하기는 어렵다. 율법적 신앙과 믿음의 신앙생활은 행위를 중심으로 구분하는 것이 아니라 마음이 분별 기준이기 때문이다. 당시의 유대인들에게 하나님을 제대로 섬기지 않았다고 말한다면 말도 안 된다고 할 것이다. 유대인들의 행위로는 감히 누가 하나님을 섬기는 일에 소홀하다고 할 수 있겠는가? 그러나 예수님은 그들이 섬기는 하나님은 성경에서 말하는 하나님이 아니라고 하셨다. 마귀라고 하셨다.[114] 당시 유대인들이 이것을 인정하겠는가?

빛은 인간의 마음에 비추어졌다. 마음에 빛이 비추어지는 이유는 하나님께서 인간을 판단하실 때 행위가 아닌 마음으로 판단하시기 때문이다. 율법과 믿음을 말할 때 21세기를 살아가는 기독교인은 교회를 다니는 이상 자신들은 믿음으로 신앙 생활하는 것이지 율법으로 하는 것이 아니라고 주장할 것이다. 그러나 간과하고 있는 것이 있다. 오늘 날 교회 내에서 율법이란 자신의 신앙이 올바르다는 것을 행위로 증명하고 있는 것을 의미한다. 교회 내에서 모든 활동은 행위로 드러난다. 헌신봉사는 충성스런 행위로 표현된다. 이런 신앙의 행위적 표현을 그 누가 반대할 것인가? 그러나 하나님께서는 신앙적 행위 이전에 신앙 행위자의 마음이 어떤 마음이냐를 중시하신다.

행위를 통해 자기의 죄 없음을 증명하려는 사람은 더욱 더 신앙적 행위를 옳고 선하게 할 것이다. 그러나 자기의 죄 없음을 증명할 필요가 없는 사람이 있다. 이 사람은 자기 자신을 이미 죄에 지배 받

---

114) **요한복음 8:44**, 너희는 너희 아비 마귀에게서 났으니 너희 아비의 욕심대로 너희도 행하고자 하느니라 그는 처음부터 살인한 자요 진리가 그 속에 없으므로 진리에 서지 못하고 거짓을 말할 때마다 제 것으로 말하나니 이는 그가 거짓말쟁이요 거짓의 아비가 되었음이라.

는 죄인으로 인정하였기에 행위로 증명하려고 하지 않는다. 죄인으로서 용서받으려고 할 뿐이다. 그러나 행위로 증명하려는 사람은 죄를 인정하면서 죄인이 아닌 것을 증명하려하기 때문에 자기 자신이 죄인임을 인정한 것이 아니다. 즉 행위의 죄만 보고 마음 속에 살고 있는 죄는 보지 못하는 것이다. 용서함을 필요로 하는 사람은 행위의 죄가 아닌 마음 속의 죄를 보고 괴로워하는 사람들이다. 그래서 용서를 받아야 마음이 편해지기 때문에 죄 용서함을 받으려하는 것이다. 행위의 죄를 용서 받고자 하는 자는 대속의 제물을 드리면 용서를 받기 때문에 교회에서 충성스럽게 헌신적으로 봉사적 행위를 하면 마음이 편해진다. 그래서 21세기에 행위적 신앙을 하는 율법주의자들은 더욱 더 헌신과 자기 기준의 신앙의 양심적 행위를 통해 희생의 대속 제물을 드리는 것과 같이 행위적 충성을 통해 속죄의 편안함을 느낄 것이다. 그러나 이러한 편안함은 옛 사람이 죽지 않은 상태이기에 거짓된, 위장된 안식이다.

마음의 죄로 인해 용서를 필요로 하는 신앙인은 빛의 자녀이고, 행위의 죄로 인해 용서를 필요로 하는 신앙인은 어둠의 자녀이다. 마음의 죄를 용서 받고자 하는 자는 옛 사람을 주님과 함께 십자가에 못 박는 자이고, 행위의 죄를 용서 받고자 하는 자는 더욱 더 행위적 헌신을 하는 자가 된다.

두 종류의 인간

　세상에는 예수님이 오심으로서 두 종류의 인간으로 구별되었다. 어둠의 마음을 지닌 존재에서 마음에 빛을 받은 자가 분리되었다. 이를 밤과 낮으로 구분되었다고 비유적으로 표현한다. 한 종류의 인간은 예수 그리스도의 대속의 은총을 믿는 믿음으로 구원받는다는 사람들로서 빛의 자녀들이다. 다른 종류의 인간은 율법의 행위의 義를 바탕으로 자기의 義를 추구함으로써 인간의 노력으로 구원을 받을 수 있다는 어둠의 자녀들이다. 그리고 구원에 관심이 없는 사람들도 어둠의 자녀들이다. 즉 예수 믿지 않는 사람을 성경은 본질상 진노의 자녀인 어둠의 자식들이라고 부른다.[115] 두 종류의 인간은 믿는 자와 안 믿는 자, 죄인이라고 고백하는 자와 아닌 자, 믿음으로 구원받으려 하는 자와 율법으로 구원받으려 하는 자, 믿음의 義를 추구하는 자와 자기의 義를 추구하는 자 등으로 구분된다.

　그러나 이런 분별된 표현의 근본은 인간의 마음의 차이이다. 그것은 예수의 피가 뿌려진 마음을 가진 사람과 짐승의 피가 뿌려진 마음을 가진 사람으로 구분한다. 피 뿌림은 죄 사함이다. 피 뿌림은 곧 씨 뿌림이다.[116] 어떤 피가 뿌려졌느냐에 따라 어떤 씨가 열매를 맺느냐를 결정한다. 이는 어떤 빛이 사람에게 비추어 자기의 구원을 위해 어떤 신앙을 하느냐를 의미한다. 사람이 자신의 죄 사함의 길로 어떤 길을 택하느냐가 어떤 피 뿌림을 받느냐 이며, 어떤 씨를 뿌림 받느냐이다. 죄 사함을 위해 사람은 선택해야 한다. 어디에 피를 뿌릴 것인가? 마음에 피를 뿌리느냐? 아니면 제단에 피를 뿌리

---

115) **에베소서 2:3**, 전에는 우리도 다 그 가운데서 우리 육체의 욕심을 따라 지내며 육체와 마음의 원하는 것을 하여 다른 이들과 같이 본질상 진노의 자녀이었더니

116) **예레미야 31:27**, 여호와의 말씀이니라 보라 내가 사람의 씨와 짐승의 씨를 이스라엘 집과 유다 집에 뿌릴 날이 이르리니

느냐? 피 뿌림이 없으면 죄 사함을 받지 못한다.[117]

예수의 피가 사람의 마음에 뿌려지면 사람은 자기의 양심의 악함을 보고 느끼며 자신이 죄에 지배를 받는 죄인임을 깨닫게 된다. 그러나 짐승의 피, 즉 사탄의 피가 뿌려지면 양심의 악함을 깨달아 죄인임을 깨닫는 것이 아니라 행위의 악함을 통해 죄인임을 깨닫는다. 그러나 깨닫는 자는 모두 예수의 피로 인하여 깨닫는 줄 착각한다. 여기서 두 종류의 인간이 동일하게 예수의 이름으로 하나님의 이름을 부른다 하여도, 예수의 피 뿌림으로 인한 영적 체험과 변화가 있는 사람만이 하나님께 진정으로 나아갈 수 있다.[118] 왜냐하면 하나님께서 만물보다 거짓되고 심히 부패한 것이 마음이지만 인간은 어느 누구도 자기의 마음 상태가 이렇다는 것을 알 수가 없다고 하셨기 때문이다.[119] 자신의 마음의 상태를 진정으로 아는 자만이 하나님께 나아갈 수 있는 자로 선택된 사람이다. 만약에 자신의 마음이 거짓되고 부패한 상태라는 것을 모르는 자는 이미 하나님을 거짓말하시는 분으로 만드는 사람이다.[120] 하나님을 거짓말쟁이로 모함한 사람이 심판 날에 구원받을 확률은 절대로 없다.

바울은 사람을 빛과 어두움으로 구분하고, 예수를 믿는 자와 예수를 믿지 않는 자로 표현한다. 이 당시 이 말의 기본적인 대상은 유대인들이다. 이들은 아브라함의 자손으로서 여호와 하나님을 아버지라고 부르는 사람들이며 구세주의 오심을 기다리는 사람들이었

---

117) **히브리서 9:21-23**, 21 또한 이와 같이 피를 장막과 섬기는 일에 쓰는 모든 그릇에 뿌렸느니라 22 율법을 따라 거의 모든 물건이 피로써 정결하게 되나니 피 흘림이 없은즉 사함이 없느니라 23 그러므로 하늘에 있는 것들의 모형은 이런 것들로써 정결하게 할 필요가 있었으나 하늘에 있는 그것들은 이런 것들보다 더 좋은 제물로 할지니라.

118) **히브리서 10:22**, 우리가 마음에 뿌림을 받아 양심의 악을 깨닫고 몸을 맑은 물로 씻었으니 참 마음과 온전한 믿음으로 하나님께 나아가자.

119) **예레미야 17:9**, 만물보다 거짓되고 심히 부패한 것은 마음이라 누가 능히 이를 알리요마는

120) **요한1서 1:10**, 만일 우리가 범죄하지 아니하였다 하면 하나님을 거짓말 하는 자로 만드는 것이니 또한 그의 말씀이 우리 속에 있지 아니하니라.

다. 그런데 이들이 사는 나라에 기다리던 구세주 예수님이 오셨다. 빛이 비추어졌다. 그러나 유대인들은 예수를 빛으로 여기지 않았다. 그리스도로 인정하지 않았다. 왜 그랬을까? 바울은 이를 두 부류의 義를 추구하는 신앙인들의 갈등으로 표현하였다. 이것이 빛과 어둠의 싸움이며, 형제간의 싸움이었다고 한다.

아브라함을 아버지라고 부르는 두 아들! 이스마엘과 이삭! 여종 하갈에게서 난 이스마엘과 본처로서 자유자인 사라에게서 난 이삭! 형인 이스마엘과 같이 율법의 행위적 신앙을 하는 부류의 예수 믿는 자들, 현대 교회에서 율법적 신앙생활이 무엇인지도 모르는 자들에게 바울은 말한다.

> 그러므로 이르시기를 잠자는 자여 깨어서 죽은 자들 가운데서 일어나라 그리스도께서 너에게 비추이시리라 하셨느니라 　　　　(에베소서 5:14)

이스마엘이 이삭을 핍박하듯, 율법의 행위의 義로 자기의 義를 추구하는 부류의 신앙인들이 예수 그리스도의 십자가의 대속의 은총을 믿는 믿음의 義를 추구하는 신앙인을 핍박한다.[121] 그러나 택함 받은 자라면 이스마엘과 같은 형제 중에서 그리스도에 대하여 깨닫게 되는 자가 나타나게 될 것이다. 그리고 바울처럼 십자가의 증인의 길을 가게 될 것이다.

두 종류의 인간은 하나님 앞으로 나아가는 義의 길이 다른 사람들을 의미한다. 인간은 그냥 인간이라는 육체를 따라 태어난 자와 하나님의 계획에 따라 육체를 따라 난 자 중에서 빛 비추임을 받아 성령을 따라 난 자로 구별된다. "빛이 있으라!"는 사람을 두 종류로 분리하여 구분한 것이다.

---

121) 갈라디아서 4:28-29, 28 형제들아 너희는 이삭과 같이 약속의 자녀라 29 그러나 그 때에 육체를 따라 난 자가 성령을 따라 난 자를 박해한 것 같이 이제도 그러하도다.

둘째와 셋째 날의 창조

6. 하나님이 이르시되 물 가운데에 궁창이 있어 물과 물로 나뉘라 하시고

7. 하나님이 궁창을 만드사 궁창 아래의 물과 궁창 위의 물로 나뉘게 하시니 그대로 되니라

8. 하나님이 궁창을 하늘이라 부르시니라 저녁이 되고 아침이 되니 이는 둘째 날이니라

9. 하나님이 이르시되 천하의 물이 한 곳으로 모이고 뭍이 드러나라 하시니 그대로 되니라

10. 하나님이 뭍을 땅이라 부르시고 모인 물을 바다라 부르시니 하나님이 보시기에 좋았더라

11. 하나님이 이르시되 땅은 풀과 씨 맺는 채소와 각기 종류대로 씨 가진 열매 맺는 나무를 내라 하시니 그대로 되어

12. 땅이 풀과 각기 종류대로 씨 맺는 채소와 각기 종류대로 씨 가진 열매 맺는 나무를 내니 하나님이 보시기에 좋았더라

13. 저녁이 되고 아침이 되니 이는 셋째 날이니라

(창세기 1:6-13)

하늘의 기능

땅은 흑암으로 덮여있었다. 하나님의 神, 성령이 수면 위에서 계셨던 것을 보면 땅은 물로 덮여있었다. 빛이 흑암의 땅에 비추었을 때 흑암은 그리스도로 오신 예수를 못 알아보는 세상과 사람의 상태를 의미하였다. 그럼 물을 흑암의 깊은 물이라고 한다면 물은 무엇을 의미하는 것일까? 세상은 그리고 인간은 예수 그리스도를 전적으로 알아볼 수 없는 상태에 있다는 의미이다.

하나님의 둘째 창조는 하늘이었다. 하나님은 땅을 덮고 있는 물을 둘로 나누면서 발생한 궁창, 즉 공간을 하늘이라고 부르셨다. 사실 하늘의 창조는 물을 둘로 나눔으로 인해 생긴 자연적인 것이었다. 아니면 하늘의 창조로 인하여 물이 자연적으로 나뉜 것인가? 하나님의 목적은 하늘 자체에 있는 것인가 아니면 물의 나눔에 있는 것인가?

하늘의 창조로 물이 나뉘니 땅을 덮고 있던 흑암의 상태로 하나였던 물이 하늘 위의 물과 하늘 아래의 물로 나뉘었다. 그러나 하늘 아래의 물은 여전히 땅을 덮고 있었다. 하나님께서 땅을 덮고 있는 물을 한 곳으로 모으셨다. 이 모인 물을 바다라 부르셨다. 하늘 아래의 물이 한 곳으로 모이면서 뭍이 드러났고 이 뭍을 땅이라 부르셨다. 하늘의 창조로 말미암아 바다와 땅이 생겼다.

하늘과 땅의 의미

성경은 하늘과 땅에 대하여 다양한 의미로 사용한다. 하나님과 피조물의 소유 관계와 통치권,[122][123][124][125][126][127] 인간의 영적 상태에 따라, 인간의 마음의 변화에 따라 소속을 의미하는 육과 영의 장소적 의미로써 아담과 예수의 태어난 장소,[128] 마음의 보물이 땅에 있는 자와 하늘에 있는 자를 분별하는 기준으로서 부활의 형체를 결정하는 영적 소속을 결정하는 장소,[129] 거듭난 영이 사는 집으로써의 유한한 육체가 있던 장소와 육체가 죽은 다음에 영이 살 수 있는 영원한 집으로서의 장소,[130] 하나님의 약속의 실현으로써의 땅,[131] 마음에 피 뿌림이 없는 자들을 지배하는 육신의 아버지와 마음에 예수 그리스도의 피 뿌림이 있는 거듭난 영의 아버지가 사는 곳,[132] 심판과 관련되어 하나님의 뜻을 거역하는 애굽과 이 곳에 심판을 내리는

---

122) **신명기 10:14**, 하늘과 모든 하늘의 하늘과 땅과 그 위의 만물은 본래 네 하나님 여호와께 속한 것이로되

123) **느헤미야 9:6**, 오직 주는 여호와시라 하늘과 하늘들의 하늘과 일월 성신과 땅과 땅 위의 만물과 바다와 그 가운데 모든 것을 지으시고 다 보존하시오니 모든 천군이 주께 경배하나이다.

124) **시편 89:11**, 하늘이 주의 것이요 땅도 주의 것이라 세계와 그 중에 충만한 것을 주께서 건설하셨나이다.

125) **마태복음 28:18**, 예수께서 나아와 일러 가라사대 하늘과 땅의 모든 권세를 내게 주셨으니

126) **요한계시록 10:6**, 세세토록 살아계신 자 곧 하늘과 그 가운데 있는 물건이며 땅과 그 가운데 있는 물건이며 바다와 그 가운데 있는 물건을 창조하신 이를 가리켜 맹세하여 가로되 지체하지 아니하리니

127) **창세기 24:3**, 내가 너로 하늘의 하나님, 땅의 하나님이신 여호와를 가리켜 맹세하게 하노니 너는 나의 거하는 이 지방 가나안 족속의 딸 중에서 내 아들을 위하여 아내를 택하지 말고

128) **고린도전서 15:47**, 첫 사람은 땅에서 났으니 흙에 속한 자이거니와 둘째 사람은 하늘에서 나셨느니라.

129) **고린도전서 15:40**, 하늘에 속한 형체도 있고 땅에 속한 형체도 있으나 하늘에 속한 자의 영광이 따로 있고 땅에 속한 자의 영광이 따로 있으니

130) **고린도후서 5:1**, 만일 땅에 있는 우리의 장막 집이 무너지면 하나님께서 지으신 집 곧 손으로 지은 것이 아니요 하늘에 있는 영원한 집이 우리에게 있는 줄 아나니

131) **창세기 24:7**, 하늘의 하나님 여호와께서 나를 내 아버지의 집과 내 본토에서 떠나게 하시고 내게 말씀하시며 내게 맹세하여 이르시기를 이 땅을 네 씨에게 주리라 하셨으니 그가 그 사자를 네 앞서 보내실지라 네가 거기서 내 아들을 위하여 아내를 택할지니라.

132) **마태복음 23:9**, 땅에 있는 자를 아비라 하지 말라 너희 아버지는 하나이시니 곧 하늘에 계신 자시니라.

곳,[133][134] 복음이 내려오는 곳과 그 복음으로 인해 심판이 이루어지는 곳,[135] 인간에게 내릴 복 대신에 저주를 간직한 곳과 저주를 받는 곳,[136][137][138][139][140] 하늘에서 쫓겨난 자가 사는 곳,[141] 창조주가 아닌 다른 神들이 심판 받기 전에 사는 곳,[142] 심판받을 자들을 가두어둔 곳,[143] 감시하고 감시 받는 곳,[144] 하나님의 약속과 축복과 관련된 것으로 우상을 섬기지 않고 하나님의 말씀대로 살면 약속의 땅에서 자손의 긴 통치기간을 하늘이 땅을 덮는 기간으로 비유,[145] 하나님의 처소와 하나님께서 인간에게 복을 주시는 곳,[146] 인간에게 주는 복을 간직한 곳과 그 복을 받는 곳,[147] 인간의 양식을 주는 곳과 약속이 이루

133) **출애굽기 9:22**, 여호와께서 모세에게 이르시되 너는 하늘을 향하여 손을 들어 애굽 전국에 우박이 애굽 땅의 사람과 짐승과 밭의 모든 채소에 내리게 하라.

134) **출애굽기 10:22**, 모세가 하늘을 향하여 손을 들매 캄캄한 흑암이 삼일 동안 애굽 온 땅에 있어서

135) **신명기 4:36**, 여호와께서 너를 교훈하시려고 하늘에서부터 그 음성을 너로 듣게 하시며 땅에서는 그 큰 불을 네게 보이시고 너로 불 가운데서 나오는 그 말씀을 듣게 하셨느니라.

136) **신명기 28:24**, 여호와께서 비 대신에 티끌과 모래를 네 땅에 내리시리니 그것들이 하늘에서 네 위에 내려서 필경 너를 멸하리라.

137) **사무엘상 2:10**, 여호와를 대적하는 자는 산산이 깨어질 것이라 하늘 우뢰로 그들을 치시리로다 여호와께서 땅 끝까지 심판을 베푸시고 자기 왕에게 힘을 주시며 자기의 기름 부음을 받은 자의 뿔을 높이시리로다 하니라.

138) **이사야 13:5**, 무리가 먼 나라에서, 하늘가에서 왔음이여 곧 여호와와 그 진노의 병기라 온 땅을 멸하려 함이로다.

139) **요한계시록 11:6**, 저희가 권세를 가지고 하늘을 닫아 그 예언을 하는 날 동안 비 오지 못하게 하고 또 권세를 가지고 물을 변하여 피 되게 하고 아무 때든지 원하는 대로 여러 가지 재앙으로 땅을 치리로다.

140) **요한계시록 13:13**, 큰 이적을 행하되 심지어 사람들 앞에서 불이 하늘로부터 땅에 내려오게 하고

141) **이사야 14:12**, 너 아침의 아들 계명성이여 어찌 그리 하늘에서 떨어졌으며 너 열국을 엎은 자여 어찌 그리 땅에 찍혔는고

142) **예레미야 10:11**, 너희는 이같이 그들에게 이르기를 천지를 짓지 아니한 신들은 땅 위에서, 이 하늘 아래서 망하리라 하라.

143) **베드로후서 3:7**, 이제 하늘과 땅은 그 동일한 말씀으로 불사르기 위하여 간수하신바 되어 경건치 아니한 사람들의 심판과 멸망의 날까지 보존하여 두신 것이니라.

144) **시편 102:19**, 여호와께서 그 높은 성소에서 하감하시며 하늘에서 땅을 감찰하셨으니

145) **신명기 11:21**, 그리하면 여호와께서 너희 열조에게 주리라고 맹세하신 땅에서 너희의 날과 너희 자녀의 날이 많아서 하늘이 땅을 덮는 날의 장구함 같으리라.

146) **신명기 26:15**, 원컨대 주의 거룩한 처소 하늘에서 하감하시고 주의 백성 이스라엘에게 복을 주시며 우리 열조에게 맹세하여 우리에게 주신 바 젖과 꿀이 흐르는 땅에 복을 내리소서 할지니라.

147) **신명기 28:12**, 여호와께서 너를 위하여 하늘의 아름다운 보고를 열으사 네 땅에 때를 따라 비를 내리시고 네 손으로 하는 모든 일에 복을 주시리니 네가 많은 민족에게 꾸어줄지라도 너는 꾸지 아니할 것이요.

어진 곳,[148] 그리고 창조 목적대로의 하늘의 기능과 땅의 기능을 비유하는 말씀[149][150][151][152][153][154][155][156][157][158][159][160]과 선한 길을 가르치는 곳과 죄 사함 받아 고쳐지는 곳,[161] 복음이 선포되는 곳,[162] 하나님에 대한 말과 행동이 다른 거짓 신앙의 비유,[163] 하나님과 인간이 구분될 수밖에 없는 이유로서의 비유,[164] 하나님과 사람의 뜻의 차이를 비유,[165] 하나님의 뜻이 이루어져야 할 두 곳,[166] 매고 푸는 것이 서로 연관되

---

148) **느헤미야 9:15**, 저희의 주림을 인하여 하늘에서 양식을 주시며 저희의 목마름을 인하여 반석에서 물을 내시고 또 주께서 옛적에 손을 들어 맹세하시고 주마하신 땅을 들어가서 차지하라 명하셨사오나

149) **창세기 27:28**, 하나님은 하늘의 이슬과 땅의 기름짐이며 풍성한 곡식과 포도주로 네게 주시기를 원하노라.

150) **신명기 11:11**, 너희가 건너가서 얻을 땅은 산과 골짜기가 있어서 하늘에서 내리는 비를 흡수하는 땅이요.

151) **신명기 11:17**, 여호와께서 너희에게 진노하사 하늘을 닫아 비를 내리지 아니하여 땅으로 소산을 내지 않게 하시므로 너희가 여호와의 주신 아름다운 땅에서 속히 멸망할까 하노라.

152) **신명기 33:13**, 요셉에 대하여는 일렀으되 원컨대 그 땅이 여호와께 복을 받아 하늘의 보물인 이슬과 땅 아래 저장한 물과

153) **신명기 33:28**, 이스라엘이 안전히 거하며 야곱의 샘은 곡식과 새 포도주의 땅에 홀로 있나니 곧 그의 하늘이 이슬을 내리는 곳에로다.

154) **열왕기상 8:36**, 주는 하늘에서 들으사 주의 종들과 주의 백성 이스라엘의 죄를 사하시고 그 마땅히 행할 선한 길을 가르쳐주옵시며 주의 백성에게 기업으로 주신 주의 땅에 비를 내리시옵소서.

155) **시편 85:11**, 진리는 땅에서 솟아나고 의는 하늘에서 하감하였도다.

156) **시편 147:8**, 저가 구름으로 하늘을 덮으시며 땅을 위하여 비를 예비하시며 산에 풀이 자라게 하시며

157) **이사야 42:5**, 하늘을 창조하여 펴시고 땅과 그 소산을 베푸시며 땅 위의 백성에게 호흡을 주시며 땅에 행하는 자에게 신을 주시는 하나님 여호와께서 이같이 말씀하시되

158) **이사야 45:8**, 너 하늘이여 위에서부터 의로움을 비 같이 듣게 할지어다 궁창이여 의를 부어 내릴지어다 땅이여 열려서 구원을 내고 의도 함께 움돋게 할지어다 나 여호와가 이 일을 창조하였느니라.

159) **학개서 1:10**, 그러므로 너희로 인하여 하늘은 이슬을 그쳤고 땅은 산물을 그쳤으며

160) **야고보서 5:18**, 다시 기도한즉 하늘이 비를 주고 땅이 열매를 내었느니라.

161) **역대하 7:14**, 내 이름으로 일컫는 내 백성이 그 악한 길에서 떠나 스스로 겸비하고 기도하여 내 얼굴을 구하면 내가 하늘에서 듣고 그 죄를 사하고 그 땅을 고칠지라.

162) **시편 50:4**, 하나님이 그 백성을 판단하시려고 위 하늘과 아래 땅에 반포하여

163) **시편 73:9**, 저희 입은 하늘에 두고 저희 혀는 땅에 두루 다니도다.

164) **전도서 5:2**, 너는 하나님 앞에서 함부로 입을 열지 말며 급한 마음으로 말을 내지 말라 하나님은 하늘에 계시고 너는 땅에 있음이니라 그런즉 마땅히 말을 적게 할 것이라.

165) **이사야 55:9**, 하늘이 땅보다 높음 같이 내 길은 너희 길보다 높으며 내 생각은 너희 생각보다 높으니라.

166) **마태복음 6:10**, 나라이 임하옵시며 뜻이 하늘에서 이룬 것같이 땅에서도 이루어지이다.

는 곳,[167] 비밀을 간직한 곳과 비밀을 모르는 곳,[168][169] 화평과 통일이 이루어져야 할 곳,[170][171] 새롭게 창조되어야 할 곳[172][173][174][175]으로 표현되어 있다.

이와 같이 성경의 하늘과 땅이라는 용어의 사용은 창조의 과정으로써 창조된 하늘과 하늘의 창조로 물이 나뉨으로써 생겨난 땅의 자연 현상을 넘어 다른 영적인 메시지를 전해주고 있다. 왜냐하면 성경은 하늘과 물과 땅의 창조 자체를 말하기보다 이것을 비유한 인간의 깨달음에 그 목적을 둔 듯이 비유적 활용을 하기 때문이다. 그래서 그런지 성경은 하늘과 물과 땅은 창조 셋째 날의 식물의 창조와 관련하여 비유적 용어로 사용된다.

---

167) **마태복음 16:19**, 내가 천국 열쇠를 네게 주리니 네가 땅에서 무엇이든지 매면 하늘에서도 매일 것이요 네가 땅에서 무엇이든지 풀면 하늘에서도 풀리리라 하시고

168) **요한복음 3:12**, 내가 땅의 일을 말하여도 너희가 믿지 아니하거든 하물며 하늘 일을 말하면 어떻게 믿겠느냐

169) **요한복음 3:31-36**, 31 위로부터 오시는 이는 만물 위에 계시고 땅에서 난 이는 땅에 속하여 땅에 속한 것을 말하느니라 하늘로서 오시는 이는 만물 위에 계시나니 32 그가 그 보고 들은 것을 증거하되 그의 증거를 받는 이가 없도다. 33 그의 증거를 받는 이는 하나님을 참되시다 하여 인쳤느니라. 34 하나님의 보내신 이는 하나님의 말씀을 하나니 이는 하나님이 성령을 한량 없이 주심이니라. 35 아버지께서 아들을 사랑하사 만물을 다 그 손에 주셨으니 36 아들을 믿는 자는 영생이 있고 아들을 순종치 아니하는 자는 영생을 보지 못하고 도리어 하나님의 진노가 그 위에 머물러 있느니라.

170) **에베소서 1:10**, 하늘에 있는 것이나 땅에 있는 것이 다 그리스도 안에서 통일되게 하려 하심이라.

171) **골로새서 1:20**, 그의 십자가의 피로 화평을 이루사 만물 곧 땅에 있는 것들이나 하늘에 있는 것들을 그로 말미암아 자기와 화목케 되기를 기뻐하심이라.

172) **이사야 65:17**, 보라 내가 새 하늘과 새 땅을 창조하나니 이전 것은 기억되거나 마음에 생각나지 아니할 것이라.

173) **이사야 66:22**, 나 여호와가 말하노라 나의 지을 새 하늘과 새 땅이 내 앞에 항상 있을 것 같이 너희 자손과 너희 이름이 항상 있으리라.

174) **베드로후서 3:13**, 우리는 그의 약속대로 의의 거하는바 새 하늘과 새 땅을 바라보도다.

175) **요한계시록 21:1**, 또 내가 새 하늘과 새 땅을 보니 처음 하늘과 처음 땅이 없어졌고 바다도 다시 있지 않더라.

물의 기능과 의미

성경에서 보면 귀신이 사람 속에서 살다가 나갈 때 물 없는 곳을 다니며 쉬기를 구한다고 한다.[176] 여기서 물이 우리들이 사용하는 물을 말하는 것일까? 세례 요한이 물로 세례를 주는 것은 예수님으로 말미암아 이루어질 성령 세례를 의미하였다.[177] 예수님은 사마리아 우물가의 여인에게 영원히 목마르지 않는 물에 대하여 언급하셨다.[178] 마찬가지로 예수님도 성령 받음을 말씀하신 것이다. 더러운 것을 닦아낼 때 물로 닦는다. 닦아내는 것은 사람의 마음 속에 숨은 죄와 우상을 섬기는 마음이다.[179)180)] 베드로는 물을 구원의 표로써 세례를 상징한다고 했다.[181] 그래서 물이 없음은 심판받을 사람으로 표현한다.[182]

물은 성령을 의미하였다. 성령을 받은 자에게는 귀신이 살 수 없다. 성령으로 세례를 받으면 예수 믿는 자가 된다. 성령을 받는 자는 영원히 목마르지 않는 사람이 되며, 팔복(福)을 받은 현상을 느끼고 깨닫게 된다. 마음에 내재된 죄에 지배 받음을 깨닫게 되어 심령이 가난하고, 애통하며, 의에 주리고 목이 마른 현상이 발생하고 양심

---

176) **마태복음 12:43**, 더러운 귀신이 사람에게서 나갔을 때에 물 없는 곳으로 다니며 쉬기를 구하되 얻지 못하고

177) **마태복음 3:11**, 나는 너희로 회개케 하기 위하여 물로 세례를 주거니와 내 뒤에 오시는 이는 나보다 능력이 많으시니 나는 그의 신을 들기도 감당치 못하겠노라 그는 성령과 불로 너희에게 세례를 주실 것이요.

178) **요한복음 4:14**, 내가 주는 물을 먹는 자는 영원히 목마르지 아니하리니 나의 주는 물은 그 속에서 영생하도록 솟아나는 샘물이 되리라.

179) **히브리서 10:22**, 우리가 마음에 부림을 받아 양심의 악을 깨닫고 몸을 맑은 물로 씻었으니 참 마음과 온전한 믿음으로 하나님께 나아가자.

180) **에스겔 36:25**, 맑은 물로 너희에게 뿌려서 너희로 정결케 하되 곧 너희 모든 더러운 것에서와 모든 우상을 섬김에서 너희를 정결케 할 것이며

181) **베드로전서 3:21**, 물은 예수 그리스도의 부활하심으로 말미암아 이제 너희를 구원하는 표니 곧 세례라 육체의 더러운 것을 제하여 버림이 아니요 오직 선한 양심이 하나님을 향하여 찾아가는 것이라.

182) **베드로후서 2:17**, 이 사람들은 물 없는 샘이요 광풍에 밀려가는 안개니 저희를 위하여 캄캄한 어두움이 예비되어 있나니

의 惡을 깨달는다. 성령의 역사로 이와 같이 깨달음의 복(福)을 받은 자는 죄 용서함을 받는 십자가의 대속의 은총을 믿는 믿음을 갖게 된다. 죄 용서함을 받은 자는 마음에서 왕으로 군림하고 있는 죄의 지배에서 믿음으로 벗어난 자이다. 죄에서 해방된 자는 청결한, 정결한, 거룩한 자가 되어 우상에서 벗어나 참 마음과 온전한 믿음을 지닌 자가 되어 하나님께 나아갈 수 있는 복 있는 자가 된다.[183]

그러나 한 가지 생각할 것이 물은 둘로 나뉘었다. 나뉘기 전의 물은 어디에 있는가? 무엇을 말하는가? 하늘 위의 물은 앞에서 말한 것처럼 성령을 말한다. 그럼 하늘 아래 있는 땅의 물은 무엇인가? 땅은 사람의 마음을 말한다. 그러므로 사람이 성령을 받기 전의 마음 상태가 하늘 아래의 땅에 있는 물이 있는 상태의 마음이다. 인간은 두 영을 함께 받을 수 없다. 하나의 영만 받을 수 있다. 야고보는 "샘이 한 구멍으로 어찌 단 물과 쓴 물을 내겠느뇨!"(야고보서 3:11)라고 표현하였다. 인간은 두 주인을 섬길 수 없다. 하나님과 재물 중에서 하나만 섬기는 존재이다. 하나님을 섬기면 재물을 섬기지 않는다. 재물을 섬기면 하나님을 섬길 수 없다.[184] 따라서 하늘 위의 물을 받으려면 원래 있던 하늘 아래의 물인 땅의 물은 다 버려야 한다.

성령은 하나님께로부터 온 영이다. 다시 말해 하늘 위의 물로서의 하늘의 영이다. 그럼 땅의 물은 무엇이라 부르는가? 세상의 영이라고 부른다. 세상은 어둠이라고 한다. 이 어둠에 역사하는 세상의 영이다. 성령이 오심으로써 세상의 영이 드러났다. 마치 빛이 비침으로써 어둠이 드러난 것과 같은 현상이다. 요한은 "저는 진리의 영이라 세상은 능히 저를 받지 못하나니 이는 저를 보지도 못하고 알지

---

183) **히브리서 10:22**, 우리가 마음에 뿌림을 받아 악한 양심으로부터 벗어나고 몸은 맑은 물로 씻음을 받았으니 참 마음과 온전한 믿음으로 하나님께 나아가자.

184) **마태복음 6:24**, 한 사람이 두 주인을 섬기지 못할 것이니 혹 이를 미워하고 저를 사랑하거나 혹 이를 중히 여기고 저를 경히 여김이라 너희가 하나님과 재물을 겸하여 섬기지 못하느니라.

도 못함이라 그러나 너희는 저를 아나니 저는 너희와 함께 거하심이요 또 너희 속에 계시겠음이라”(요한복음 14:17)라고 하며 성령을 진리의 영이라고 했다.

요한은 진리의 영인 성령께서는 인간의 마음 속에 내주하신다고 하였다. 바울은 진리의 영인 성령과 반대인 영을 세상의 영이라 부르면서 “우리가 세상의 영을 받지 아니하고 오직 하나님께로 온 영을 받았으니 이는 우리로 하여금 하나님께서 우리에게 은혜로 주신 것들을 알게 하려 하심이라”(고린도전서 2:12)하며 성령을 주시는 하나님의 목적을 언급하였다. 원래 흑암의 상태에 있는 인간, 즉 빛 비추임을 받지 못한 인간은 이미 세상의 영을 받은 존재들이다. 인간은 두 영을 동시에 받지 못한다. 필연적으로 한 영만 받을 수 있다. 성령을 못 받은 자는 육체에 속한 자로서 자연히 세상의 영을 받은 자가 된다. 즉 짐승의 피, 짐승의 씨 뿌림을 받은 자, 선악을 알게 하는 나무의 열매를 먹은 자이다.

인간은 영이 지배한다. 인간을 지배하는 영은 둘이다. 하나는 성령이요 하나는 세상의 영이다. 즉 인간이 받을 수 있는 영은 하나님께로부터 온 영과 세상의 임금, 세상의 신, 어두운 세상의 주관자, 공중의 권세를 잡은 자, 사망의 세력을 잡은 자, 흑암의 권세를 잡은 자인 옛 뱀인 마귀 사탄의 영인 세상의 영이다. 미혹의 영인 세상의 영을 받은 자는 모두 흑암의 상태에 있다. 어둠의 권세에 이미 잡혀 있는 상태이다. 이 상태를 다른 말로 바울은 죄에 종노릇 하는 인간, 인간에게 왕 노릇하는 죄에 지배 받는 존재라고 표현한다.[185]

영안(靈眼)이란 즉 영적인 눈이 떠진다는 말은 세상의 영으로 보는 세계에서 성령으로 보는 세계로의 전환을 말한다. 따라서 어떤

---

185) **로마서 6:6,** 우리가 알거니와 우리의 옛 사람이 예수와 함께 십자가에 못 박힌 것은 죄의 몸이 죽어 다시는 우리가 죄에게 종노릇 하지 아니하려 함이니

영을 받았느냐에 따라 보는 것이 달라진다. 먼저 진리의 영을 받은 자, 즉 마음에 예수 그리스도의 얼굴에 있는 하나님의 영광을 아는 빛을 비추임을 받은 자는 자신의 마음 속에 진리의 영이신 성령께서 계신다는 것을 안다. 왜냐하면 빛 비추임인 성령을 받으면 자기의 마음 속에 영적인 현상이 발생하기 때문에 당연히 알 수 있게 된다. 그래서 진리의 영, 하나님께로부터 온 영인 성령을 받은 자는 하나님께서 자기에게 은혜로 주신 것이 무엇인지를 깨닫게 된다.[186] 마음에서 능력으로 역사하시는 그리스도에 대한 체험이 시작된다.[187]

하나님께서 인간에게 주신 은혜의 내용은 하나님께서 인간을 사랑하셔서 예수 그리스도를 이 땅에 보내심으로 죄인인 인간에게 행위가 아닌 믿음으로 구원받을 수 있다는 위로와 구원의 소망을 주신 것이었다. 하나님의 은혜에 대한 깨달음은 사람이 똑똑해서 알게 되는 것이 아니다. 공부해서 알게 되는 것이 아니다. 지식으로 깨달음의 내용을 외우고 있다고 해도 그건 아는 것이 아니다. 사람 마음 속에 존재하고 계시는 진리의 영이신 성령에 의해서 알게 되는 것이다. 사람에게 주신 하나님의 은혜는 예수 그리스도의 얼굴에 있는 하나님의 영광을 아는 것이다. 따라서 빛의 자녀는 자기가 받은 하나님의 은혜가 무엇인지를 말할 수 있는 자이어야 한다.[188]

---

186) **데살로니가후서 2:16**, 우리 주 예수 그리스도와 우리를 사랑하시고 영원한 위로와 좋은 소망을 은혜로 주신 하나님 우리 아버지께서

187) **골로새서 1:27-29**, 27 하나님이 그들로 하여금 이 비밀의 영광이 이방인 가운데 얼마나 풍성한지를 알게 하려 하심이라 이 비밀은 너희 안에 계신 그리스도시니 곧 영광의 소망이니라 28 우리가 그를 전파하여 각 사람을 권하고 모든 지혜로 각 사람을 가르침은 각 사람을 그리스도 안에서 완전한 자로 세우려 함이니 29 이를 위하여 나도 내 속에서 능력으로 역사하시는 이의 역사를 따라 힘을 다하여 수고하노라.

188) **고린도전서 2:13**, 우리가 이것을 말하거니와 사람의 지혜가 가르친 말로 아니하고 오직 성령께서 가르치신 것으로 하니 영적인 일은 영적인 것으로 분별하느니라 (This is what we speak, not in words taught us by human wisdom but in words taught by the Spirit, expressing spiritual truths in spiritual words).

아직 영적으로 어린 자들은 말을 하지 못한다. 갓난아이처럼 말을 못하고 잘 알아보지도 못한다. 그러나 들으면 느낌으로라도 무엇이 옳고 그른지를 안다. 비록 제대로 표현은 못한다 할지라도 옳은 길, 진리의 길, 생명의 길을 따라오게 되어있다. 그래서 사람은 자기가 받은 영과 같은 영을 가진 자의 설교를 따라오게 되어 있다. 사람은 자기가 받은 영의 존재에 따라서 보고 듣게 된다. 그래서 주님은 내 양은 내 음성을 알아듣고 따라온다고 하셨다.[189]

받은 영에 의한 신앙

사람의 신앙은 자기가 받은 영의 출처가 어디냐에 따라 달라진다. 같은 종교를 가졌고 같은 신앙을 가졌다 해도 그건 외형적인 것뿐이다. 영적으로는 성경에서 말하는 아브라함, 이삭, 야곱이 만난 그 하나님이 보내신 성령을 받지 못하면 아무리 예수와 하나님의 이름을 같이 불러도 다른 존재를 부르고 있는 결과를 가져온다. 왜냐하면 세상의 영도 자기를 아브라함과 이삭과 야곱의 하나님으로 속이고 있기 때문이다.[190]

성경에서는 세상의 영을 받은 자의 신앙 행태에 대해 기록하고 있다. 이들은 율법으로 자신의 행위를 보며 율법 준수와 육의 할례를 통해 구원을 얻고자 한다. 이들은 자기 마음 속을 보지 못하기에 자기의 행위를 보는 것이며, 자기가 죄인임을 모르고 자기의 義를 세워간다.[191] 남을 의식하는 신앙적 외식을 하며 말로는 하나님께서

---

189) **요한복음 10:27**, 내 양은 내 음성을 들으며 나는 그들을 알며 그들은 나를 따르느니라.

190) **고린도후서 11:14**, 이것은 이상한 일이 아니니라. 사탄도 자기를 광명의 천사로 가장하나니

191) **로마서 10:3**, 하나님의 의를 모르고 자기 의를 세우려고 힘써 하나님의 의에 복종하지 아니하였느니라.

주신 은혜가 무엇인지 말을 하나 구원과 관련된 진정한 의미에 대해서는 알지를 못한다. 천국을 가고자 했으며, 천국을 가게 하기 위하여 하나님의 말씀인 율법을 지키고 전하였는데 둘다(전하는 자, 듣는 자) 들어가지 못하는 결과를 가져온다.[192] 천국에 대한 사모함이 크기에 열정적으로 이방인에게도 하나님을 전하여 하나님께 열심을 내게 하였으나, 자기보다 더 지옥에 먼저 가게 만든다.[193] 율법의 기록대로 철저히 하나님께 봉헌하지만 봉헌을 통해 알아야 할 근본 의미도 깨닫지 못하고 있다.[194]

행위의 거룩함을 추구하며 하나님 앞에 의롭게 서기 위해 행위의 온전함을 위한 행위의 의와 자기의 의를 추구했던 서기관과 바리새인들의 마음은 죽은 사람의 뼈와 온갖 부패한 것들이 있는 상태와 같았다.[195] 이런 신앙은 모두 인간으로 하여금 저주 받게 하는 외식을 잉태하는 것이었다.[196][197][198][199] 그래서 외식하는 이들을 눈 먼 소경

---

192) **마태복음 23:13**, 화 있을진저 외식하는 서기관들과 바리새인들이여 너희는 천국 문을 사람들 앞에서 닫고 너희도 들어가지 않고 들어가려 하는 자도 들어가지 못하게 하는도다.

193) **마태복음 23:15**, 화 있을진저 외식하는 서기관들과 바리새인들이여 너희는 교인 한 사람을 얻기 위하여 바다와 육지를 두루 다니다가 생기면 너희보다 배나 더 지옥 자식이 되게 하는도다.

194) **마태복음 23:23**, 화 있을진저 외식하는 서기관들과 바리새인들이여 너희가 박하와 회향과 근채의 십일조는 드리되 율법의 더 중한 바 정의와 긍휼과 믿음은 버렸도다 그러나 이것도 행하고 저것도 버리지 말아야 할지니라.

195) **마태복음 23:27**, 화 있을진저 외식하는 서기관들과 바리새인들이여 회칠한 무덤 같으니 겉으로는 아름답게 보이나 그 안에는 죽은 사람의 뼈와 모든 더러운 것이 가득하도다.

196) **마태복음 6:16**, 금식할 때에 너희는 외식하는 자들과 같이 슬픈 기색을 보이지 말라 그들은 금식하는 것을 사람에게 보이려고 얼굴을 흉하게 하느니라 내가 진실로 너희에게 이르노니 그들은 자기 상을 이미 받았느니라.

197) **마태복음 6:2**, 그러므로 구제할 때에 외식하는 자가 사람에게서 영광을 받으려고 회당과 거리에서 하는 것 같이 너희 앞에 나팔을 불지 말라 진실로 너희에게 이르노니 그들은 자기 상을 이미 받았느니라.

198) **마태복음 6:5**, 또 너희는 기도할 때에 외식하는 자와 같이 하지 말라 그들은 사람에게 보이려고 회당과 큰 거리 어귀에 서서 기도하기를 좋아하느니라 내가 진실로 너희에게 이르노니 그들은 자기 상을 이미 받았느니라.

199) **마태복음 7:5**, 외식하는 자여 먼저 네 눈 속에서 들보를 빼어라 그 후에야 밝히 보고 형제의 눈 속에서 티를 빼리라.

들이라고 부른다.[200][201] 외식하는 자들은 모두 행위로는 하나님께 가까이 가지만 마음은 먼 자들이었다.[202]

성경은 하나님께로부터 온 영, 즉 진리의 영인 성령을 받았을 때 발생하는 현상으로 인간이 자기 마음 속에 죄가 살고 있음을 보며, 그 죄가 왕으로 존재하며 자기 자신이 죄의 노예가 되어 살고 있었다는 사실을 깨닫게 된다고 한다. 그리고 이 죄의 지배에서 자기 스스로 벗어 날 수 없는 존재임을 깨닫는다. 구세주 예수가 아니면 구원 얻을 수 없음을 알게 된다. 성령을 받은 자는 하나님께서 은혜로 주신 것이 무엇인지 안다.[203] 왜냐하면 성령으로 말미암아 자기 자신의 마음에 역사하신 영적 실제적 사건을 느꼈기 때문이다. 세상의 영을 받은 자는 죽었다 깨어나도 마음 속에서 왕으로 군림하는 죄를 볼 수 없다. 아니 세상의 영은 사람으로 하여금 마음 속의 죄를 볼 수 없게 만든다.

땅의 소산, 식물

하늘의 창조로 땅을 감싸고 있던 물이 둘로 나뉘어 땅의 물이 한 곳으로 모이니 땅이 드러났다. 하나님의 식물 창조는 이 땅을 활용한 것이었다. 식물은 식물 자체로 생기는 것이 아니다. 땅이 비를 받아 물기를 머금었다가 식물에게 영양분을 공급함으로써 식물이 자

---

200) **마태복음 23:16**, 화 있을진저 눈 먼 인도자여 너희가 말하되 누구든지 성전으로 맹세하면 아무 일 없거니와 성전의 금으로 맹세하면 지킬 지라 하는도다.

201) **마태복음 23:26**, 눈 먼 바리새인이여 너는 먼저 안을 깨끗이 하라 그리하면 겉도 깨끗하리라.

202) **마태복음 15:7-9**, 7 외식하는 자들아 이사야가 너희에 관하여 잘 예언하였도다 일렀으되 8 이 백성이 입술로는 나를 공경하되 마음은 내게서 멀도다 9 사람의 계명으로 교훈을 삼아 가르치니 나를 헛되이 경배하는도다 하였느니라 하시고

203) **고린도전서 2:12**, 우리가 세상의 영을 받지 아니하고 오직 하나님으로부터 온 영을 받았으니 이는 우리로 하여금 하나님께서 우리에게 은혜로 주신 것들을 알게 하려 하심이라.

라고 열매를 맺게 된다. 하나님은 땅에게 하나님이 원하시는 식물의 종류를 소산하라고 하셨다. 창조된 식물은 두 가지 종류였다. 하나는 풀이었다. 다른 하나는 씨 맺는 채소와 씨 가진 열매 맺는 과목이었다. 이를 다시 구분하면 하나님은 씨 없는 식물과 씨 있는 식물을 창조하셨다. 땅은 하늘에서 내리는 이른 비와 늦은 비를 통하여 또는 땅에 이미 있는 물로 식물을 생산한다.

씨

하나님은 왜 땅에게 채소도 과목도 다 씨가 있어야 한다고 하셨을까? 씨의 의미는 무엇인가? 하나님은 세상에 두 종류의 씨를 뿌리신다. 하나는 사람의 씨요, 하나는 짐승의 씨이다.[204] 창세기에는 씨의 원류를 언급하고 있다. 그것은 여자의 후손과 뱀의 후손이다.[205]

하나님은 아브라함에게 씨의 축복을 주셨다. 이 씨는 육신의 자손을 말하지 않는다. 아브라함에게 준 씨의 축복은 그들의 족보에서 예수 그리스도가 태어난다는 의미이다. 씨는 그 자체가 예수님을 말한다.[206] 예수는 길이요 진리요 생명이다. 예수는 믿는 자의 마음에 살고 계신다.[207] 기독교인이라 주장하는 자는 반드시 자기의 마음 속에 예수 그리스도가 계신지를 확신하여야 한다. 왜냐하면 예수 그리스도가 사람의 마음에 살고 있는 자이어야 믿음이 있는 자

---

204) **예레미야 31:27**, 여호와의 말씀이니라 보라 내가 사람의 씨와 짐승의 씨를 이스라엘 집과 유다 집에 뿌릴 날이 이르리니

205) **창세기 3:15**, 내가 너로 여자와 원수가 되게 하고 네 후손도 여자의 후손과 원수가 되게 하리니 여자의 후손은 네 머리를 상하게 할 것이요 너는 그의 발꿈치를 상하게 할 것이니라 하시고

206) **갈라디아서 3:16**, 이 약속들은 아브라함과 그 자손에게 말씀하신 것인데 여럿을 가리켜 그 자손들이라 하지 아니하시고 오직 한 사람을 가리켜 네 자손이라 하셨으니 곧 그리스도라.

207) **에베소서 3:17**, 믿음으로 말미암아 그리스도께서 너희 마음에 계시게 하옵시고 너희가 사랑 가운데서 뿌리가 박히고 터가 굳어져서

이기 때문이다.[208] 즉 인간의 마음 밭에 씨가 뿌려지는데 그 씨가 예수의 씨이다. 그런데 예수도 짝퉁인 다른 예수가 있다. 이 다른 예수가 짐승의 씨이다.[209] 따라서 땅이 소산해야하는 채소와 과목은 예수의 씨에서부터 나오는 것이어야 한다.

풀은 씨가 없다. 하늘에서 내리는 비를 머금은 땅은 반드시 씨 있는 채소와 과목을 소산한다. 그렇지 않으면 그 땅은 하늘에서 내리는 비를 머금은 땅이 아니다. 알곡과 가라지의 구분이 여기에 있다. 가라지의 씨를 뿌리는 존재는 마귀이다.[210][211] 뿌려진 씨가 사람의 씨인지 마귀가 뿌린 가라지의 씨인 짐승의 씨인지는 자라서 싹이 나고 결실할 때라야 구분할 수 있다.[212] 예수님은 이 땅에서는 가라지를 솎아내는 작업을 안 하신다. 심판 날에 하신다.[213] 왜냐하면 예수님은 원래 가라지인 인간에게 가라지가 알곡이 되도록 하시는 작업을 하시는 분이기 때문이다.

씨는 예수와 다른 예수, 사람의 씨와 짐승의 씨, 알곡의 씨와 가라지의 씨, 천국의 아들과 악한 자의 아들로 구분한다.[214] 이 씨는 하나님께로 온 영과 세상의 영으로 구분된다. 그리고 빛의 자녀와 어둠의 자녀로 구분된다. 하나님을 섬기는 자와 재물을 섬기는 자로 구분된다. 하늘의 소망을 둔 자와 세상에 소망을 둔 자로 구분된다.[215]

하늘과 세상이란 영과 육의 구분이며, 구원과 부활의 소망과 육

122

123

208) **로마서 10:10,** 사람이 마음으로 믿어 의에 이르고 입으로 시인하여 구원에 이르느니라.

209) **고린도후서 11:4,** 만일 누가 가서 우리가 전파하지 아니한 다른 예수를 전파하거나 혹은 너희가 받지 아니한 다른 영을 받게 하거나 혹은 너희가 받지 아니한 다른 복음을 받게 할 때에는 너희가 잘 용납하는구나

210) **마태복음 13:39,** 가라지를 뿌린 원수는 마귀요 추수 때는 세상 끝이요 추수꾼은 천사들이니

211) **마태복음 13:25,** 사람들이 잘 때에 그 원수가 와서 곡식 가운데 가라지를 덧뿌리고 갔더니

212) **마태복음 13:26,** 싹이 나고 결실할 때에 가라지도 보이거늘

213) **마태복음 13:29,** 주인이 이르되 가만 두라 가라지를 뽑다가 곡식까지 뽑을까 염려하노라.

214) **마태복음 13:38,** 밭은 세상이요 좋은 씨는 천국의 아들들이요 가라지는 악한 자의 아들들이요.

215) **마태복음 6:24,** 한 사람이 두 주인을 섬기지 못할 것이니 혹 이를 미워하고 저를 사랑하거나 혹 이를 중히 여기고 저를 경히 여김이라 너희가 하나님과 재물을 겸하여 섬기지 못하느니라.

신의 삶의 소망의 구분이다.[216] 소망이 있는 자는 이 땅에 사는 동안 믿음 안에서 하나님이 주시는 기쁨과 평안을 누린다. 기쁨과 평안의 누림은 성령의 능력으로 삶 속에서 체험된다.[217] 성령을 받는 자는 예수 그리스도를 통해 믿음으로 얻는 義를 갈망한다.[218] 하늘에 대한 소망은 진리의 복음을 들어야 하며,[219] 마음이 밝아져야만 품을 수 있다.[220] 마음의 눈이 밝아지면 하나님의 비밀인 예수를 알아볼 수 있다.[221] 하늘에 대한 소망이란 사실 예수에 대한 소망이다.[222][223] 왜냐하면 예수만이 구원의 주체이시기 때문이다.[224][225][226] 주를 향한 소망을 가진 자는 예수님으로 말미암아 죄 용서함 받아 깨끗하게 변한 자신을 발견한다.[227] 그래서 인간이 예수를 알아보고 예수를 소망하게 되는 것이 하나님의 은혜이다.[228] 우리 인간은 하

---

216) **사도행전 24:15**, 그들이 기다리는바 하나님께 향한 소망을 나도 가졌으니 곧 의인과 악인의 부활이 있으리라 함이니이다.

217) **로마서 15:13**, 소망의 하나님이 모든 기쁨과 평강을 믿음 안에서 너희에게 충만하게 하사 성령의 능력으로 소망이 넘치게 하시기를 원하노라.

218) **갈라디아서 5:5**, 우리가 성령으로 믿음을 따라 의의 소망을 기다리노니

219) **골로새서 1:5**, 너희를 위하여 하늘에 쌓아 둔 소망으로 말미암음이니 곧 너희가 전에 복음 진리의 말씀을 들은 것이라.

220) **에베소서 1:18**, 너희 마음의 눈을 밝히사 그의 부르심의 소망이 무엇이며 성도 안에서 그 기업의 영광의 풍성함이 무엇이며

221) **골로새서 1:27**, 하나님이 그들로 하여금 이 비밀의 영광이 이방인 가운데 얼마나 풍성한지를 알게 하려 하심이라 이 비밀은 너희 안에 계신 그리스도시니 곧 영광의 소망이니라.

222) **데살로니가전서 1:3**, 너희의 믿음의 역사와 사랑의 수고와 우리 주 예수 그리스도에 대한 소망의 인내를 우리 하나님 아버지 앞에서 끊임없이 기억함이니

223) **디모데전서 1:1**, 우리 구주 하나님과 우리의 소망이신 그리스도 예수의 명령을 따라 그리스도 예수의 사도 된 바울은

224) **데살로니가전서 5:8**, 우리는 낮에 속하였으니 정신을 차리고 믿음과 사랑의 호심경을 붙이고 구원의 소망의 투구를 쓰자.

225) **디도서 1:2**, 영생의 소망을 위함이라 이 영생은 거짓이 없으신 하나님이 영원 전부터 약속하신 것인데

226) **디도서 3:7**, 우리로 그의 은혜를 힘입어 의롭다 하심을 얻어 영생의 소망을 따라 상속자가 되게 하려 하심이라.

227) **요한1서 3:3**, 주를 향하여 이 소망을 가진 자마다 그의 깨끗하심과 같이 자기를 깨끗하게 하느니라.

228) **데살로니가후서 2:16**, 우리 주 예수 그리스도와 우리를 사랑하시고 영원한 위로와 좋은 소망을 은혜로 주신 하나님 우리 아버지께서

나님과 그리스도에게만 소망을 두어야 한다.[229][230][231] 이 소망만이 인간이 지닐 수 있는 산 소망이다. 나머지는 어떤 위대한 소망도 다 죽은 소망이다. 즉 인간을 살리는 소망은 오직 하나님께만 있다는 말이다.

믿는 자는 신앙생활을 하면 할수록 소망이 커져가야 한다. 신앙의 부지런함이란 매일 새로워지는 구원의 소망을 말한다. 즉 구원의 소망이 날로 새로워진다는 말은 구원의 소망이 매일 매일 자라고 있음을 의미한다.[232] 소망의 자람은 바다에 정박한 배가 흔들리지 않도록 무거운 닻을 내려놓는 것과 같다. 예수와 하나님을 향한 소망이 자라면 자랄수록 영혼구원에 대한 확신과 믿음의 생활은 어떠한 상황 하에서도 흔들리지 않게 된다. 성숙해지는 영적 소망으로 말미암아 믿는 자의 영혼의 닻은 매일 무거워져간다.[233]

인간은 이와 같은 영적인 소망을 가지고 살 수 없는 존재이다. 인간에겐 태생적으로 먹고 사는 삶 외엔 중요한 것이 없다.[234] 인간은 심판 대기 장소인 이 지구에서 더 지혜로워져서 세상에서 강한 자가 되어 자신의 영광스런 삶을 만들려고 한다.[235] 이것이 세상을 사

---

229) **디모데전서 4:10**, 이를 위하여 우리가 수고하고 힘쓰는 것은 우리 소망을 살아 계신 하나님께 둠이니 곧 모든 사람 특히 믿는 자들의 구주시라.

230) **베드로전서 1:21**, 너희는 그를 죽은 자 가운데서 살리시고 영광을 주신 하나님을 그리스도로 말미암아 믿는 자니 너희 믿음과 소망이 하나님께 있게 하셨느니라.

231) **베드로전서 1:3**, 우리 주 예수 그리스도의 아버지 하나님을 찬송하리로다 그의 많으신 긍휼대로 예수 그리스도를 죽은 자 가운데서 부활하게 하심으로 말미암아 우리를 거듭나게 하사 산 소망이 있게 하시며

232) **히브리서 6:11**, 우리가 간절히 원하는 것은 너희 각 사람이 동일한 부지런함을 나타내어 끝까지 소망의 풍성함에 이르러

233) **히브리서 6:19**, 우리가 이 소망을 가지고 있는 것은 영혼의 닻 같아서 튼튼하고 견고하여 휘장 안에 들어가나니

234) **디모데전서 6:17**, 네가 이 세대에서 부한 자들을 명하여 마음을 높이지 말고 정함이 없는 재물에 소망을 두지 말고 오직 우리에게 모든 것을 후히 주사 누리게 하시는 하나님께 두며

235) **고린도전서 1:27-28**, 27 그러나 하나님께서 세상의 미련한 것들을 택하사 지혜 있는 자들을 부끄럽게 하려 하시고 세상의 약한 것들을 택하사 강한 것들을 부끄럽게 하려 하시며 28 하나님께서 세상의 천한 것들과 멸시 받는 것들과 없는 것들을 택하사 있는 것들을 폐하려 하시나니

랑하는 태도이다.[236] 절대로 세상에서 천하거나 멸시받는 자가 되지 않으려고 발버둥친다.[237)238] 이러한 삶의 태도가 영적 미혹임에도 불구하고 미혹인지 모르고 다들 그렇게 산다.[239)240] 그것도 그런 삶을 당연한 것으로 알고 받아들인다.[241] 성경은 이런 상태를 세상의 초등학문에 종노릇 한다고 표현한다.[242] 이런 자들에게 하나님은 없다.[243] 단지 공중 권세 잡은 자의 영적 통제 속에서 세상의 가치관대로 살아갈 뿐이다.[244] 하나님 앞에서 이런 인간의 정상적인 삶은 하나님과 원수가 되는 것이다.[245)246)247] 보기엔 영광스런 삶이지만 영적으로는 가져갈 수 없는 썩어가는 인생을 움켜쥐고 사는 존재로서의 삶이다.[248)249]

---

236) **요한1서 2:15**, 이 세상이나 세상에 있는 것들을 사랑하지 말라 누구든지 세상을 사랑하면 아버지의 사랑이 그 안에 있지 아니하니

237) **고린도전서 3:18-19**, 18 아무도 자신을 속이지 말라 너희 중에 누구든지 이 세상에서 지혜 있는 줄로 생각하거든 어리석은 자가 되라 그리하여야 지혜로운 자가 되리라. 19 이 세상 지혜는 하나님께 어리석은 것이니 기록된바 하나님은 지혜 있는 자들로 하여금 자기 꾀에 빠지게 하시는 이라 하였고

238) **야고보서 2:5**, 내 사랑하는 형제들아 들을 지어다 하나님이 세상에서 가난한 자를 택하사 믿음에 부요하게 하시고 또 자기를 사랑하는 자들에게 약속하신 나라를 상속으로 받게 하지 아니하셨느냐.

239) **요한2서 1:7**, 미혹하는 자가 세상에 많이 나왔나니 이는 예수 그리스도께서 육체로 오심을 부인하는 자라 이런 자가 미혹하는 자요 적그리스도니

240) **골로새서 2:8**, 누가 철학과 헛된 속임수로 너희를 사로잡을까 주의하라 이것은 사람의 전통과 세상의 초등학문을 따름이요 그리스도를 따름이 아니니라.

241) **고린도후서 4:4**, 그 중에 이 세상의 신이 믿지 아니하는 자들의 마음을 혼미하게 하여 그리스도의 영광의 복음의 광채가 비추지 못하게 함이니 그리스도는 하나님의 형상이니라.

242) **갈라디아서 4:3**, 이와 같이 우리도 어렸을 때에 이 세상의 초등학문 아래에 있어서 종노릇 하였더니

243) **에베소서 2:12**, 그 때에 너희는 그리스도 밖에 있었고 이스라엘 나라 밖의 사람이라 약속의 언약들에 대하여는 외인이요 세상에서 소망이 없고 하나님도 없는 자이더니

244) **에베소서 2:2**, 그 때에 너희는 그 가운데서 행하여 이 세상 풍조를 따르고 공중의 권세 잡은 자를 따랐으니 곧 지금 불순종의 아들들 가운데서 역사하는 영이라.

245) **골로새서 2:20**, 너희가 세상의 초등학문에서 그리스도와 함께 죽었거든 어찌하여 세상에 사는 것과 같이 규례에 순종하느냐.

246) **야고보서 4:4**, 간음한 여인들아 세상과 벗된 것이 하나님과 원수 됨을 알지 못하느냐 그런즉 누구든지 세상과 벗이 되고자 하는 자는 스스로 하나님과 원수 되는 것이니라.

247) **요한1서 2:16**, 이는 세상에 있는 모든 것이 육신의 정욕과 안목의 정욕과 이생의 자랑이니 다 아버지께로부터 온 것이 아니요 세상으로부터 온 것이라.

248) **베드로후서 1:4**, 이로써 그 보배롭고 지극히 큰 약속을 우리에게 주사 이 약속으로 말미암아 너희가 정욕 때문에 세상에서 썩어질 것을 피하여 신성한 성품에 참여하는 자가 되게 하려 하셨느니라.

249) **디모데전서 6:7**, 우리가 세상에 아무 것도 가지고 온 것이 없으매 또한 아무 것도 가지고 가지 못하리니

성경은 두 종류의 씨를 가진 인간의 삶의 형태를 소망을 어디에 두느냐로 구분하였다. 인간이 예수의 씨를 가졌다면 세상을 이겨나가게 된다. 즉 세상과의 싸움이 시작된다. 왜냐하면 예수의 씨가 뿌려진 자들을 세상이 미워하기 때문이다.[250] 따라서 마귀는 자기가 뿌린 씨가 인간의 마음에서 갈아엎어지지 않도록 공격을 한다. 공격의 내용은 염려와 고난을 주는 일이다.[251]

하나님은 짐승의 씨만 뿌려진 세상에 예수님을 보내셨다.[252] 인간은 이미 짐승의 씨가 뿌려진 상태이다. 이 씨를 죽이고 새로운 예수의 씨를 뿌리게 된다. 씨가 바뀐 자는 예수님이 세상을 심판하실 하나님의 아들로 믿어지게 된다.[253] 바울은 마귀의 공격을 방어하고 다시 역공격하는 것을 사람과 사람의 싸움이 아닌 영적 싸움으로 표현하였다.[254]

영적 전쟁을 하며 살아가는 예수의 씨를 가진 믿음의 사람은 세상에 대해 죽은 자요 오직 예수의 십자가의 대속의 은총으로 구원받은 것 외엔 자랑거리가 없는 사람이다.[255] 이들은 세상을 향한 인간적 정욕을 십자가에 못 박고 오직 신중함과 의로움과 경건함으로 이 세상을 살아간다.[256] 이들은 세상 것을 가지고 하나님 앞으로 나오지 않는다. 오직 예수 그리스도와 함께 자기 자신을 제물로 바치

---

250) **요한1서 3:13**, 형제들아 세상이 너희를 미워하여도 이상히 여기지 말라.

251) **베드로전서 5:9**, 너희는 믿음을 굳건하게 하여 그를 대적하라 이는 세상에 있는 너희 형제들도 동일한 고난을 당하는 줄을 앎이라.

252) **요한1서 4:14**, 아버지가 아들을 세상의 구주로 보내신 것을 우리가 보았고 또 증언하노니

253) **요한1서 5:4-5**, 4 무릇 하나님께로부터 난 자마다 세상을 이기느니라 세상을 이기는 승리는 이것이니 우리의 믿음이니라. 5 예수께서 하나님의 아들이심을 믿는 자가 아니면 세상을 이기는 자가 누구냐.

254) **에베소서 6:12**, 우리의 씨름은 혈과 육을 상대하는 것이 아니요 통치자들과 권세들과 이 어둠의 세상 주관자들과 하늘에 있는 악의 영들을 상대함이라.

255) **갈라디아서 6:14**, 그러나 내게는 우리 주 예수 그리스도의 십자가 외에 결코 자랑할 것이 없으니 그리스도로 말미암아 세상이 나를 대하여 십자가에 못 박히고 내가 또한 세상을 대하여 그러하니라.

256) **디도서 2:12**, 우리를 양육하시되 경건하지 않은 것과 이 세상 정욕을 다 버리고 신중함과 의로움과 경건함으로 이 세상에 살고

기 위해 하나님 앞에 나오는 자들이다.[257] 이들이 하나님의 자녀이다. 그러나 세상은 예수님을 못 알아보고 죽였듯이 그를 믿는 구원받은 백성들도 알아 보지 못하고 핍박한다.[258] 그래도 예수의 씨가 마음에 뿌려진 자들은 구원의 소망을 가지고 저주받은 세상의 사람들을 구원시킬 사명을 오늘도 수행해나간다. 세상의 어떠한 핍박이 와도 오늘도 예수의 씨를 뿌리러 세상을 향하여 발걸음을 옮긴다. 비록 세상에선 버림받아 눈물을 흘리는 인생이 될지라도 기쁨으로 단을 수확할 날을 소망하며 오늘도 씨 뿌리는 하루를 산다.[259]

하늘과 땅, 비

창조 둘째 날에 대한 표현 중에서, 창조 목적을 기준으로 하늘과 땅의 비유적 의미를 살펴보도록 하겠다.

삶의 풍요적 비유　아브라함의 손자, 이삭의 아들인 야곱에게 아버지 이삭이 축복할 때 "하나님은 하늘의 이슬과 땅의 기름짐이며 풍성한 곡식과 포도주로 네게 주시기를 원하노라"(창세기 27:28)라고 하였다. 이삭은 창조 시 하나님께서 명령하신 하늘 위의 물인 비가 시기적절하게 식물이 필요한 만큼 내려주고, 땅은 굳어있지 않아 정상적으로 비를 흡수하여 기름진 토양 상태로 식물이 잘 자라 풍

---

257) **히브리서 10:5**, 그러므로 주께서 세상에 임하실 때에 이르시되 하나님이 제사와 예물을 원하지 아니하시고 오직 나를 위하여 한 몸을 예비하셨도다.

258) **요한1서 3:1**, 보라 아버지께서 어떠한 사랑을 우리에게 베푸사 하나님의 자녀라 일컬음을 받게 하셨는가, 우리가 그러하도다 그러므로 세상이 우리를 알지 못함은 그를 알지 못함이라.

259) **시편 126:5-6**, 5 눈물을 흘리며 씨를 뿌리는 자는 기쁨으로 거두리로다. 6 울며 씨를 뿌리러 나가는 자는 반드시 기쁨으로 그 곡식 단을 가지고 돌아오리로다.

성한 소출이 생기는 삶을 축복이라고 하였다. 만약에 야곱이 하나님께 약속을 받은 할아버지 아브라함의 축복이 이삭을 통하여 손자인 야곱에게도 흐르고 있다면, 야곱은 그들의 삶이 매우 형통하고 행복한 삶이었다고 표현할 것이다. 그러나 야곱은 죽음을 목전에 두고 애굽의 왕 앞에서 할아버지와 아버지인 아브라함과 이삭이 보낸 나그네 같은 인생에 비유할 정도는 못 되도 자기도 험악한 세월을 보낸 인생길이었다고 하였다.[260] 야곱이 130살이 되어 죽음을 목전에 둔 상황에서 하나님의 축복으로 살았던 인생이 이런 인생이었다면, 이삭이 말한 축복은 이 땅에서의 삶의 축복을 의미하는 것은 분명 아닐 것이다.

약속의 땅, 가나안에서의 축복　모세는 가나안 입성을 앞두고 가나안 땅에 대하여 설명을 한다. 가나안은 약속의 땅이다. 이 땅은 젖과 꿀이 흐르는 땅으로써 유목민에게 농경사회의 풍요로움은 동경의 대상이다. 그럼에도 불구하고 모세는 매우 현실과 다른 이상한 표현으로 가나안 땅을 묘사한다. 모세는 먼저 종살이할 때 살던 애굽의 땅과 가나안 땅을 비교하는데, 애굽의 땅은 넓은 평야 지대로서 파종하면 이미 저장되어 있는 물이 많아 하늘에서 비가 내리든 안 내리든 상관없이 매년 풍성한 결실을 얻을 수 있다. 하지만 가나안 땅은 평지가 아닌 산과 골짜기로 이루어진 땅이며 저장된 물이 없어 하늘에서 비가 내리지 않으면 그 해 농사는 풍작을 기대할 수 없는 땅이라고 하였다. 그리고 그 땅은 창조를 시작하던 날부터 심판이 이루어지는 날까지 여호와 하나님이 특별한 관심을 가지고 있는

---

260) 창세기 47:9, 야곱이 바로에게 고하되 내 나그네 길의 세월이 일백 삼십 년이니이다. 나의 연세가 얼마 못되니 우리 조상의 나그네 길의 세월에 미치지 못하나 험악한 세월을 보내었나이다 하고

땅이었다.[261]

하나님께서 특별히 관심을 갖고 있는 형편 없으면서도 형편 있는 것으로 표현하고 있는 "젖과 꿀이 흐르는 땅으로서의 약속의 땅, 가나안"은 무엇을 의미하는가? 왜 모세는 가나난 땅에 대한 설명을 하는 것인가? 이 땅이 땅이 아닌 다른 그 무엇을 의미하는가? 바울의 창조에 대한 해석의 출발점은 땅이 마음이라는 것이다. 모세도 지금 이 의미로 말하고 있다. 가나안 땅은 땅을 말하는 것이 아니라 사람의 마음을 말하기에 창조 시부터 심판 날까지 하나님의 특별한 관심이 있는 것이다. 왜냐하면 그 가나안 땅은 "주의 성결한 처소",[262] "주의 처소", "주의 손으로 세우신 성소"[263] 라고 출애굽 당시에도 부르고 있기 때문이다.

모세는 요셉지파에게 축복할 때 하늘의 보물을 이슬과 땅에 저장된 물이라고 했다.[264] 하늘에서 내리는 물이 보물이다. 아셀지파에게 축복할 때는 하늘의 이슬이 내려 고이는 곳을 야곱의 샘이라 표현하며, 이로 인한 삶의 풍요로움을 비유했다.[265] 모세가 말하는 비가 자연 현상으로서의 비가 맞을까? 무엇을 의미하는 것일까?

솔로몬은 성전건축을 완료하고 하나님께 드리는 기도 내용 중에

261) **신명기 11:8-12,** 8 그러므로 너희는 내가 오늘날 너희에게 명하는 모든 명령을 지키라 .그리하면 너희가 강성할 것이요 너희가 건너가서 얻을 땅에 들어가서 그것을 얻을 것이며 9 또 여호와께서 너희의 열조에게 맹세하사 그와 그 후손에게 주리라고 하신 땅 곧 젖과 꿀이 흐르는 땅에서 너희의 날이 장구하리라. 10 네가 들어가 얻으려 하는 땅은 네가 나온 애굽 땅과 같지 아니하니 거기서는 너희가 파종한 후에 발로 물 대기를 채소밭에 댐과 같이 하였거니와 11 너희가 건너가서 얻을 땅은 산과 골짜기가 있어서 하늘에서 내리는 비를 흡수하는 땅이요 12 네 하나님 여호와께서 권고하시는 땅이라. 세초부터 세말까지 네 하나님 여호와의 눈이 항상 그 위에 있느니라.

262) **출애굽기 15:13,** 주께서 그 구속하신 백성을 은혜로 인도하시되 주의 힘으로 그들을 주의 성결한 처소에 들어가게 하시나이다.

263) **출애굽기 15:17,** 주께서 백성을 인도하사 그들을 주의 기업의 산에 심으시리이다 여호와여 이는 주의 처소를 삼으시려고 예비하신 것이라 주여 이것이 주의 손으로 세우신 성소로소이다.

264) **신명기 33:13,** 요셉에 대하여는 일렀으되 원컨대 그 땅이 여호와께 복을 받아 하늘의 보물인 이슬과 땅 아래 저장한 물과

265) **신명기 33:28,** 이스라엘이 안전히 거하며 야곱의 샘은 곡식과 새 포도주의 땅에 홀로 있나니 곧 그의 하늘이 이슬을 내리는 곳에로다.

땅은 사람, 비는 하나님이 백성의 죄를 사하시며 하나님 앞에 마땅히 행할 선한 길을 가르쳐주는 것으로 비유하였다.[266] 고라 자손과 이사야 선지자는 비를 인간의 의와 의로움으로, 땅은 이런 비를 받아서 내는 소산물을 진리와 구원과 의로 비유하였다.[267)268] 하늘과 땅은 비와 식물의 열매 맺음과 관계가 있다.[269] 성경은 많은 부분에서 둘째 날과 셋째 날 창조의 연계성 속에서 하나님과 백성들의 관계를 설명하고 있다.

다른 신과 관계된 하늘 비 내림　　모세는 가나안 땅의 축복으로서 하늘에서의 이른 비와 늦은 비를 말한다. 비는 풍성한 결실을 주는 근본이다. 그러나 이 하늘 비는 이스라엘 백성들이 다른 神을 섬기면 땅에 내리지 않는다. 가뭄으로 땅은 소산을 맺지 못해 백성들은 굶주리게 되어 저주를 받은 상황에 처하게 된다.[270] 오늘 하루도 믿음의 양식을 먹지 않으면 우상숭배로 구성된 세상과 나를 우상으로 섬기는 나라는 존재와의 만남은 나로 하여금 하나님의 뜻을 거부하는 존재로 순간 전락하게 만든다. 미혹의 영은 믿는 자조차도 미혹시킬 수 있다. 사람이 미혹되면 성령의 역사는 중단된다. 늘 자기 자신이 하나님의 성령의 인도함을 받도록 깨어있어야 한다.[271]

---

266) **열왕기상 8:36**, 주는 하늘에서 들으사 주의 종들과 주의 백성 이스라엘의 죄를 사하시고 그 마땅히 행할 선한 길을 가르쳐 주옵시며 주의 백성에게 기업으로 주신 주의 땅에 비를 내리시옵소서.

267) **시편 85:11**, 진리는 땅에서 솟아나고 의는 하늘에서 하감하였도다.

268) **이사야 45:8**, 너 하늘이여 위에서부터 의로움을 비 같이 듣게 할지어다. 궁창이여 의를 부어내릴지어다. 땅이여 열려서 구원을 내고 의도 함께 움돋게 할지어다. 나 여호와가 이 일을 창조하였느니라.

269) **야고보서 5:18**, 다시 기도한즉 하늘이 비를 주고 땅이 열매를 내었느니라.

270) **신명기 11:16-17**, 16 너희는 스스로 삼가라 두렵건대 마음에 미혹하여 돌이켜 다른 신들을 섬기며 그것에게 절하므로 17 여호와께서 너희에게 진노하사 하늘을 닫아 비를 내리지 아니하여 땅으로 소산을 내지 않게 하시므로 너희가 여호와의 주신 아름다운 땅에서 속히 멸망할까 하노라.

271) **학개서 1:10**, 그러므로 너희로 인하여 하늘은 이슬을 그쳤고 땅은 산물을 그쳤으며

이른 비와 늦은 비　예레미야는 하나님을 배신한 백성들이 하나님께서 그들의 삶에 이른 비와 늦은 비를 내려 주시면서 추수할 소산물을 주셨음에도 불구하고 하나님을 경외하지 않는다고 지적하였다.[272] 옛날이든 지금이든 믿지 않는 자들이 자기들의 농사 소출을 보고 성경에서 말하는 창조주 여호와 하나님께 감사하며 경배하자고 하는 사람들이 있던가? 그런데 성경은 감사와 경배가 없는 자를 하나님을 배반하며 패역한 마음을 가진 자라고 부른다.

히브리서 6장에서는 창조 목적대로 되는 것(땅이 그 위에 자주 내리는 비를 흡수하여 밭 가는 자들의 쓰기에 합당한 채소를 내면)과 창조 목적대로 안 되는 것(가시와 엉겅퀴를 내면)을 하나님께서 구원의 복과 심판의 저주를 판단하는 기준으로 제시하였다. 즉, 땅의 열매로 심판의 기준을 삼았다.[273] 여기서 구원의 복을 받는 합당한 채소의 내용이 무엇이냐면 사랑으로 성도를 섬기는 것, 믿음의 조상들을 본받는 것이다. 본받는 내용으로 다시 제시한 것이 구원에 대한 소망의 풍성함과 믿음과 오래 참음이었다. 히브리서는 성령을 하늘에서 내리는 비로, 사람의 마음을 땅으로 비유하여 성령 받은 자의 이 땅에서의 삶의 자세와 태도에 대하여 사람의 창조 시 생육하고 번성하라는 것과 관련지어 비유적으로 표현하였다.[274]

요엘도 하나님의 풍성한 삶의 축복을 이른 비와 늦은 비의 내림과

---

272) **예레미야 5:23-24,** 23 그러나 너희 백성은 배반하며 패역하는 마음이 있어서 이미 배반하고 갔으며 24 또 너희 마음으로 우리에게 이른 비와 늦은 비를 때를 따라 주시며 우리를 위하여 추수 기한을 정하시는 우리 하나님 여호와를 경외하자 말하지도 아니하니

273) **히브리서 6:7-8,** 7 땅이 그 위에 자주 내리는 비를 흡수하여 밭 가는 자들의 쓰기에 합당한 채소를 내면 하나님께 복을 받고 8 만일 가시와 엉겅퀴를 내면 버림을 당하고 저주함에 가까와 그 마지막은 불사름이 되리라.

274) **히브리서 6:10-15,** 10 하나님이 불의치 아니하사 너희 행위와 그의 이름을 위하여 나타낸 사랑으로 이미 성도를 섬긴 것과 이제도 섬기는 것을 잊어버리지 아니하시느니라. 11 우리가 간절히 원하는 것은 너희 각 사람이 동일한 부지런을 나타내어 끝까지 소망의 풍성함에 이르러 12 게으르지 아니하고 믿음과 오래 참음으로 말미암아 약속들을 기업으로 받는 자들을 본받는 자 되게 하려는 것이니라. 13 하나님이 아브라함에게 약속하실 때에 가리켜 맹세할 자가 자기보다 더 큰이가 없으므로 자기를 가리켜 맹세하여 14 가라사대 내가 반드시 너를 복주고 복주며 너를 번성케 하고 번성케 하리라 하셨더니 15 저가 이같이 오래 참아 약속을 받았느니라.

비유하여 설명하였다. 하나님과의 관계가 정상적인 상태를 비 내림과 풍요한 소출로 비유하였다.[275] 하나님께서 하나님과 올바른 관계를 형성한 사람의 삶을 풍성하게 하여주시는 이유는 다른 神을 섬기는 자들 앞에서 수치를 당하지 않게 하기 위함이었다. 그리고 이 풍요함의 의미는 하나님은 오직 여호와밖엔 없는 줄을 알게 하기 위함이며, 여호와의 이름을 부르게 하여 구원을 얻게 하기 위하여 하나님의 神인 성령을 주겠다는 표징이었다.[276]

야고보는 농부와 예수의 재림을 기다리는 사람, 그리고 농부의 풍성한 소출을 맺기 위해 비를 기다리는 마음과 재림 예수를 기다리는 자의 마음을 비교하며 성도들을 격려하였다.[277]

땅과 비　　땅은 비가 내리면 그 비로 인하여 풍성한 소출을 맺을 수 있는 땅이 되어야 한다. 다시 말하면 땅이 소출을 제대로 맺게 하는 것이 비의 역할이라는 의미이다. 사실 땅은 인간의 마음을 말하며 인간의 마음은 혼돈과 공허와 흑암이 깊은 땅처럼 죄로 물들어 있어서 스스로 먹을 수 있는 열매를 맺을 수 있는 땅으로서의 마음이 아니다. 이미 어둠이기 때문이다. 그래서 토양 자체를 바꿔야 좋은 열매를 거둘 수 있듯이 하나님도 인간의 마음의 토양을 바꾸시는 작업을 하신다. 에스겔은 이것을 "굳은 마음"을 "부드러운 마음"으

---

275) **요엘 2:23-24,** 23 시온의 자녀들아 너희는 너희 하나님 여호와로 인하여 기뻐하며 즐거워할 지어다 그가 너희를 위하여 비를 내리시되 이른 비를 너희에게 적당하게 주시리니 이른 비와 늦은 비가 전과 같을 것이라. 24 마당에는 밀이 가득하고 독에는 새 포도주와 기름이 넘치리로다.

276) **요엘 2:26-28, 32,** 26 너희는 먹되 풍족히 먹고 너희를 기이히 대접한 너희 하나님 여호와의 이름을 찬송할 것이라 내 백성이 영영히 수치를 당치 아니하리로다. 27 그런즉 내가 이스라엘 가운데 있어 너희 하나님 여호와가 되고 다른 이가 없는 줄을 너희가 알 것이라 내 백성이 영영히 수치를 당치 아니하리로다. 28 그 후에 내가 내 신을 만민에게 부어 주리니 너희 자녀들이 장래 일을 말할 것이며 너희 늙은이는 꿈을 꾸며 너희 젊은이는 이상을 볼 것이며, 32 누구든지 여호와의 이름을 부르는 자는 구원을 얻으리니 이는 나 여호와의 말대로 시온산과 예루살렘에서 피할 자가 있을 것임이요 남은 자 중에 나 여호와의 부름을 받을 자가 있을 것임이니라.

277) **야고보서 5:7-8,** 7 그러므로 형제들아 주의 강림하시기까지 길이 참으라 보라 농부가 땅에서 나는 귀한 열매를 바라고 길이 참아 이른 비와 늦은 비를 기다리나니 8 너희도 길이 참고 마음을 굳게 하라 주의 강림이 가까우니라.

로 바꾼다고 표현하였다. 굳은 마음은 땅이 더러운 물로 오염된 상태와 같은 마음에서 나오는 "모든 더러운 것에서와 모든 우상을 섬기는 것"[278]으로, 하늘에서 내리는 비인 맑은 물로 정결하게 된 마음을 부드러운 마음으로 표현한다. 인간의 마음이 맑은 물로 씻겨야 하나님의 말씀을 지킬 수 있다. 따라서 인간은 인간의 힘으로 하나님의 말씀을 지킬 수 없는 흑암에 싸인 존재이기에 하나님께서 인간에게 하나님의 말씀에 순종할 수 있도록 역사하여 주신다. 이것이 바로 하늘에서 내리는 비인 하나님의 神, 성령을 요엘의 예언대로 인간의 육체에 주시는 것이다. 그래서 에스겔은 하나님께서 "새 영"을 주시어 이와 같은 역사를 이루어주신다고 하는 것이다. 더러운 것이 제거된 "새 영"을 받은 사람은 창조 당시의 땅이 풍성한 열매를 맺듯이 마음에 열매를 맺게 된다. 그리고 이런 열매를 맺어가는 사람은 자기의 죄를 깨닫게 된 자라고 한다.[279]

사실 에스겔의 이 말은 예레미야가 말한 새 언약과 같은 의미의 말이다. 예레미야는 하나님께서 사람의 마음에 하나님의 법을 두고 기록하여 하나님이 그 사람을 백성 삼고 그 사람의 하나님이 되신다고 하였다.[280] 마음에 "새 영"을 주시는 것과 "하나님의 법"을 두는 것은 인간의 마음에 "빛"을 비추는 것과 같은 의미이다. 이런 상태

---

278) 에스겔 36:25, 맑은 물을 너희에게 뿌려서 너희로 정결하게 하되 곧 너희 모든 더러운 것에서와 모든 우상 숭배에서 너희를 정결하게 할 것이며

279) 에스겔 36:25-31, 25 맑은 물로 너희에게 뿌려서 너희로 정결케 하되 곧 너희 모든 더러운 것에서와 모든 우상을 섬김에서 너희를 정결케 할 것이며 26 또 새 영을 너희 속에 두고 새 마음을 너희에게 주되 너희 육신에서 굳은 마음을 제하고 부드러운 마음을 줄 것이며 27 또 내 신을 너희 속에 두어 너희로 내 율례를 행하게 하리니 너희가 내 규례를 지켜 행할 지라. 28 내가 너희 열조에게 준 땅에 너희가 거하여 내 백성이 되고 나는 너희 하나님이 되리라. 29 내가 너희를 모든 더러운데서 구원하고 곡식으로 풍성하게 하여 기근이 너희에게 임하지 아니하게 할 것이며 30 또 나무의 실과와 밭의 소산을 풍성케 하여 너희로 다시는 기근의 욕을 열국에게 받지 않게 하리니 31 그 때에 너희가 너희 악한 길과 너희 불선한 행위를 기억하고 너희 모든 죄악과 가증한 일을 인하여 스스로 밉게 보리라.

280) 예레미야 31:33, 나 여호와가 말하노라 그러나 그 날 후에 내가 이스라엘 집에 세울 언약은 이러하니 곧 내가 나의 법을 그들의 속에 두며 그 마음에 기록하여 나는 그들의 하나님이 되고 그들은 내 백성이 될 것이라.

가 그리스도 예수 안에서[281] 인간의 마음에 성령의 역사로 하나님의 사랑이 싹트기 시작하는 때이다.[282] 그래서 하나님의 사랑이 있는 자는 인간을 사랑을 할 수 있는 자가 된다. 예수님은 예수 그리스도 안에서 하나님의 사랑인 성령 받은 자에게 지킬 수 있는 새 계명을 주신다.[283] 예수님의 사랑을 받은 자는 그 받은 사랑을 다른 사람에게 전해야 한다. 이는 영적인 현상의 육적 표현됨을 의미한다.

예수님의 십자가 사건을 영적으로 체험하면서 십자가에서 확증된 하나님의 사랑을 깨달은 자는 반드시 자기가 받은 사랑을 전할 수밖에 없다. 십자가에서 확증된 사랑이라는 영적 현상이 육적인 삶으로 드러나게 되는데 그것이 자기가 받은 십자가의 대속의 은총인 하나님의 사랑을 나누어 주는 일이다. 그것이 인간끼리 서로 사랑하는 사랑함의 표현이다.

바울은 인간을 성령이 거하시는 하나님의 성전이라고 하였다.[284] 홍해바다를 건넌 후의 찬양에서 가나안 땅을 하나님의 처소라고 말한 것과 함께 생각하면 에스겔과 예레미야에 기록된 하나님의 말씀과 다 같은 의미이다. 마음은 땅과 비유되니 땅이 맺어야 할 열매처럼 마음도 열매를 맺어야 한다. 과연 "새 영", "하나님의 법", "성령"이 거하시는 마음이 맺는 열매는 무엇이어야 하는가? 그것은 성령의 열매이다. 성령 받은 자는 마음에서 "사랑과 희락과 화평과 오래 참음과 자비와 양선과 충성과 온유와 절제"와 같은 열매를 맺는다. 성령 받은 자는 인격이 변화된 자로서 점점 더 큰 열매를 맺어간다 (갈라디아서 5:22-23).

134
135

---

281) **로마서 8:39**, 높음이나 깊음이나 다른 어떤 피조물이라도 우리를 우리 주 그리스도 예수 안에 있는 하나님의 사랑에서 끊을 수 없으리라.

282) **로마서 5:5**, 소망이 우리를 부끄럽게 하지 아니함은 우리에게 주신 성령으로 말미암아 하나님의 사랑이 우리 마음에 부은바 됨이니

283) **요한복음 13:34**, 새 계명을 너희에게 주노니 서로 사랑하라. 내가 너희를 사랑한 것 같이 너희도 서로 사랑하라.

284) **고린도전서 3:16**, 너희가 하나님의 성전인 것과 하나님의 성령이 너희 안에 거하시는 것을 알지 못하느뇨.

심판과 관련된 하늘, 땅, 바다

성경은 인간의 심판에 대하여 언급한다. 그런데 이 심판이 하늘, 땅, 바다와 연계되어 있다. 이 곳은 두 부류의 인간의 처소를 의미하며, 심판의 내용이 각각 다르다. 그리고 땅과 바다가 심판 받는 이유는 마귀가 내려와서 활동하는 곳이기 때문이었다.[285] 그래서 땅은 심판과 멸망의 날까지 심판받을 대상들을 가두어 둔 판결 대기 장소인 구치소이다.[286][287] 그럼 세상에서 활동하는 마귀는 도대체 누구일까? 성경에서는 세상의 임금, 세상의 신, 흑암의 권세, 어두운 세상의 주관자, 공중 권세 잡은 자, 사망의 세력을 잡은 자, 악한 자라고 표현하고 있다. 세상은 각 나라의 대통령이 다스리고 있는 것이 아니다. 세상의 임금이며 세상의 신인 마귀 사탄이 다스리고 있다. 그가 바로 어둠의 세계의 지도자이다.

마귀 사탄은 광명의 천사로 가장한 존재이다.[288] 자칭 하나님이라고 주장하는 교만한 거짓의 아비이다.[289] 사탄은 인간을 죽이는 권세를 일차적으로 갖고 있으며, 인간들은 영적으로 그에게 매여 두려워하며 평생 종노릇하며 살고 있는 줄도 모르고 살고 있다.[290][291]

---

285) **요한계시록 12:12,** 그러므로 하늘과 그 가운데 거하는 자들은 즐거워하라 그러나 땅과 바다는 화 있을진저. 이는 마귀가 자기의 때가 얼마 못 된 줄을 알므로 크게 분 내어 너희에게 내려갔음이라 하더라.

286) **베드로후서 3:7,** 이제 하늘과 땅은 그 동일한 말씀으로 불사르기 위하여 간수하신바 되어 경건치 아니한 사람들의 심판과 멸망의 날까지 보존하여 두신 것이니라.

287) **요한계시록 21:1,** 또 내가 새 하늘과 새 땅을 보니 처음 하늘과 처음 땅이 없어졌고 바다도 다시 있지 않더라.

288) **고린도후서 11:13-15,** 3 그런 사람들은 거짓 사도요 속이는 일꾼이니 자기를 그리스도의 사도로 가장하는 자들이니라 14 이것은 이상한 일이 아니니라 사탄도 자기를 광명의 천사로 가장하나니 15 그러므로 사탄의 일꾼들도 자기를 의의 일꾼으로 가장하는 것이 또한 대단한 일이 아니니라 그들의 마지막은 그 행위대로 되리라.

289) **요한복음 8:44,** 너희는 너희 아비 마귀에게서 났으니 너희 아비의 욕심대로 너희도 행하고자 하느니라 그는 처음부터 살인한 자요 진리가 그 속에 없으므로 진리에 서지 못하고 거짓을 말할 때마다 제 것으로 말하나니 이는 그가 거짓말쟁이요 거짓의 아비가 되었음이라.

290) **히브리서 2:14,** 자녀들은 혈과 육에 속하였으매 그도 또한 같은 모양으로 혈과 육을 함께 지니심은 죽음을 통하여 죽음의 세력을 잡은 자 곧 마귀를 멸하시며

291) **히브리서 2:15,** 또 죽기를 무서워하므로 한평생 매여 종노릇 하는 모든 자들을 놓아주려 하심이니

그래서 지구라는 세상은 악한 자인 마귀와 더불어 그의 통제를 받고 사는 인간을 지구의 만유인력에 가두어두었다가 심판 날에 생명과 사망을 가르는 심판 대기 장소이다.[292]

---

292) **요한일서 5:19**, 또 아는 것은 우리는 하나님께 속하고 온 세상은 악한 자 안에 처한 것이며

넷째 날의 창조

> 14. 하나님이 이르시되 하늘의 궁창에 광명체들이 있어 낮과 밤을 나뉘게 하고 그것들로 징조와 계절과 날과 해를 이루게 하라
>
> 15. 또 광명체들이 하늘의 궁창에 있어 땅을 비추라 하시니 그대로 되니라
>
> 16. 하나님이 두 큰 광명체를 만드사 큰 광명체로 낮을 주관하게 하시고 작은 광명체로 밤을 주관하게 하시며 또 별들을 만드시고
>
> 17. 하나님이 그것들을 하늘의 궁창에 두어 땅을 비추게 하시며
>
> 18. 낮과 밤을 주관하게 하시고 빛과 어둠을 나뉘게 하시니 하나님이 보시기에 좋았더라
>
> 19. 저녁이 되고 아침이 되니 이는 넷째 날이니라
>
> (창세기 1:14-19)

지금까지 창조를 보면 이상하게 둘로 나누는 창조였다. 빛으로 인해 어둠을, 궁창으로 인해 하늘 위의 물과 하늘 아래의 물로, 땅을 덮은 물을 바다로 모아 땅을 드러내시고, 땅은 씨 없는 풀과 씨 있는 채소와 열매 맺는 과목을 소산하였다. 즉 빛을 받은 자와 빛을 받지 못한 자, 성령을 받은 자와 세상의 영을 받은 자, 성령의 열매를 맺는 자와 세상의 열매를 맺는 자, 생명의 열매를 맺는 자와 사망의 열매를 맺는 자, 예수 그리스도의 대속의 은총을 믿는 믿음의 의를 추구하는 자와 율법의 행위의 의를 바탕으로 자기의 의를 추구하는 자로 구별되었다. 하나님은 인간을 두 종류로 구별하셨다.

주관자로서의 큰 광명과 작은 광명

4일째의 창조를 통해 하나님께서 드러내시는 영적인 의미는 무엇일까? 하나님은 자연현상을 발생시키는 큰 광명과 작은 광명을 만들어 낮을 비추고 밤을 비추라고 하셨다. 이는 흑암에 싸인 땅에 빛이 비추어져 어둠이 들추어진 것을 이런 형태로 표현한 것이다. 성경은 분명 두 광명이 주관자라고 하였다. 확연하게 관리하고 주관하는 대상이 달랐다. 앞에서 언급한 것처럼 하나님께서는 지금까지의 창조 과정을 통하여 두 부류의 인간들에 대하여 언급하셨다. 주관자로서의 두 광명은 이 두 부류의 주관자임을 말씀하시는 것이다.

바울은 에베소서에서 한 사람의 정체성이 어둠에서 빛으로 변화된 것에 대하여 언급한다.[293] 아직 빛으로 변화되지 않은 사람은 불순종 하는 아들로 간주되어 하나님의 진노를 받게 된다.[294] 빛으로 변화된 사람은 마음의 땅에서 빛의 열매인 착함과 의로움과 진실함의 열매를 맺는 사람이 된다.[295] 즉, 성령의 열매를 맺는 사람이 된다. 인간이 보기에 이런 사람이 아니라 하나님이 보시기에 이런 사람이어야 한다. 그러나 어둠의 자녀는 은밀히 행하는 것들이 있는데 말하기도 부끄러운 것들이다. 이런 것들은 열매 없는 어둠의 일이다.[296] 이들은 세상의 영을 받은 자들로서 사망의 열매를 맺는다.

바울은 두 종류의 사람을 말하고 있다. 바울의 이런 표현은 하나님은 큰 광명에게는 구원받을 사람을, 작은 광명에게는 하나님의

---

293) **에베소서 5:8,** 너희가 전에는 어둠이더니 이제는 주 안에서 빛이라 빛의 자녀들처럼 행하라.

294) **에베소서 5:6-7,** 6 누구든지 헛된 말로 너희를 속이지 못하게 하라 이를 인하여 하나님의 진노가 불순종의 아들들에게 임하나니 7 그러므로 저희와 함께 참예하는 자 되지 말라.

295) **에베소서 5:9-10,** 9 빛의 열매는 모든 착함과 의로움과 진실함에 있느니라. 10 주께 기쁘시게 할 것이 무엇인가 시험하여 보라.

296) **에베소서 5:11-12,** 11 너희는 열매 없는 어두움의 일에 참예하지 말고 도리어 책망하라. 12 저희의 은밀히 행하는 것들은 말하기도 부끄러움이라.

진노를 받을 사람을 다스리게 하셨다는 영적 본질을 배경으로 하는 말이다. 그리고 두 광명은 두 종류의 사람들에게 각각 빛으로서 영향을 미치고 인도한다.

작은 광명이 주관하는 자들

성경은 어둠을 율법이라고 표현하였다. 그래서 십자가의 대속의 은총으로 인해 믿음으로 구원 받는다고 인정하지 않으면서도 하나님을 아버지라 부르며 해박한 율법의 지식으로 하나님의 구원의 길을 가르치는 사람을 어둠에 빛을 비추는 사람이라고 부른다. 작은 광명은 어둠의 빛이다. 즉 믿음이 아닌 행위의 자기의 의를 추구하는 율법적 신앙으로 인도하는 영적인 존재를 작은 광명이라고 부른다. 복음이라고 하지만 복음이 아닌 것을 전하는 자다. 믿음 안에서 믿음을 전하는 것이 아니라 행위로 믿음이 있는 척 하게 하는 외식적 신앙을 전한다. 성경은 이런 자들이 믿는 예수를 다른 예수라고 부른다.

성경은 사탄이 자기 자신을 광명의 천사로 가장한다고 하였다. 사탄의 일꾼들도 의의 일꾼으로 가장한다. 이들은 거짓 사도이며 궤휼의 역군이면서 그리스도의 사도로 가장하는 자들이다.[297] 이들은 이미 바울 시대에도 이렇게 활동한 영이며, 이 영들의 조종을 받는 사람들이 선지자와 목회자 그리고 신학자와 존경받는 헌신자 등 매우 정통적인 신앙인으로서 활동한다. 이들이 전하는 것은 거짓이기

6
일
간
의
창
조
와
안
식

---

297) **고린도후서 11:13-15,** 13 저런 사람들은 거짓 사도요 궤휼의 역군이니 자기를 그리스도의 사도로 가장하는 자들이니라. 14 이것이 이상한 일이 아니라 사단도 자기를 광명의 천사로 가장하나니 15 그러므로 사단의 일군들도 자기를 의의 일군으로 가장하는 것이 또한 큰 일이 아니라 저희의 결국은 그 행위대로 되리라.

에 다른 예수, 다른 영, 다른 복음을 전하는 자들이다.[298] 작은 광명은 이들을 주관하며 이들에 의해 전도된 사람들과 또 믿지 않는 사람들을 주관한다. 작은 광명으로 활동하는 마귀 사탄과 의의 일꾼으로 가장한 사탄의 부하들인 영들은 사람들이 믿을만한 이적과 기사를 일으키며 사람들을 미혹한다. 워낙 정교하게 참 예수이며 참 하나님인 척 속이기 때문에 분별하기가 매우 힘들다. 속는 자, 미혹되는 자는 진리를 믿는 줄 알지만 결과로는 아니다. 실제로 이런 자들은 하나님의 진리를 사랑하는 자들이 아니다. 어둠의 불의를 좋아하는 자들이다.[299]

인간이 어둠에 있다는 말은 율법 준수를 통해 구원받으려 할 때 사용하는 영적 표현이다. 작은 광명은 인간으로 하여금 율법의 열매를 맺게 하지만 그 열매는 사망의 열매일 뿐이다.[300][301] 작은 광명인 사탄은 율법으로 사람을 다스린다. 율법은 하나님을 믿는다고 고백하는 자들에게만 해당된다. 믿지 않는 자들은 이미 사탄의 다스림을 받고 있는 것이다. 한편 하나님을 믿거나 또는 믿겠다는 사람들로 하여금 참 하나님을 못 만나게 하기 위하여 사탄은 율법을 사용한다. 그러나 오해하지 말아야 하는 것은 율법이 그릇된 것이 아니고 율법을 잘못 적용하게 만드는 사탄이 잘못 된 것이다.

율법은 원래 영적인 것으로써 마음에 적용하는 것이다. 인간은 누구나 자기 나름대로 선과 악의 기준을 정해놓고 자기의 양심에 따

---

298) **고린도후서 11:4**, 만일 누가 가서 우리의 전파하지 아니한 다른 예수를 전파하거나 혹 너희의 받지 아니한 다른 영을 받게 하거나 혹 너희의 받지 아니한 다른 복음을 받게 할 때에는 너희가 잘 용납하는구나.

299) **데살로니가후서 2:9-12**, 9 악한 자의 나타남은 사탄의 활동을 따라 모든 능력과 표적과 거짓 기적과 10 불의의 모든 속임으로 멸망하는 자들에게 있으리니 이는 그들이 진리의 사랑을 받지 아니하여 구원함을 받지 못함이라 11 이러므로 하나님이 미혹의 역사를 그들에게 보내사 거짓 것을 믿게 하심은 12 진리를 믿지 않고 불의를 좋아하는 모든 자들로 하여금 심판을 받게 하려 하심이라.

300) **에베소서 5:11**, 너희는 열매 없는 어두움의 일에 참예하지 말고 도리어 책망하라.

301) **로마서 7:5**, 우리가 육신에 있을 때에는 율법으로 말미암는 죄의 정욕이 우리 지체 중에 역사하여 우리로 사망을 위하여 열매를 맺게 하였더니

라 행동을 한다.[302] 율법은 원래 마음에 적용되는 영적인 역할을 하지만 행위적 신앙을 하는 자는 자신의 몸으로 드러나는 육신적 행동에 적용한다.[303] 율법은 그리스도를 깨닫게 하기 위한 방편이다.[304] 율법을 마음에 적용한다는 의미는 그리스도의 내주하심을 의미하며, 임마누엘의 이루어짐을 의미한다.[305] 그러나 사탄은 마음은 보지 못하게 하고 행위에만 율법을 적용하게 미혹시킨다. 그래서 성경은 창조 과정을 통하여 물의 종류에 대해 말하는 것이다. 물이 하늘 위의 물이냐 땅의 물이냐를 묻는다. 이는 성령의 역사냐 세상의 영의 역사냐를 묻는 것이다.

겉모양이 똑같은 열매일지라도 어떤 물을 먹고 자랐느냐에 따라 열매의 속맛은 다르다. 속맛은 마음의 상태를 의미한다. 겉보기 똑같은 복음 사역이라 할지라도 마음의 동기는 다르다. 바울은 그리스도를 전파하는 사역의 동기를 거짓된 동기(false motives)와 참된 동기(true motives)로 구분하였다.[306] 거짓된 동기의 경우, 겉모양은 그리스도를 위한 사역이다. 그러나 마음 속의 동기는 탐심과 정욕인 옛 사람의 영성으로 행하는 사역이기에 그리스도를 전함이 아닌 노략질이다.[307] 마음의 동기가 다른 자는 세상의 영의 물의 자양분을 먹고 자란 열매를 맺는다. 주님은 사역의 열매를 보시지 않으

---

302) **로마서 2:15**, 이런 이들은 그 양심이 증거가 되어 그 생각들이 서로 혹은 송사하며 혹은 변명하여 그 마음에 새긴 율법의 행위를 나타내느니라.

303) **로마서 7:14**, 우리가 율법은 신령한 줄 알거니와 나는 육신에 속하여 죄 아래 팔렸도다.

304) **골로새서 2:16-17**, 16 그러므로 먹고 마시는 것과 절기나 초하루나 안식일을 이유로 누구든지 너희를 비판하지 못하게 하라. 17 이것들은 장래 일의 그림자이나 몸은 그리스도의 것이니라.

305) **이사야 51:7**, 의를 아는 자들아, 마음에 내 율법이 있는 백성들아, 너희는 내게 듣고 그들의 비방을 두려워하지 말라 그들의 비방에 놀라지 말라.

306) **빌립보서 1:18**, 그러면 무엇이냐 겉치례로 하나 참으로 하나 무슨 방도로 하든지 전파되는 것은 그리스도니 이로써 나는 기뻐하고 또한 기뻐하리라 (But what does it matter? The important thing is that in every way, whether from false motives or true, Christ is preached. And because of this I rejoice. Yes, and I will continue to rejoice).

307) **마태복음 7:15**, 거짓 선지자들을 삼가라 양의 옷을 입고 너희에게 나아오나 속에는 노략질하는 이리라.

시고, 사역하는 자의 마음 상태를 먼저 보신다.[308]

주님께서 열매로 거짓 선지자를 알아본다는 말씀은 선악을 알게 하는 나무를 따르는 신앙은 행위적 열매로서 자기의 의의 열매를 맺고, 생명나무를 따르는 신앙은 그리스도의 대속의 은총을 믿는 믿음의 의의 열매를 맺기에 하신 말씀이다. 열매는 겉보기 신앙을 의미하지 않는다. 나무 자체를 의미한다. 좋은 나무는 아름다운 열매를 맺게 되어 있다, 못된 나무는 나쁜 열매를 맺게 되어있다. 열매로 거짓 선지자, 거짓 목사, 거짓 기독교인을 알아본다는 의미이다. 결국 겉보기 행위로서의 열매가 아니라 마음 속의 영적 상태를 보신다는 의미로서 마음으로 믿는 내용의 실체가 무엇이냐에 따라 결정된다는 것이다.[309] 예수님을 믿는다고 고백하는 자들이 반드시 자기 자신을 돌아봐야 할 이유가 여기에 있다. 나무가 열매를 맺기에 그리스도의 십자가의 대속의 은총을 믿는 믿음의 열매를 맺지 못하는 자는 "찍혀 불에 던져지느니라"(마태복음 7:19)에 해당된다.

작은 광명이 다스리는 율법의 길을 가는 자들은 결국 드러나는 육체의 소욕에 의한 현상들이 나타난다.[310] 그러나 믿음의 사람, 빛의 자녀이면서 이런 현상이 삶 속에 남아있는 경우도 있다. 그렇다고 어둠의 자녀라는 말은 아니다. 빛과 어둠의 자녀를 구분하는 영적인 기준은 행위가 아니라 인간 구원의 출처를 어디에 두고 있느냐

---

308) **마태복음 7:21-23,** 21 나더러 주여 주여 하는 자마다 다 천국에 들어갈 것이 아니요 다만 하늘에 계신 내 아버지의 뜻대로 행하는 자라야 들어가리라 22 그 날에 많은 사람이 나더러 이르되 주여 주여 우리가 주의 이름으로 선지자 노릇 하며 주의 이름으로 귀신을 쫓아내며 주의 이름으로 많은 권능을 행하지 아니하였나이까 하리니 23 그 때에 내가 그들에게 밝히 말하되 내가 너희를 도무지 알지 못하니 불법을 행하는 자들아 내게서 떠나가라 하리라.

309) **마태복음 7:15-18,** 15 거짓 선지자들을 삼가라 양의 옷을 입고 너희에게 나아오나 속에는 노략질하는 이리라 16 그들의 열매로 그들을 알지니 가시나무에서 포도를, 또는 엉겅퀴에서 무화과를 따겠느냐 17 이와 같이 좋은 나무마다 아름다운 열매를 맺고 못된 나무가 나쁜 열매를 맺나니 18 좋은 나무가 나쁜 열매를 맺을 수 없고 못된 나무가 아름다운 열매를 맺을 수 없느니라.

310) **갈라디아서 5:19-21,** 19 육체의 일은 현저하니 곧 음행과 더러운 것과 호색과 20 우상 숭배와 술수와 원수를 맺는 것과 분쟁과 시기와 분 냄과 당 짓는 것과 분리함과 이단과 21 투기와 술 취함과 방탕함과 또 그와 같은 것들이라 전에 너희에게 경계한 것 같이 경계하노니 이런 일을 하는 자들은 하나님의 나라를 유업으로 받지 못할 것이요.

에 따라 결정되기 때문이다. 구원을 위해 아름다운 행위를 만들어 내는 율법을 따라가는 그 어떤 길도 결국 종의 멍에를 맨 자이며[311] 세상의 헛된 영광을 구하는 삶[312]을 살게 될 뿐이다. 비록 육체의 일이 현상으로 드러나지 않는다 해도 사람의 마음 속에는 십자가에 못 박혀 죽지 않은 옛 사람의 육체의 일은 상존한다. 인간은 상존하는 육체의 일에 지배를 받는다. 작은 광명의 주관을 받는 사람들은 자기의 마음 속에 죄가 왕 노릇하며 자신을 죄의 종으로 삼고 있고, 탐심과 정욕이 회칠한 무덤 속의 썩은 시체와 같이 자신의 마음을 부패한 상태로 존재하게 하는지를 알지 못한다. 그래서 마음은 치료받을 수가 없다.

작은 광명은 율법으로 세상을 다스리기 때문에 행위만 치료할 수 있다. 그래서 작은 광명 즉, 하나님으로 가장하고 역사하는 사탄은 인간으로 하여금 행위만 고치게 하고 마음의 본질은 고침 받지 못하도록 하기 위하여 인간의 마음을 혼미케 한다. 왜냐하면 예수 그리스도를 알지 못하게 해야 하기 때문이다.[313] 바울은 이것을 "기록된바 하나님이 오늘날까지 저희에게 혼미한 심령과 보지 못할 눈과 듣지 못할 귀를 주셨다 함과 같으니라"(로마서 11:8) 라고 표현하였다. 이는 작은 광명이 다스리는 사람들은 모두 세상의 영을 받았다는 의미이다. 왜냐하면 성령을 받는 자는 마음을 혼미케 하는 미혹을 받지 않아서 밝은 상태에서 보고 주님의 음성을 들을 수 있기 때문이다. 마음의 눈이 밝아지는 것! 영적인 눈(영안, 靈眼)이 열렸다는 말은 그 어떤 신비한 세계를 보고 미래를 맞히는 것을 의미하지 않는다. 마음의 눈이 밝아지면 예수를 그리스도로 알아보고, 예수

---

311) **갈라디아서 1:1**, 그리스도께서 우리로 자유케 하려고 자유를 주셨으니 그러므로 굳세게 서서 다시는 종의 멍에를 메지 말라.

312) **갈라디아서 5:26**, 헛된 영광을 구하여 서로 격동하고 서로 투기하지 말지니라.

313) **고린도후서 4:4**, 그 중에 이 세상 신이 믿지 아니하는 자들의 마음을 혼미케 하여 그리스도의 영광의 복음의 광채가 비추지 못하게 함이니 그리스도는 하나님의 형상이니라.

그리스도의 십자가의 대속의 은총을 깨닫게 된다. 그림자인 율법을 통해 그림자의 본 몸인 그리스도를 알게 된다는 의미이다.

이 시대의 많은 기독교인들은 성경에 기록된 말씀의 실제를 모르는 듯이 마음에는 관심이 없다. 행위가 있는 곳에 마음도 있다며 행위를 보고 마음의 진위여부를 스스로 확증한다. 이것은 확실히 미혹된 결과이다. 왜냐하면 자신들의 신앙생활이 어느 영에 의한 역사인가에는 관심이 없기 때문이다. 더 무서운 것은 교회 내의 모든 활동을 성령의 감동으로 인정하는 것이다. 그러므로 영적 분별이 없는 상태에서 하나님의 이름으로 신뢰성 있는 활동을 하는 자체가 고도의 미혹이 될 수 있다.

큰 광명이 주관하는 자들

큰 광명이 다스리는 자는 빛의 자녀이기에 빛의 열매를 맺는다. 어둠에 있는 자의 마음에서는 맺을 수 없는 모든 착함과 의로움과 진실함이 빛의 열매이다.[314] 성경은 이 빛이 예수님과 성령이시라고 한다. 빛이시기에 빛의 자녀, 즉 성령을 받은 자이기에 성령의 열매를 맺는다고 하였다. 성령 받은 빛의 자녀로서 당연히 마음 속에 사랑, 희락, 화평, 오래 참음, 자비, 양선, 충성, 온유, 절제의 열매가 자라가고 있어야 한다(갈라디아서 5:22-23). 본인 스스로 열매 맺음을 느끼고 알아야 한다. 이런 사람이 빛의 자녀로서 성령이 역사하는 사람이다.

작은 광명이 율법으로 사람을 다스린다면 큰 광명은 사람을 믿음

---

314) **에베소서 5:8-9,** 8 너희가 전에는 어둠이더니 이제는 주 안에서 빛이라 빛의 자녀들처럼 행하라 9 빛의 열매는 모든 착함과 의로움과 진실함에 있느니라.

으로 다스린다. 이는 행위와 마음의 차이이다. 믿음은 마음으로 믿는 것이다. 마음으로 믿는 것이기에 그 믿음의 증거가 마음 속의 열매로 드러난다. 마음 속의 열매는 땅의 토양 자체가 변해져 있는 상태에서 맺어지는 것이기에 마음에 내주하시는 성령의 조명하심으로 인간은 자기 마음 속의 죄를 보게 된다. 그래서 예수 그리스도의 십자가와 마주치는 자신을 발견한다. 즉 예수가 돌아가신 그 십자가에 자기를 죽여야 한다는 영적 요구를 받게 된다.[315] 십자가에 자기의 정과 욕심 즉, 옛 사람을 주님과 함께 못 박은 사람만이 성령의 열매를 맺을 수 있다. 이런 사람은 성령을 따라 살아가는 자가 된다.[316][317]

큰 광명과 작은 광명과의 전투

성경은 빛의 자녀를 하나님의 자녀라고 부른다.[318] 그리고 예수를 거부한 모든 사람과 믿지 않는 사람들인 어둠의 자녀를 마귀의 자녀라고 부른다.[319] 즉 빛의 자녀의 아버지는 하나님이요, 어둠의 자녀의 아버지는 마귀란 의미이다. 유대인의 사회는 예수님이 오심으로 구원의 길이 믿음과 율법으로 양분되었다. 믿음이 생명의 빛의 길이요, 율법은 사망의 빛의 길이다. 바울은 이것을 생명의 성령의

---

315) **갈라디아서 5:24**, 그리스도 예수의 사람들은 육체와 함께 그 정과 욕심을 십자가에 못 박았느니라.

316) **갈라디아서 5:16**, 내가 이르노니 너희는 성령을 따라 행하라 그리하면 육체의 욕심을 이루지 아니하리라.

317) **갈라디아서 5:24-26**, 24 그리스도 예수의 사람들은 육체와 함께 그 정욕과 탐심을 십자가에 못 박았느니라 25 만일 우리가 성령으로 살면 또한 성령으로 행할지니 26 헛된 영광을 구하여 서로 노엽게 하거나 서로 투기하지 말지니라.

318) **요한복음 1:12**, 영접하는 자 곧 그 이름을 믿는 자들에게는 하나님의 자녀가 되는 권세를 주셨으니

319) **요한복음 8:44**, 너희는 너희 아비 마귀에게서 났으니 너희 아비의 욕심을 너희도 행하고자 하느니라. 저는 처음부터 살인한 자요 진리가 그 속에 없으므로 진리에 서지 못하고 거짓을 말할 때마다 제 것으로 말하나니 이는 저가 거짓말쟁이요 거짓의 아비가 되었음이니라.

법, 죄와 사망의 법이라 표현하였다.[320] 창세 이래로 인간의 영적 전투는 참 구원의 길로써 생명의 말씀인 믿음으로 구원받는 길을 가게 하려는 세력과 가지 못하게 하는 세력의 전투였다. 인간은 타락으로 원래 구원의 길을 갈 수 없는 존재였다. 이것이 흑암의 상태에 있었다는 의미이다.

예수님은 유대교의 조상들의 전통에 따라 율법에 매여 사는 사람들을 붙잡는 어둠이 있다고 하셨다. 이 어둠에 붙잡혀 사는 자들은 어둠에 다니면서 그 어둠이 빛인 줄 알고 다닌다고 한다. 이들은 참 빛으로 오신 예수를 보면서도 자기들이 율법의 어둠에 잡혀 있는 줄을 몰랐다.[321] 그럼 예수님이 말씀하시는 이들을 붙잡고 있다는 어둠의 실체는 무엇인가? 다메섹 도상에서 바울에게 나타나신 예수님은 바울로 하여금 사람들을 어둠에서 빛으로 인도하기를 바라셨다. 이 말은 사탄의 권세에서 해방되어 하나님께 돌아오게 하는 것이며 죄인을 믿음으로 의인이 되게 하는 것이었다.[322] 결국 이 말씀은 예수를 모르는 자에게 예수가 누구신지 알게 하신다는 의미이며, 율법에 매여 예수를 모르는 사람들은 어둠에 있는 자들이며 사탄의 권세에 매여 있는 사람들이라는 말이다. 어둠의 실체는 사탄이었다.

바울은 생명의 복음을 전하는 일에 숨어있는 영적인 전투에 대하여 언급하였다. 복음을 전하는 대상은 사람이다. 그러나 듣는 자가 듣고 싶다고 들려지는 것이 아니다. 들려지도록 하기 위해서는 치열한 영적 전쟁이 발생한다. 복음 전하는 자는 듣는 자의 존재 상태가

---

320) **로마서 8:2,** 이는 그리스도 예수 안에 있는 생명의 성령의 법이 죄와 사망의 법에서 너를 해방하였음이라.

321) **요한복음 12:35,** 예수께서 가라사대 아직 잠시 동안 빛이 너희 중에 있으니 빛이 있을 동안에 다녀 어두움에 붙잡히지 않게 하라 어두움에 다니는 자는 그 가는 바를 알지 못하느니라.

322) **사도행전 26:17-18,** 17 이스라엘과 이방인들에게서 내가 너를 구원하여 저희에게 보내어 18 그 눈을 뜨게 하여 어두움에서 빛으로, 사단의 권세에서 하나님께로 돌아가게 하고 죄 사함과 나를 믿어 거룩케 된 무리 가운데서 기업을 얻게 하리라.

어둠이며 어둠의 권세에 사로잡혀 지배를 받고 있다는 것을 전제로 보이지 않는 영적 존재로서의 주관자와 전투를 치루는 것이다.

어둠은 어둠 그 자체로 존재하려하고 또 존재하게 하려한다. 그래서 영적 전투가 벌어진다. 참으로 희한한 것은 빛 비추임을 받은 빛의 자녀인 복음 전하는 자 즉, 증인의 전투대상은 어둠이라 불리는 사람이 아니었다. 영적인 존재인 사탄과 땅의 각 지역을 담당하고 있는 사탄의 수하들이었다.[323] 왜냐하면 사탄은 세상의 神으로서 세상과 사람들에게 빛이 비추어지지 못하게 믿지 않는 자들의 마음을 혼미하게 만들기 때문이다. 광명의 천사로 가장하여 자칭 하나님이라 주장하며 미혹시키는 사탄은 빛 비추임을 받는 사람들이 전하는 생명의 말씀인 복음을 듣지 못하게 하며, 들어도 말씀을 깨닫지 못하게 한다. 마음에 말씀이 떨어지면 깨닫지 못하도록 마귀가 바로 그 말씀을 새처럼 쪼아 먹는다.[324] 하나님과 예수님 그리고 빛의 자녀들이 "예수 그리스도의 얼굴에 있는 하나님의 영광을 아는 빛"을 믿지 않는 자들의 마음에 비추지만 세상의 神인 사탄은 "그리스도의 영광의 복음의 광채"가 마음에 비추어지지 못하게 하여 하나님의 형상인 그리스도를 알아보지 못하게 한다. 이렇게 방해를 받으면 사람들은 참 하나님께 나아가지 못하게 된다.[325]

작은 광명과 큰 광명과의 전투는 눈에 보이지 않는다. 큰 광명의 다스림을 받는 자만이 알 수가 있다. 율법과 믿음의 전투는 영적인 것이다. 그래서 바울이 "우리의 씨름은 혈과 육에 대한 것이 아니요 정사와 권세와 이 어두움의 세상 주관자들과 하늘에 있는 악의 영들에게 대함이라.”(에베소서 6:12)라고 말한다.

율법과 믿음은 영적인 실존자(작은 광명, 큰 광명)에 의해 사람을 다스리는 수단으로서 활용된다. 예수님이 오셨을 당시만 해도 믿음보다 율법이 주로 다스렸다. 믿음의 사람은 히브리서 11장에 인용된 사람들과 선지자들, 그리고 이름 없이 메시야를 기다린 사람들이었다. 이미 이스라엘 사회 자체가 참 하나님(true God)이 아닌 거짓 하나님(false gods)이 다스리고 있다는 의미이다. 이사야는 이를 “여호와 우리 하나님이시여 주 외에 다른 주들이 우리를 관할하였사오나 우리가 주만 의뢰하고 주의 이름을 부르리이다”(이사야 26:13)라고 표현하였고, 바울은 “내가 내 동족 중 여러 연갑자보다 유대교를 지나치게 믿어 내 조상의 유전에 대하여 더욱 열심이 있었으나”(갈라디아서 1:14)라고 표현하였다. 결국 이 표현은 택함 받은 민족 전체 주관자가 큰 광명이 아닌 작은 광명이란 의미이다. 즉, 외형적으로는 율법을 행위적으로 철저히 준수하기에 하나님을 잘 섬기는 것 같았지만, 영적으로는 여호와 하나님이 아닌 다른 하나님을 섬겼다는 의미이다.

지금 21세기 교회 내에서 성경에 기록된 율법은 모두 자기들에게는 해당이 안 되는 것으로 착각한다. 모두가 믿음으로 믿는 줄 안다. 믿음이 다스리고 있는 줄 착각한다. 왜냐하면 설교를 들을 때 행위로 구원 받는 것이 아니고 믿음으로 구원 받는다는 진리를 들었기 때문이다. 그래서 알고 있기 때문이다. 그러나 율법과 믿음은 마음과 관계된 영적인 것이기에 지적 인식으로 구별하고 있다고 해서 올바른 신앙생활을 한다고 말할 수는 없다. 성령에 의한 큰 광명의 다스림을 받는 자는, 즉 믿음으로 신앙 생활하는 자는 하나님의 은혜에 대하여 말할 수 있으며, 하나님의 큰 일(그리스도의 십자가의 대속의 은총)에 대하여 성령의 말하게 하심으로 말 할 수 있다.[326][327] 바울은 이것을 "그러면 무엇을 말하느뇨, 말씀이 네게 가까와 네 입에 있으며 네 마음에 있다 하였으니 곧 우리가 전파하는 믿음의 말씀이라. 네가 만일 네 입으로 예수를 주로 시인하며 또 하나님께서 그를 죽은 자 가운데서 살리신 것을 네 마음에 믿으면 구원을 얻으리니 사람이 마음으로 믿어 의에 이르고 입으로 시인하여 구원에 이르느니라"(로마서 10:8-10)라고 표현하였다. 입술의 고백을 보면 누구의 통제를 받는지 알 수가 있다. 입술의 고백이 같으면 마음을 확인해보아야 한다. 만약 마음속의 죄의 지배를 보지 못한다면 작은 광명, 즉 세상의 영에 속고 있음에도 불구하고 올바로 믿는다고 거짓 시인하고 있는 것이다.

---

326) **사도행전 2:4,** 저희가 다 성령의 충만함을 받고 성령이 말하게 하심을 따라 다른 방언으로 말하기를 시작하니라.

327) **사도행전 2:11,** 그레데인과 아라비아인들이라 우리가 다 우리의 각 방언으로 하나님의 큰일을 말함을 듣는도다 하고

다섯째와 여섯째 날의 창조

20. 하나님이 이르시되 물들은 생물을 번성하게 하라 땅 위 하늘의 궁창에는 새가 날으라 하시고

21. 하나님이 큰 바다 짐승들과 물에서 번성하여 움직이는 모든 생물을 그 종류대로, 날개 있는 모든 새를 그 종류대로 창조하시니 하나님이 보시기에 좋았더라

22. 하나님이 그들에게 복을 주시며 이르시되 생육하고 번성하여 여러 바닷물에 충만하라 새들도 땅에 번성하라 하시니라

23. 저녁이 되고 아침이 되니 이는 다섯째 날이니라

24. 하나님이 이르시되 땅은 생물을 그 종류대로 내되 가축과 기는 것과 땅의 짐승을 종류대로 내라 하시니 그대로 되니라

25. 하나님이 땅의 짐승을 그 종류대로, 가축을 그 종류대로, 땅에 기는 모든 것을 그 종류대로 만드시니 하나님이 보시기에 좋았더라

26. 하나님이 이르시되 우리의 형상을 따라 우리의 모양대로 우리가 사람을 만들고 그들로 바다의 물고기와 하늘의 새와 가축과 온 땅과 땅에 기는 모든 것을 다스리게 하자 하시고

27. 하나님이 자기 형상 곧 하나님의 형상대로 사람을 창조하시되 남자와 여자를 창조하시고

28. 하나님이 그들에게 복을 주시며 하나님이 그들에게 이르시되 생육하고 번성하여 땅에 충만하라, 땅을 정복하라, 바다의 물고기와 하늘의 새와 땅에 움직이는 모든 생물을 다스리라 하시니라

29. 하나님이 이르시되 내가 온 지면의 씨 맺는 모든 채소와 씨 가진 열매 맺는 모든 나무를 너희에게 주노니 너희의 먹을 거리가 되리라

30. 또 땅의 모든 짐승과 하늘의 모든 새와 생명이 있어 땅에 기는 모든 것에게는 내가 모든 푸른 풀을 먹을 거리로 주노라 하시니 그대로 되니라

생물과 하나님의 형상을 닮은 사람 창조

생물 창조   하나님은 하늘, 땅, 물을 근본으로 하여 각 종류별 물고
기와 새와 육축과 짐승, 기는 것 등을 창조하셨다. 땅에서 창조한 것
만 제외하고 물과 하늘에서 창조된 것에게는 하나님께서 생육하고
번성하라는 복을 주셨다. 사람에게도 하나님은 생육하고 번성하라
는 복을 주셨다. 사람에게는 특별히 물(바다)과 하늘과 땅에서 창조
된 모든 생물들을 다스리는 사명이 주어졌다. 왜 하나님은 생육하
고 번성하라는 복을 땅에서 창조한 짐승과 육축과 기는 것에는 주
지 않으신 것인가? 이들은 생육하고 번성하면 안 되는 것인가? 아
니면 직접 언급은 안 되었지만 포함된 것으로 간주하는 것인가? 인
간은 생육하고 번성해도 물 속과 하늘에서는 살 수가 없다. 유독 땅
에서만 살아야 한다. 그런데 사람이 살 수밖에 없는 땅에서 창조한
생물만 생육하고 번성하는 복을 주시지 않으셨다. 어떤 영적인 의
미가 숨어있는 것일까?

　사람 보다 먼저 지음 받은 생물적 존재로서의 피조물은 사람의 다
스림을 받아야 한다. 생물적 존재, 즉 하나님의 형상으로 지음 받지
않은 존재는 하나님의 형상으로 지음 받은 살아 있는 존재를 저주
한다.[328] 그래서 하나님의 형상으로 지음 받는 자는 자신을 저주하
는 자들을 향하여 저주하지 못하도록 다스려야 한다.

---

[328]　**야고보서 3:9-10,** 9 이것으로 우리가 주 아버지를 찬송하고 또 이것으로 하나님의 형상대로 지음을 받은
　　　사람을 저주하나니 10 한 입에서 찬송과 저주가 나오는도다 내 형제들아 이것이 마땅하지 아니하니라.

하나님의 형상을 닮은 사람 창조　사람이 살아 있는 존재로서의 사람이 될 수 있는 것은 하나님의 형상대로 창조된 경우이다. 하나님의 형상이란 어떤 것인가? 하나님의 형상은 그리스도이시다.[329)330)] 사람이 사람다운 살아있는 존재로서의 생령(生靈)이 된 존재는 마음 속에 그리스도의 형상이 이루어진 자이다. 하나님은 흙으로 지으신 질그릇 같이 무가치한 존재인 인간의 마음에 보배를 담으셨다. 하나님의 생명의 호흡인 그리스도가 보배이시다. 성령이 보배이시다.

인간은 모두 하나님의 아들이신 그리스도 예수를 본받아야 한다. 택함 받은 모든 자는 그리스도의 형상을 본받아야 한다.[331)] 택함 받은 자는 마음 속에 그리스도의 형상을 이루어야 한다.[332)] 그래서 복음을 전하는 자는 이 창조 사역에 동참하는 것이다. 복음을 전할 수밖에 없는 자는 마음 속에 그리스도가 나타나신 사람들이다. 바울은 자신이 성경에 기록된 대로 하나님의 형상으로 창조된 것을 체험하였으며,[333)] 유한한 자신의 죽을 육체에 영생할 수 있도록 그리스도께서 나타나셨다는 사실을 고백하였다.[334)] 하나님의 형상으로

---

329) **고린도후서 4:3-4**, 3 만일 우리의 복음이 가리었으면 망하는 자들에게 가리어진 것이라. 4 그 중에 이 세상의 신이 믿지 아니하는 자들의 마음을 혼미하게 하여 그리스도의 영광의 복음의 광채가 비추지 못하게 함이니 그리스도는 하나님의 형상이니라.

330) **골로새서 1:14-15**, 14 그 아들 안에서 우리가 속량 곧 죄 사함을 얻었도다. 15 그는 보이지 아니하는 하나님이 형상이시요 모든 피조물보다 먼저 나신 이시니

331) **로마서 8:29**, 하나님이 미리 아신 자들로 미리 정하셨으니 이는 또한 그 아들의 형상을 본받게 하기 위하여 미리 정하셨으니 이는 그로 많은 형제 중에서 맏아들이 되게 하려 하심이라.

332) **갈라디아서 4:19**, 나의 자녀들아 너희 속에 그리스도의 형상을 이루기까지 다시 너희를 위하여 해산하는 수고를 하노니

333) **갈라디아서 1:15-16**, 15 그러나 내 어머니의 태로부터 나를 택정하시고 그의 은혜로 나를 부르신 이가 16 그의 아들을 이방에 전하기 위하여 그를 내 속에 나타내시기를 기뻐하셨을 때에 내가 곧 혈육과 의논하지 아니하고

334) **고린도후서 4:10-12**, 10 우리가 항상 예수의 죽음을 몸에 짊어짐은 예수의 생명이 또한 우리 몸에 나타나게 하려 함이라. 11 우리 살아 있는 자가 항상 예수를 위하여 죽음에 넘겨짐은 예수의 생명이 또한 우리 죽을 육체에 나타나게 하려 함이라. 12 그런즉 사망은 우리 안에서 역사하고 생명은 너희 안에서 역사하느니라.

지음 받은 자는 그리스도가 내주하는 자로서 그리스도의 마음을 전하는 자가 된다.[335]

생물과 사람의 식물

하나님은 생육하고 번성하라는 복과 더불어 피조물로서 먹고 사는 문제를 해결해주셨다. 사람에게는 "씨 맺는 모든 채소와 씨 가진 열매 맺는 모든 나무"를 먹거리로 주셨다. 다음은 물에서 창조된 생물은 언급 없이 땅과 하늘에서 창조된 식물에게 "모든 푸른 풀"을 먹거리로 주셨다. 왜 사람과 다른 생물과의 먹거리가 다른 것일까? 사람은 풀을 먹으면 안 되는 것인가? 또 생물은 사람이 먹는 식물을 먹으면 안 되는 것인가? 분명 우리가 사는 현실로는 이 뜻은 아니라는 것을 안다. 사람과 생물의 먹이 차이는 근본적으로 씨가 있고 없고의 차이이다. 그렇다면 여기에 숨은 영적인 뜻은 무엇일까?

두 종류의 사람

지금까지의 창조 과정을 보면 둘로 가르는 작업이었다. 그리고 땅을 활용하여 식물을 창조하셨다. 이 때 창조하신 식물은 두 가지 종류였다. 하나는 풀이었고, 다른 하나는 씨 맺는 채소와 씨 가진 열매 맺는 과목이었다. 이를 다시 구분하면 하나님은 씨 없는 식물과 씨 있는 식물을 창조하셨다. 이런 하나님께서 식물을 창조하시면서 구

---

335) **고린도전서 2:16,** 누가 주의 마음을 알아서 주를 가르치겠느냐. 그러나 우리가 그리스도의 마음을 가졌느니라.

분하신 이유가 차후 창조할 생물과 사람 때문에 그리 하신 것이다.

식물의 창조와 땅은 깊은 관계가 있었다. 식물은 땅에서 나오기 때문이다. 땅은 열매를 맺는 식물을 소산하여야 한다. 사람이 땅에서 생산한 열매를 먹기 때문이다. 이 말은 땅이 사람의 마음이고 열매는 어떤 영이 그 마음을 차지하느냐에 달라진다고 하였으니, 사람이 사망의 율법을 따르고 있느냐 아니면 생명의 말씀인 복음,[336] 즉 믿음의 말씀[337]을 따르느냐에 따라 죄와 사망의 열매를 맺든가 아니면 생명의 성령의 열매를 맺게 된다. 따라서 먹을 수 있는 열매를 맺는 사람이 사람이며, 먹을 수 없는 열매를 맺는 사람은 사람은 사람이되 생물과 같은 사람이다. 이는 먹을 수 있는 열매를 맺는 땅은 사람의 씨가 뿌려진 것이고, 먹을 수 없는 열매를 맺는 땅은 짐승의 씨가 뿌려진 것이다. 그래서 요한은 하나님이 보여 주신 두 종류의 사람에 대하여 "선한 일을 행한 자는 생명의 부활로, 악한 일을 행한 자는 심판의 부활로 나오리라"(요한복음 5:29)라고 말하는 것이다.

아브라함의 축복

사람 창조 시 복으로 주신 생육하고 번성하라는 축복을 직접 들은 사람은 노아의 홍수 후에 노아와 아브라함이다. 하나님은 아브라함에게 큰 민족을 이루고 자손의 수도 땅의 티끌만큼, 하늘의 별만큼 많게 해주시겠다고 하였다. 자손이 많음은 하나님이 주신 복이

---

336) **빌립보서 2:16**, 생명의 말씀을 밝혀 나의 달음질이 헛되지 아니하고 수고도 헛되지 아니함으로 그리스도의 날에 내가 자랑할 것이 있게 하려 함이라.

337) **로마서 10:8**, 그러면 무엇을 말하느냐 말씀이 네게 가까워 네 입에 있으며 네 마음에 있다 하였으니 곧 우리가 전파하는 믿음의 말씀이라.

다.[338][339] 하나님의 언약은 가나안 땅에서 수많은 자손의 축복을 이루어주신다는 것이다.[340][341] 이스라엘은 지금도 자기들이 아브라함의 자손으로 선민의 자부심을 가지고 있다. 그러나 바울은 자손의 축복을 아브라함의 자손들이 해석하는 것과 달랐다. 바울은 오직 예수 그리스도 한 분만이 아브라함의 자손이라고 했다.[342] 성경은 이 예수를 '씨'라고 부른다. 땅 위의 모든 족속이 아브라함으로 인하여 복을 받는다는 말은 아브라함의 혈통 중에서 예수가 태어나 예수 믿는 자들이 구원을 받는다는 의미이다.[343] 예수를 믿는 자들이 곧 아브라함의 자손이었다.[344] 베드로는 인간의 거듭남을 "씨"로 설명하였다. 씨는 썩지 아니할 것과 썩어질 것으로 구분되었다. 예수는 부활하였기에 "썩지 아니할 씨"였다. 이 예수가 곧 살아있고 항상 있는 말씀이었다.[345]

앞에서 식물의 종류가 두 가지였다. 땅이 내는 소산이 두 종류였다. 씨 있는 것과 씨 없는 것이었다. 큰 광명은 사람을 다스린다. 작은 광명은 생물을 다스린다. 사람은 씨 있는 것을 먹으며 생물은 씨

338) **창세기 12:2**, 내가 너로 큰 민족을 이루고 네게 복을 주어 네 이름을 창대케 하리니 너는 복의 근원이 될지라.

339) **창세기 13:16**, 내가 네 자손으로 땅의 티끌 같게 하리니 사람이 땅의 티끌을 능히 셀 수 있을 진대 네 자손도 세리라.

340) **출애굽기 32:13**, 주의 종 아브라함과 이삭과 이스라엘을 기억하소서. 주께서 주를 가리켜 그들에게 맹세하여 이르시기를 내가 너희 자손을 하늘의 별처럼 많게 하고 나의 허락한 이 온 땅을 너희의 자손에게 주어 영영한 기업이 되게 하리라 하셨나이다.

341) **느헤미야 9:23**, 주께서 그 자손을 하늘의 별 같이 많게 하시고 전에 그 열조에게 명하사 들어가서 차지하라고 하신 땅으로 인도하여 이르게 하셨으므로

342) **갈라디아서 3:16**, 이 약속들은 아브라함과 그 자손에게 말씀하신 것인데 여럿을 가리켜 그 자손들이라 하지 아니하시고 오직 하나를 가리켜 네 자손이라 하셨으니 곧 그리스도라.

343) **사도행전 3:25-26**, 25 너희는 선지자들의 자손이요 또 하나님이 너희 조상으로 더불어 세우신 언약의 자손이라 아브라함에게 이르시기를 땅 위의 모든 족속이 너의 씨를 인하여 복을 받으리라 하셨으니 26 하나님이 그 종을 세워 복 주시려고 너희에게 먼저 보내사 너희로 하여금 돌이켜 각각 그 악함을 버리게 하셨느니라.

344) **갈라디아서 3:29**, 너희가 그리스도께 속한 자면 곧 아브라함의 자손이요 약속대로 유업을 이을 자니라.

345) **베드로전서 1:23**, 너희가 거듭난 것이 썩어질 씨로 된 것이 아니요 썩지 아니할 씨로 된 것이니 하나님의 살아있고 항상 있는 말씀으로 되었느니라.

없는 것을 먹는다. 사람은 씨 있는 열매를 맺고 생물은 씨 없는 열매를 맺는다. 성령이 내주하는 마음을 가진 사람은 성령의 열매를 맺는다. 세상의 영이 내주하는 마음을 가진 자는 육신의 열매를 맺는다. 성령은 생명의 열매를 세상의 영은 사망의 열매를 맺는다. 씨 있는 자는 거듭남의 삶을, 씨 없는 자는 자연인으로서의 삶을 산다. 믿음은 구원이요 율법은 심판이다. 그래서 사람은 예수의 씨가 있는 사람과 짐승의 씨를 가진 사람으로 구별된다.[346] 그래서 사람과 생물의 창조는 사람의 씨와 짐승의 씨의 구분을 의미한다.

아브라함의 자손은 예수 그리스도였다. 예수 믿는 자들이 아브라함의 자손이다. 그렇다면 이들의 생육과 번성은 어떻게 하는 것인가? 그것은 복음으로 낳는 것이며,[347] 생명의 말씀으로 사람들에게 빛을 비추는 것이다.[348] 즉, 예수가 그리스도이시며 하나님의 아들이심을 믿고[349] 죄의 지배에서 해방되라는 복음의 씨를 뿌리는 것이다. 흑암의 세계에서 어둠에 사로잡힌 어둠의 사람들에게 씨를 뿌리는 것은 눈물 흘리며 울 수밖에 없는 고난인 것이다.[350] 복음으로 "생육하고 번성하라"를 이루는 사람들은 이런 십자가의 증인으로서 고통스럽고 아프지만 행복한 삶을 살 수 밖에 없는 사람들이다.

---

346) **예레미야 31:27**, 여호와께서 가라사대 보라 내가 사람의 씨와 짐승의 씨를 이스라엘 집과 유다 집에 뿌릴 날이 이르리니

347) **고린도전서 4:15**, 그리스도 안에서 일만 스승이 있으되 아비는 많지 아니하니 그리스도 예수 안에서 복음으로써 내가 너희를 낳았음이라.

348) **빌립보서 2:16**, 생명의 말씀을 밝혀 나의 달음질도 헛되지 아니하고 수고도 헛되지 아니함으로 그리스도의 날에 나로 자랑할 것이 있게 하려 함이라.

349) **마태복음 16:15**, 가라사대 너희는 나를 누구라 하느냐 16 시몬 베드로가 대답하여 가로되 주는 그리스도시요 살아계신 하나님의 아들이시니이다.

350) **시편 126:5-6**, 5 눈물을 흘리며 씨를 뿌리는 자는 기쁨으로 거두리로다. 6 울며 씨를 뿌리러 나가는 자는 정녕 기쁨으로 그 단을 가지고 돌아오리로다.

소속의 표시, 인침

　땅에서 생육하고 번성하는 복을 받은 작은 광명의 통제를 받고 사는 사람들은 사람이지만 하나님께서 짐승과 같은 생물적 존재라고 부르는 사람들이다. 이들은 이 세상에서 살려면 짐승의 표를 받아야만 한다. 이 짐승의 표는 매매할 수 있는 허가권이기에 이것이 없으면 먹고 살 수가 없다. 매매하여 이익을 남겨 살아야 하기 때문이다.[351] 사람은 하나님과 재물을 겸하여 섬길 수가 없다. 그러나 작은 광명의 통제를 받는 사람들은 그렇지가 않다. 여기서 말하는 매매는 눈에 보이는 매매를 말하는 것이 아니다. 영적인 매매를 말한다. 이들은 사실 인간의 영혼을 사고 판다.[352] 재물 속에는 세상의 삶이 숨어있다. 세상의 영은 세상의 삶을 가지고 사람을 통제한다. 그래서 작은 광명은 구원의 소망이 아닌 유한한 땅에서의 삶의 풍요로움과 형통함을 위해 신앙생활을 하게 한다. 작은 광명은 자기가 다스리는 세상의 가치관대로 살아가도록 한다. 세상을 출처로 하는 육체의 정욕과 안목의 정욕 그리고 이생의 자랑과 자기 마음 속에 이미 내장되어 있는 육체의 소욕이 서로 연합하여 인간을 지배함으로서 인간은 자기 자신의 가치 있는 인생을 위하여 열심히 살게 된다.

　성경에 처음 등장하는 표에는 동생 아벨을 죽인 가인이 자기가 다른 사람들에게 해를 받을까봐 두려워서 하나님께 요구하여 받은 어떤 표이다. 우리는 이것을 통상 가인의 표라고 부른다. 어쩌면 하나님은 이 가인의 후손들에게 이미 지워지지 않는 표를 주셨는지 모른다.

---

351)　**요한계시록 13:17-18**, 17 누구든지 이 표를 가진 자 외에는 매매를 못하게 하니 이 표는 곧 짐승의 이름이나 그 이름의 수라. 18 지혜가 여기 있으니 총명 있는 자는 그 짐승의 수를 세어보라 그 수는 사람의 수니 육백 육십육이니라.

352)　**요한계시록 18:13**, 계피와 향료와 향과 향유와 유향과 포도주와 감람유와 고운 밀가루와 밀이요 소와 양과 말과 수레와 종들과 사람의 영혼들이라.

성경은 가인부터 인간은 악한 자인 마귀에게 속하여 살인하였다고 한다.[353] 그렇다고 한다면 마귀 사탄의 자식들, 작은 광명이 주관하는 자들, 즉 뱀의 후손들에게는 어떤 표가 이미 있다는 의미이다. 이들이 곧 짐승의 표를 받은 자들인데 이 표가 있는 자들만이 세상에서 살아갈 수 있는 수단으로서 매매를 할 수 있는 것이다. 이들은 모두 짐승의 씨를 받은 자들이다. 각 나라가 자기의 백성임을 증명하기 위해 주민등록증을 만들어주듯이, 마치 군인에게 군인으로서 군번을 부여하고 인식표를 주듯이 사탄도 자기 백성에게 자기 백성임을 표시하여 알아볼 수 있도록 영적으로 표시하는 것이 짐승의 표이다.

디모데후서 2장 19절에서는 주관자가 자기의 주관 대상을 알아보는 수단으로써 인침을 언급한다. 바울은 "그러나 하나님의 견고한 터는 섰으니 인침이 있어 일렀으되 주께서 자기 백성을 아신다 하며 또 주의 이름을 부르는 자마다 불의에서 떠날 지어다 하였느니라"라고 인침을 자기 백성을 알아보는 수단으로 표현한다. 그럼 하나님은 하나님의 백성끼리 어떻게 알아보게 하실까? 하나님의 자녀인 빛의 자녀도 인침이 있다. 고린도후서 1장 22절에 "저가 또한 우리에게 인치시고 보증으로 성령을 우리 마음에 주셨느니라"라고 기록되어 있다. 하나님의 자녀인 빛의 자녀의 인침은 성령의 인침이다. 바울은 마찬가지로 에베소서 1장 13절에서도 "그 안에서 너희도 진리의 말씀 곧 너희의 구원의 복음을 듣고 그 안에서 또한 믿어 약속의 성령으로 인치심을 받았으니"라고 말했다.

하나님의 인침은 심판 날에 하나님의 선택받은 자들이 하나님의 명령으로 땅과 바다의 생물들, 예수 믿지 않는 자들을 천사로 하여금 도륙할 때 죽임을 당하지 않도록 분별하게 하기 위한 표시이다. 성경은

---

353) 요한1서 3:12, 가인 같이 하지 말라 저는 악한 자에게 속하여 그 아우를 죽였으니 어찐 연고로 죽였느뇨 자기의 행위는 악하고 그 아우의 행위는 의로움이니라.

이를 요한계시록 7장 3절에 "가로되 우리가 우리 하나님의 종들의 이마에 인치기까지 땅이나 바다나 나무나 해하지 말라 하더라"하며 기록하고 있다.

사람은 두 종류이다. 한 사람은 작은 광명으로서 광명의 천사로 가장한 마귀 사탄의 주관을 받는 사람이다. 이런 사람은 율법의 행위의 의를 추구하는 신앙인으로 사망의 열매를 맺게 하는 살인자의 표시를 받는다. 이들은 흑암의 땅에서 뱀의 후손임을 증명하는 가인의 표와 짐승의 표를 받은 자이며, 마음에 짐승의 씨가 뿌려진 자이다. 또 다른 사람은 큰 광명으로서 참 빛이신 그리스도 예수의 주관을 받는 사람이다. 이런 사람은 예수 그리스도의 십자가의 대속의 은총을 믿는 신앙인으로 성령의 인침을 받은 자이며, 마음에 사람의 씨가 뿌려진 자이다.

빛의 자녀가 진리의 영인 성령으로 인침을 받듯이 어둠의 자녀도 미혹의 영인 세상의 영으로 인침을 받는다. 하나님은 인침으로 영적 소속을 표시하시고 여인의 후손과 뱀의 후손을 명확히 구분하신다.[354] 하나님은 광명의 천사로 가장한 마귀 사탄의 형상을 닮은 생물과 하나님의 형상을 닮은 사람을 구별하셨다. 하나님은 사람은 사람이되 마음에 그리스도가 내주하지 않으시는 짐승 같은 사람과 하나님의 형상인 그리스도가 내주하시는 마음을 지닌 사람다운 사람을 구별하셨다.

---

354) 창세기 3:15, 내가 너로 여자와 원수가 되게 하고 너의 후손도 여자의 후손과 원수가 되게 하리니 여자의 후손은 네 머리를 상하게 할 것이요 너는 그의 발꿈치를 상하게 할 것이니라 하시고

일곱째 날의 안식

> 1. 천지와 만물이 다 이루어지니라
>
> 2. 하나님이 그가 하시던 일을 일곱째 날에 마치시니 그가 하시던 모든 일을 그치고 일곱째 날에 안식하시니라
>
> 3. 하나님이 그 일곱째 날을 복되게 하사 거룩하게 하셨으니 이는 하나님이 그 창조하시며 만드시던 모든 일을 마치시고 그 날에 안식하셨음이니라
>
> (창세기 2:1-3)

안식, 쉼을 얻은 마음

이제 창조의 날들이 끝났다. 하나님은 이제 쉬신다. 하나님은 일곱째 날을 축복하시면서 안식일을 삼으셨다. 예수님은 안식일 문제로 바리새인들과 많이 언쟁하셨다. 안식일은 사람을 위한 것이지 사람이 안식일을 위해 존재하는 것이 아니라고 하셨다. 그리고 안식일의 주인은 예수님 자신이라고 하셨다.[355][356][357][358] 예수님은 "수고하고 무거운 짐진 자들아 다 내게로 오라 내가 너희를 쉬게 하리라. 나는 마음이 온유하고 겸손하니 나의 멍에를 메고 내게 배우라 그러면 너희 마음이 쉼을 얻으리니 이는 내 멍에는 쉽고 내 짐은 가벼움이라 하

---

355) **마태복음 12:2**, 바리새인들이 보고 예수께 말하되 보시오 당신의 제자들이 안식일에 하지 못할 일을 하나이다.

356) **마태복음 12:11-12**, 11 예수께서 이르시되 너희 중에 어떤 사람이 양 한 마리가 있어 안식일에 구덩이에 빠졌으면 끌어내지 않겠느냐 12 사람이 양보다 얼마나 더 귀하냐 그러므로 안식일에 선을 행하는 것이 옳으니라 하시고

357) **마가복음 2:27**, 또 이르시되 안식일이 사람을 위하여 있는 것이요 사람이 안식일을 위하여 있는 것이 아니니

358) **마태복음 12:8**, 인자는 안식일의 주인이니라 하시니라.

시니"(마태복음 11:28-30)라고 하셨다. 안식은 마음의 쉼이었다.

사실 안식일을 쉰다는 의미로 본다면 육신이 쉬는 것이다. 그러나 주님은 마음의 쉼을 언급하셨다. 하나님은 안식일을 지키라고 하시면서 안식일은 하나님과 인간 사이의 지켜야 할 표징이라고 하셨다.[359] 그러나 한 가지 주의 깊게 봐야 할 것이 무엇이냐면 안식일을 통하여 인간이 알아야 하고 기억해야 하는 것이 있는데 그것은 하나님께서 인간을 거룩하게 하셨다는 것이다. 하나님을 믿는 자는 안식일에 반드시 깨달아야 하고 그 깨달음 때문에 안식일을 지켜야 한다. 그 깨달음은 하나님께서 인간을 거룩하게 하신다는 것에 대한 믿음이다. 결국 인간은 죄에 지배 받는 영적 처절함을 발견하여 인간 스스로는 자신의 구원을 위한 거룩함을 이룰 수 없는 존재임을 발견하였을 때 안식일에 와서 이런 나를 변화시키실 참 하나님 여호와를 바라보게 된다.

안식일은 육체로 일을 안 하면서 몸이 쉬는 것을 의미하지 않는다. 자기의 마음 속에 내재된 자신의 왕이며 주인으로서 자신을 노예로 부리고 있는 죄로 인하여 괴로워하는 자들이 죄의 지배에서 해방되고자 하는 마음을 드리는 제사 날이 안식일이다. 인간들 중에서 죄의 종이기에 죄의 지배받음으로 인해 마음의 쉼을 누리지 못하는 자들이 자신의 상한 심령을 고쳐달라고, 죄에서 해방시켜달라고 마음을 예물로 드리는 영적 예배의 시간이 안식일이다.

하나님은 치료의 하나님이시다. 마라의 샘처럼 쓴 물만 솟아나는 마음을 예수 그리스도의 십자가의 대속의 은총으로 치료 받을 수 있다고 믿는 자들이 모여 영적 예배를 드리는 날이 안식일이다.[360]

---

359) 출애굽기 31:13, 너는 이스라엘 자손에게 말하여 이르기를 너희는 나의 안식일을 지키라 이는 나와 너희 사이에 너희 대대의 표징이니 나는 너희를 거룩하게 하는 여호와인 줄 너희가 알게 함이라.

360) 출애굽기 15:26, 이르시되 너희가 너희 하나님 나 여호와의 말을 들어 순종하고 내가 보기에 의를 행하며 내 계명에 귀를 기울이며 내 모든 규례를 지키면 내가 애굽 사람에게 내린 모든 질병 중 하나도 너희에게 내리지 아니하리니 나는 너희를 치료하는 여호와임이라.

하나님은 아브라함과 언약을 맺으셨다. 이 언약이 그리스도를 통한 죄의 지배로부터의 해방이다. 믿음으로 거룩함을 이루어주시겠다는 하나님의 약속이 바로 그리스도이다. 하나님은 하나님을 섬긴다는 자들에게, 율법을 준수하는 자들에게 안식일을 준수하여 하나님의 언약을 믿는다는 증거를 보이라고 한다.

죄의 지배를 깨달은 사람들은 언젠가 하나님께서 자신의 죄를 용서하여 자신을 거룩하게 하여주신다는 약속을 믿고 그 약속을 기다리고 있다는 표시를 하나님께 보여드려야 한다. 단순히 날로서의 안식일을 준수하는 것이 언약준수의 표징이 아니다. 표징은 날의 준수가 아니라 자신의 마음의 상태를 본 자의 치료 요구이다. 자신의 마음 속에 뿌리 박혀 있는 죄의 지배로부터 해방되고자 하는 갈망! 그 마음을 치료 받고자 하는 갈망을 가지고 하나님께 나아오는 예배가 안식일 준수의 의미이다.

인간은 자기의 죄를 발견하면 생각지도 못한 자신의 영적인 악과 죄 된 상태를 보고 영적 절규를 토로하게 된다. 그리고 영적 절망에서 어찌 할 수 없는 자신을 발견하고 죄에서 해방되고 자유로워지고 싶은 선한 갈망이 생긴다. 즉 거룩에 대한 갈망이 절실해진다.[361] 그리고 이 상태에서 예수의 이름을 부르게 된다. 드디어 십자가에서 예수님과 더불어 자신의 정욕과 탐심을 못 박아 죽이는 고통의 길을 선택하게 된다. 이런 과정을 거쳐 믿음의 영적 실제를 깨달고 발견하게 된다. 왜냐하면 인간은 스스로 거룩할 수 있는 존재가 되지 못하고, 오직 믿음으로만 구원과 부활에 이를 수 있기 때문이다. 이런 영적 과정을 바울은 "오호라 나는 곤고한 사람이로다. 이 사망

---

361) **로마서 7:21-25**, 21 그러므로 내가 한 법을 깨달았노니 곧 선을 행하기 원하는 나에게 악이 함께 있는 것이로다. 22 내 속 사람으로는 하나님의 법을 즐거워하되 23 내 지체 속에서 한 다른 법이 내 마음의 법과 싸워 내 지체 속에 있는 죄의 법 아래로 나를 사로잡아 오는 것을 보는도다. 24 오호라 나는 곤고한 사람이로다 이 사망의 몸에서 누가 나를 건져내랴? 25 우리 주 예수 그리스도로 말미암아 하나님께 감사하리로다 그런즉 내 자신이 마음으로는 하나님의 법을, 육신으로는 죄의 법을 섬기노라.

의 몸에서 누가 나를 건져내랴! 우리 주 예수 그리스도로 말미암아 하나님께 감사하리로다. 그런즉 내 자신이 마음으로는 하나님의 법을 육신으로는 죄의 법을 섬기노라!"(로마서 7:24-25)라고 하였다. 마음 속에서 자신을 지배하는 죄와 죄에 종노릇 하는 자신의 영적 실체를 깨달은 자의 고통이 예수 그리스도의 십자가의 대속의 은총을 믿음으로 말미암아 죄 용서함 받아 죄와의 전쟁을 끝낸 상태의 안식 즉, 마음의 쉼! 안식일이 마음의 쉼이며, 마음의 쉼은 믿음으로만 누려지는 인간의 참 안식이다.[362]

율법으로는 행위의 변화와 경건의 모양으로서의 거룩은 있어도 마음의 변화는 만들어낼 수 없다. 그러나 믿음은 그렇지 않다. 율법의 고통은 행위를 할까 말까의 선택 여부에서 오는 것이다. 금지 행위를 안 하면 마음이 편하고 행위를 하면 고통스럽다. 행위가 고통인 이유는 그 행위로 죄가 드러나고 자신이 죄를 지었다는 죄의식과 죄책감이 들기 때문이다. 그러나 믿음의 고통은 마음 속에 죄가 있다는 고통이다. 행위를 하지 않으려 해도 할 수밖에 없는 자신을 발견하는 것이다. 가나안의 일곱 족속을 징벌하듯 마음 속의 죄를 진멸하여야만 마음의 고통이 사라진다. 마음의 쉼이란 마음 속에서 죄와의 전쟁 종식을 의미한다. 십자가에 죄의 몸인 옛 사람이 주님과 연합되어 죽은 상태를 의미한다. 이것이 믿음이 생긴 상태의 시작이다. 마귀의 영적 공격으로 발생하게 되는 마음 속의 정죄함이 없어진 것이다.[363] 결국 마음에 변화가 생겨서 믿음으로 마음의 쉼을 얻게 된다. 그래서 "이미 믿는 우리들은 저 안식에 들어가는도다"(히브리서 4:3)라고 하는 것이다.

---

362) **히브리서 4:3**, 이미 믿는 우리들은 저 안식에 들어가는도다 그 말씀하신 바와 같으니 내가 노하여 맹세한 바와 같이 저희가 내 안식에 들어오지 못하리라 하셨다 하였으나 세상을 창조할 때부터 그 일이 이루었느니라.

363) **로마서 8:1**, 그러므로 이제 그리스도 예수 안에 있는 자에게는 결코 정죄함이 없나니

가나안 땅을 젖과 꿀이 흐르는 땅이라 부르는 이유는 가나안의 일곱 족속을 진멸하여 차지한 그 땅에서 얻어질 풍요로운 소출에 대한 말이다. 이는 기름진 땅에서 얻어질 열매를 의미한다. 씨 뿌리는 비유처럼 죄 용서함 받은 마음은 좋은 마음이다. 그 마음의 땅에서 그리스도의 씨 하나를 뿌리면 성령의 열매가 30배 60배 100배를 맺는 소출을 얻는 것이다. 이런 영적 상태가 된 마음의 쉼의 상태를 젖과 꿀이 흐르는 땅이라 부른다.[364] 마음이 이렇게 변한 자를 하나님은 만민 중에서 구별된 자라고 하셨다. 그래서 하나님께서 안식한 날이 인간에겐 복을 주신 날이며, 그 날이 거룩한 날이 되는 것이다. 하나님께서 쉬신 안식일은 한 인간이 하나님의 택함 속에서 자신이 죄에 지배를 받는 죄인임을 깨달아 예수를 그리스도로 믿는 순간부터이다. 하나님은 오늘도 쉬시기 위하여 새 창조 작업을 수행하고 계신다. 그 작업은 인간으로 하여금 죄에 지배 받는 영적 처참함을 깨닫게 하시는 일이시다.

하나님께서 택하신 성도에게 주시고자 하시는 안식의 출발은 가나안 땅을 향하여 가고자 하는 마음부터 시작된다. 애굽 왕의 지배에서 종살이 하는 자신들의 처참한 상태를 알 때만이 출애굽을 하고자 할 것이다. 하나님의 능력으로 출애굽을 하고자 하는 택함 받은 자는 해방을 갈구하는 자들이다. 죄의 지배로부터, 마귀 사탄의 사망권세로부터, 율법의 저주로부터의 해방을 원하는 자들이다. 자신의 이런 처참한 영적 상태에서 해방시켜주실 수 있는 참 神(true God)은 神이라 주장하는 수많은 영적 존재들 중에서 오직 창조주 여호와 하나님 한 분이라는 사실을 깨닫고 여호와께 자신을 해방시켜달라고 자신의 상한 심령을 예물로 들고 나오는 것이 안식일 준수이다.

---

364) 레위기 20:24, 내가 전에 너희에게 이르기를 너희가 그들의 땅을 기업으로 받을 것이라 내가 그 땅 곧 젖과 꿀이 흐르는 땅을 너희에게 주어 유업을 삼게 하리라 하였노라 나는 너희를 만민 중에서 구별한 너희의 하나님 여호와이니라.

다 이룬 날, 안식일

하나님께서 쉬셨다는 안식은 바로 안식일이 무엇이냐는 것부터 알게 되면 하나님이 의미하시는 안식과 그 안식의 의미대로 내가 누려야 할 안식에 대하여 알게 된다. 하나님은 하나님께서 인간의 거룩을 이룬 날을 안식일이라고 하셨다. 또 거룩하고자 절규하는 인간을 거룩하게 한 날이 안식일이다. 그럼 인간의 거룩을 완성한 날은 언제일까? 그것은 인간의 정욕과 탐심, 즉 태어날 때부터 죄인으로 태어나서 지니고 있는 죄와 악으로 가득 찬 그 본성을[365][366] 십자가에 못 박아 죽인 날이 바로 인간의 거룩이 이루어진 날이다. 이 날이 주님께서 십자가에 돌아가신 날이며 마귀의 일을 멸한 날이다.[367] 그래서 주님은 육신이 죽기 직전에 외치신 말씀이 "다 이루었다"이시다. 인간에게 행한 마귀의 미혹의 일을 멸하시고 인간의 거룩을 완성하였기에 외치는 말씀이셨다.

예수님의 십자가의 죽음의 시점이 인간의 거룩이 온전히 다 이루어진 날이다. 그러므로 한 인간의 거룩이 완성된 날은 자신이 예수와 함께 십자가에 죽은 날이다. 이 날이 언제인지는 각 개인별로 말하기는 곤란하다. 그러나 하나님 편에서는 영적으로 성령을 주신 날이 그 날이며, 인간 편에서는 성령을 받은 날부터 십자가의 죽음을 체험하며 철저히 죄에 지배 받는 존재임을 고백하게 되어 스스로 지옥에 갈 어둠의 존재라고 자기의 구원에 대하여 하나님께 백기를 든 날일 것이다.

---

365) **갈라디아서 4:8,** 그러나 너희가 그 때에는 하나님을 알지 못하여 본질상 하나님이 아닌 자들에게 종노릇 하였더니

366) **에베소서 2:3,** 전에는 우리도 다 그 가운데서 우리 육체의 욕심을 따라 지내며 육체와 마음의 원하는 것을 하여 다른 이들과 같이 본질상 진노의 자녀이었더니

367) **요한1서 3:8,** 죄를 짓는 자는 마귀에게 속하나니 마귀는 처음부터 범죄함이라 하나님의 아들이 나타나신 것은 마귀의 일을 멸하려 하심이라.

선악을 알게 하는 나무의 열매를 먹은 신앙 즉, 율법의 행위의 義를 바탕으로 자기의 義를 가지고 하나님께 나아오는 자는 자기가 구원의 길인 생명나무의 길로 잘 가고 있다는 착각을 한다. 이는 미혹의 영의 역사로 인한 결과이다. 그러나 이런 상태에 있는 사람 중에서 택함을 받은 자만 구별되어 참된 생명나무의 길로 인도된다. 이는 예수 그리스도의 십자가의 대속의 은총을 믿는 믿음의 義로 하나님께 나아가야 함을 진리의 영의 역사로 깨닫게 되기 때문이다.

사람이 하나님 앞에서 이루어야 할 거룩의 완성은 예수 그리스도의 십자가의 대속의 은총으로만 가능하다.[368] 하나님은 인간에게 하나님께서 거룩하시기에 인간도 거룩해야 한다고 요구하신다.[369] 하나님께서 인간에게 요구하시는 거룩함은 예수 그리스도의 십자가의 대속을 믿는 믿음으로 완성된다.[370] 믿음으로 거룩함의 완성을 이루는 것이 안식일을 준수하는 것이다. 하나님은 택하신 자녀가 믿음의 안식을 누리실 때까지 일하신다.

---

368) **히브리서 10:10**, 이 뜻을 따라 예수 그리스도의 몸을 단번에 드리심으로 말미암아 우리가 거룩함을 얻었노라.

369) **레위기 11:45**, 나는 너희의 하나님이 되려고 너희를 애굽 땅에서 인도하여 낸 여호와라 내가 거룩하니 너희도 거룩할 지어다.

370) **로마서 6:22**, 그러나 이제는 너희가 죄로부터 해방되고 하나님께 종이 되어 거룩함에 이르는 열매를 맺었으니 그 마지막은 영생이라.

나가는 말
나의 창조, 거듭남에 대한 관심

6일간의 창조와 7일부터 누리는 안식

흑암에 덮여있던 땅에 빛이 비추어지면서 6일간의 창조와 안식은 시작되었다. 성경의 창조는 그냥 자연적 현상에 대한 이야기가 아니었다. 성경을 읽는 그 사람, 설교를 듣는 그 사람, 성경을 공부하는 그 사람, 바로 그 개인인 한 사람에게 역사하신 하나님의 인간 창조와 회복, 재창조의 이야기였다. 이야기는 이야기가 아니었다. 영적 실제적 사건으로서 사람이 보고 듣고 느끼듯이 깨달아지는 것이다.

성경은 하나님께서 태초에 천지를 창조하셨을 때 땅의 상태를 이렇게 표현하셨다.

혼돈! 공허! 깊은 흑암!

혹시 내 자신의 마음 상태가 이렇다는 것을 느낀 적이 있는가? 세상이 어둠 그 자체이며 그 어둠 속에서 살고 있는 나 자신을 발견하였는가? 그리고 내가 어둠의 자식인 줄 느꼈는가? 만약에 그렇다면 나를 향한 하나님의 영, 성령의 창조 역사는 시작된 것이다.

사람으로 하여금 생육하고 번성하라 하시고 생물을 다스리라고 하신 하나님께서 식물로 씨 있는 먹거리를 주신 것은 인간 거룩의 완성을 의미한다. 왜냐하면 그리스도 예수를 믿는 믿음 안에서의 삶이 생명나무의 열매를 먹는 신앙이기 때문이다.

흑암이었던 존재에게 빛을 비추어 인간의 거룩함의 완성을 향한 영적 사건이 시작되면 출애굽하여 가나안 땅을 향해 가는 여정이 시작된다. 믿음으로 완성하는 거룩함은 죄에 지배를 받는 죄의 종이 되어 있는 자신의 어두운 영적 정체성을 발견하는 것부터 시작이 된다. 그리고 그동안 세상의 영의 통제를 받았으며, 마음 속에 죄가 왕으로 군림하여 자신이 죄의 노예인 상태를 모르고 율법의 행위의 의가 하나님 앞에 바른 것인 줄 알았는데 도리어 불순종의 길을 걸었다는 것을 알게 된다.[371] 또 자신의 마음이 미혹되어 믿음으로 구원받는다는 사실을 거부하고 선악을 알게 하는 나무의 열매인 행위의 義에 매였던 것과 자신을 주관했던 영의 실체가 거짓 신(false gods)으로서 광명의 천사로 가장한 어둠의 권세였음을 깨닫게 된다. 뿐만 아니라 자신이 하나님의 자녀인 줄 알았는데 마귀의 자녀였다는 것과 사람은 사람이되 사람이 아닌 짐승이었다는 것을 깨닫는다. 그래서 죽어있는 존재가 아닌 생령으로서의 산 사람이 돼야 한다는 절규와 갈망 속에서 마음 속에 있는 옛 사람을 십자가에 못 박아 죽여야 함을 인식한다. 마음 속의 죄의 지배를 거부하지 못하는 자신과 율법의 정죄함으로 오는 고통을 겪으며 옛 사람을 죽이시는 주님의 전투를 보게 된다. 그렇게 인간의 거룩은 완성되어간다. 그리고 예수 그리스도의 십자가의 대속의 은총을 믿는 자에게는 정죄함이 없음을 깨닫는다. 이것이 바로 한 개인에게 이루어진 하나님의 성령의 역사로 이루어지는 인간의 창조와 회복과 재창조의 6일간의 창조와 안식이다.[372][373][374][375]

---

371) 로마서 10:3, 하나님의 의를 모르고 자기 의를 세우려고 힘써 하나님의 의에 복종하지 아니하였느니라.

372) 요한복음 3:3, 예수께서 대답하여 이르시되 진실로 진실로 네게 이르노니 사람이 거듭나지 아니하면 하나님의 나라를 볼 수 없느니라.

373) 요한복음 3:7, 내가 네게 거듭나야 하겠다 하는 말을 놀랍게 여기지 말라.

374) 베드로전서 1:23, 너희가 거듭난 것은 썩어질 씨로 된 것이 아니요 썩지 아니할 씨로 된 것이니 살아있고 항상 있는 하나님의 말씀으로 되었느니라.

375) 베드로전서 1:3, 우리 주 예수 그리스도의 아버지 하나님을 찬송하리로다 그의 많으신 긍휼대로 예수 그리스도를 죽은 자 가운데서 부활하게 하심으로 말미암아 우리를 거듭나게 하사 산 소망이 있게 하시며

이제 6일간의 창조 후에 하나님께서 쉬신 것처럼, 인간도 거듭난 자가 되어 쉬는 날이 시작된다. 이제 구원을 위하여 율법의 행위의 의를 추구할 필요가 없다. 오직 할 일은 믿는 일밖에 없다. 하나님께서 보내신 분을 믿기만 하면 된다.[376] 예수님을 그리스도로 믿기만 하면 된다. 이것이 나에게 이루어진 출애굽이며, 가나안 땅의 정복이다. 드디어 마음은 젖과 꿀이 흐르는 땅이 된 것이다.[377][378][379] 마음이 젖과 꿀이 흐르는 마음으로 변한 자는 이미 하나님께 구별된 자가 된다.[380] 하나님께서 마음을 변화시켜 준 사람의 평안과 안식[381]은 어느 순간만 누리는 것이 아니다. 영원히 누리게 된다.[382][383] 왜냐하면 이들은 하나님의 음성을 들을 수 있는 자들이므로 하나님의 말씀에 순종할 수 있는 자들이기 때문이다.[384] 이런 자들은 하나님

---

376) **요한복음 6:29**, 예수께서 대답하여 이르시되 하나님께서 보내신 이를 믿는 것이 하나님의 일이니라 하시니

377) **출애굽기 3:8**, 내가 내려가서 그들을 애굽인의 손에서 건져내고 그들을 그 땅에서 인도하여 아름답고 광대한 땅, 젖과 꿀이 흐르는 땅 곧 가나안 족속, 헷 족속, 아모리 족속, 브리스 족속, 히위 족속, 여부스 족속의 지방에 데려가려 하노라.

378) **출애굽기 3:17**, 내가 말하였거니와 내가 너희를 애굽의 고난 중에서 인도하여 내어 젖과 꿀이 흐르는 땅 곧 가나안 족속, 헷 족속, 아모리 족속, 브리스 족속, 히위 족속, 여부스 족속의 땅으로 올라가게 하리라 하셨다 하면

379) **민수기 14:8**, 여호와께서 우리를 기뻐하시면 우리를 그 땅으로 인도하여 들이시고 그 땅을 우리에게 주시리라 이는 과연 젖과 꿀이 흐르는 땅이니라.

380) **레위기 20:24**, 내가 전에 너희에게 이르기를 너희가 그들의 땅을 기업으로 받을 것이라. 내가 그 땅 곧 젖과 꿀이 흐르는 땅을 너희에게 주어 유업을 삼게 하리라 하였노라. 나는 너희를 만민 중에서 구별한 너희의 하나님 여호와이니라.

381) **신명기 26:9**, 이곳으로 인도하사 이 땅 곧 젖과 꿀이 흐르는 땅을 주셨나이다.

382) **신명기 11:9**, 또 여호와께서 너희의 조상들에게 맹세하여 그들과 그들의 후손에게 주리라고 하신 땅 곧 젖과 꿀이 흐르는 땅에서 너희의 날이 장구하리라.

383) **신명기 6:3**, 이스라엘아 듣고 삼가 그것을 행하라. 그리하면 네가 복을 받고 네 조상들의 하나님 여호와께서 네게 허락하심 같이 젖과 꿀이 흐르는 땅에서 네가 크게 번성하리라.

384) **여호수아 5:6**, 이스라엘 자손들이 여호와의 음성을 청종하지 아니하므로 여호와께서 그들에게 대하여 맹세하사 그들의 조상들에게 맹세하여 우리에게 주리라고 하신 땅 곧 젖과 꿀이 흐르는 땅을 그들이 보지 못하게 하리라 하시매 애굽에서 나온 족속 곧 군사들이 다 멸절하기까지 사십 년 동안을 광야에서 헤매었더니

께서 언약을 이루어준 자이며, 그 언약을 믿는 자라고 부른다.[385][386] 그러나 마음이 변하지 않은 세상의 종으로 살고 있는 자들은 마치 애굽을 그리워하는 광야의 이스라엘 백성들처럼 종살이 하던 애굽을 젖과 꿀이 흐르는 땅으로 여기게 된다.[387]

오늘도 자기의 마음 속의 죄를 보면서 죄의 종노릇 하는 자신을 발견하여 영혼의 고통을 느끼는 사람들은 하나님의 언약을 믿는다. 그것은 예수님을 믿는 믿음 가운데 얻게 하시는 안식에 대한 약속을 믿는 것이다. 즉 마음의 쉼을 주신다는 약속을 굳게 믿고 마음의 정죄함과 죄책감과 어찌할 수 없는 나 자신을 십자가로 이끌고 나아가야 할 것이다. 이것이 자기 자신을 거룩한 산 제물로 바치는 영적 예배이며,[388] 하나님은 오늘도 그 상한 마음을 가지고 나아오는 예배를 기다리고 계신다.[389] 그리고 그 후에 우리는 믿음 안에서 살아가는 참 안식 속에서 다시 오실 예수님을 기다리는 삶을 이 땅에서 살아갈 수 있다.[390] 이 삶이 곧 안식을 누리는 삶이다. 심판의 날까지 누리고 심판 후에도 영원히 누릴 안식이다.

6일 간의 창조 과정을 통하여 다음과 같이 나 자신을 비교하고 확인 점검해 봐야 한다.

---

385) **예레미야 11:5**, 내가 또 너희 조상들에게 한 맹세는 그들에게 젖과 꿀이 흐르는 땅을 주리라 한 언약을 이루리라 한 것인데 오늘이 그것을 증언하느니라 하라 하시기로 내가 대답하여 이르되 아멘 여호와여 하였노라.

386) **에스겔 20:6**, 그 날에 내가 내 손을 들어 그들에게 맹세하기를 애굽 땅에서 인도하여 내어 그들을 위하여 찾아두었던 땅 곧 젖과 꿀이 흐르는 땅이요 모든 땅 중의 아름다운 곳에 이르게 하리라 하고

387) **민수기 16:13**, 네가 우리를 젖과 꿀이 흐르는 땅에서 이끌어내어 광야에서 죽이려 함이 어찌 작은 일이기에 오히려 스스로 우리 위에 왕이 되려 하느냐?

388) **로마서 12:1**, 그러므로 형제들아 내가 하나님의 모든 자비하심으로 너희를 권하노니 너희 몸을 하나님이 기뻐하시는 거룩한 산 제물로 드리라 이는 너희가 드릴 영적 예배니라.

389) **시편 51:17**, 하나님께서 구하시는 제사는 상한 심령이라 하나님이여 상하고 통회하는 마음을 주께서 멸시하지 아니하시리이다.

390) **갈라디아서 2:20**, 내가 그리스도와 함께 십자가에 못 박혔나니 그런즉 이제는 내가 사는 것이 아니요 오직 내 안에 그리스도께서 사시는 것이라 이제 내가 육체 가운데 사는 것은 나를 사랑하사 나를 위하여 자기 자신을 버리신 하나님의 아들을 믿는 믿음 안에서 사는 것이라.

첫째 날의 창조에서, 나는 나의 영적인 어둠의 상태를 발견하였는가?

둘째 날의 창조에서, 나는 세상의 영의 지배에서 해방되어 성령을 통한 하나님의 통치를 받고 있는가?

셋째 날의 창조에서, 나는 예수님의 십자가의 보혈의 피와 성령의 역사로 마음이 변화되어 믿음으로 성령의 열매를 맺고 있는가?

넷째 날의 창조에서, 나는 누구의 주관을 받고 신앙 생활하는가? 즉 나의 믿음은 행위의 義로 자기의 義를 생산하는 믿음인가? 아니면 예수 그리스도의 십자가의 대속의 은총을 믿는 믿음의 義를 생산하는 믿음인가?를 확인하였는가?

다섯째와 여섯째 날의 창조에서, 나에게 뿌려진 씨가 사람의 씨인지 짐승의 씨인지 신앙의 열매 맺음을 확인하여 보았는가? 내가 먹은 식물이 씨 있는 식물인지 씨 없는 식물인지 확인하여 보았는가? 내가 받은 영이 세상의 영인지 성령인지 확인하였는가? 나의 마음 속에 예수 그리스도가 살고 계시는지 확인하여 보았는가?

그리고 마지막 날인 안식의 7일째에서 하나님의 안식 안에서 나의 마음의 쉼이 있는지 확인하였는가? 나의 마음의 쉼의 출처가 죄에서 해방된 상태에서 비롯된 것인지 확인하여 보았는가?

바울은 분명 하나님의 창조 사역의 출발을 인간의 마음과 연계하여 해석하였다. "영적인 눈으로 바라보는 세계, 6일간의 창조와 안식"은 바로 나 자신의 마음을 중심으로 성령의 역사로 느껴지고 깨달아져야 하는 영적 실제 사건이다. 그냥 말과 글이 아닌 나 자신과 하나님과의 관계에서 반드시 발생하여야 하는 영적 사건이다. 6일간의 창조와 안식의 이야기는 분명 예수 그리스도로 말미암아 하나님께서 나 하나를 창조(회복, 재창조)하시어 영적 정체성을 변화시키는 철저히 개인적인 사역에 대한 이야기이다.

나는 새롭게 창조된 자인가?

그리스도의 탄생을 기다리는 사람들

나는 새롭게 창조된 자인가?

> 그런즉 누구든지 그리스도 안에 있으면 새로운 피조물이라
> 이전 것은 지나갔으니 보라 새 것이 되었도다.
>
> Therefore, if anyone is in Christ, he is a new creation;
> the old has gone, the new has come!
>
> (고린도후서 5:17)

바울의 관점에서 6일간의 창조와 안식에 대한 성경의 이야기를 예수를 믿고 교회를 다니는 한 성도 입장에서 나의 마음과 관련하여 바울에게 발생한 창조의 역사가 21세기를 살아가는 나에게도 이루어지고 있는지, 이루어졌는지 비교하는 것은 매우 중요한 신앙적 점검이다.

바울은 분명 자신의 깨달음을 갖고 하나님의 창조의 정의를 내린다. 창세 전부터 하나님의 선택이 있는 자에게 참 빛이신 예수 그리스도의 빛이 마음에 비추어지면, 그래서 믿음의 사람이 되면 그리스도 안에서 새롭게 창조된 존재가 된다고 자신의 이야기를 한다.

전도함을 받고 교회를 다니기로 결심한 다음부터 교회에서 헌신 봉사를 하고, 그리고 더욱 더 예수 믿는 자답게 바르게 살려고 노력한 성도는 행위적으로 아무런 문제가 없다면 스스로가 새로운 피조물이며, 새 것이 되었다고 판단할 것이다. 그러나 바울의 위 말씀(고린도후서 5:17)은 성도 스스로가 New Creation 즉, 새로운 피조물이 된 증거로 헌신·충성·봉사한 행위를 증거로 삼아도 되는 것인지 의문을 갖게 한다. 성도라고 한다면 새 사람이 된 자신의 신앙에 대하여 점검하고 확인하지 않으면 안 된다. 왜냐하면 정말 성도라면 새로운 피조물이고 싶고, 새롭게 창조된 존재가 되고 싶기 때문이다. 고린도후서 5장 17절의 앞 구절은 에덴동산의 사건의 결과를 명시하고 있다.[391]

생령이었던 아담이 미혹되어 선악을 알게 하는 나무의 열매를 먹어 하나님의 저주를 받았다. 모든 사람이 육신은 살아 움직여도 영적으로는 죽은 상태의 존재가 되었다. 아담의 자손이 육신은 살아 움직여도 죽은 상태로 태어난 이유가 무엇인가? 아담은 선악을 알게 하는 나무의 열매를 먹은 후 하나님의 저주를 받았지만 그 저주는 땅이 받았다. 그 땅은 아담의 마음이었다. 아담의 마음은 바뀌었다. 마음에서 생산되는 것은 먹지 못할 엉겅퀴와 가시덤불이었다. 즉 쓴 뿌리, 죄 밖에는 마음에서 나오는 것이 없게 되었다. 인간의 마음에서 죄가 왕 노릇하며 죄의 지배하에 살게 된 인간의 영적 정체성! 이 상태가 곧 죽은 상태를 의미한다. 첫 아담으로 인해 인간은 다 죽은 상태가 되었다. 선악을 알게 하는 나무의 열매로 인해 죽은 상태가 된 이유는 무엇인가? 율법으로 자신을 판단하기 시작하였기 때문이다. 율법으로 자신을 판단해 마음 속에 있던 죄를 살아나게 하였기 때문이다. 죄로 여기지 않았던 죄가, 죽어 있던 죄가 율법으로 인해 살아나서 죄가 왕이 되었기 때문이다.[392] 그리고 그 죄가 마음 속에서 왕이 되어 나를 죄의 종으로 삼았기 때문에 나는

---

391) **고린도전서 5:14-16**, 14 그리스도의 사랑이 우리를 강권하시는도다 우리가 생각하건대 한 사람이 모든 사람을 대신하여 죽었은즉 모든 사람이 죽은 것이라 15 그가 모든 사람을 대신하여 죽으심은 살아 있는 자들로 하여금 다시는 그들 자신을 위하여 살지 않고 오직 그들을 대신하여 죽었다가 다시 살아나신 이를 위하여 살게 하려 함이라 16 그러므로 우리가 이제부터는 어떤 사람도 육신을 따라 알지 아니하노라 비록 우리가 그리스도도 육신을 따라 알았으나 이제부터는 그같이 알지 아니하노라.

392) **로마서 5:13**, 죄가 율법 있기 전에도 세상에 있었으나 율법이 없었을 때에는 죄를 죄로 여기지 아니하였느니라.

결국 율법적 신앙생활을 통해 사망의 심판을 받게 되었다.[393]

　사람은 율법(선악을 알게 하는 나무)으로 인해 죽었다. 율법으로 인해 죄인이 되었다. 마귀 사탄의 미혹으로 율법을 따르게 되었다. 율법적 신앙! 마귀 사탄이 사람을 지배하고 있다는 현상이다. 그러나 예수가 그 죽은 상태에 있는 사람들을 위하여 대신 죽으셨다. 십자가에 대신 죽으신 이유는 죽어있는 자들로 하여금 다시는 자신을 위하여 살지 않고 자기를 위해 대신 죽으시고 부활하신 예수를 위해 살게 하기 위함이었다.

　죽은 자(선악을 알게 하는 나무의 열매를 먹는 자)는 자기를 위해 산다. 율법적 신앙생활로 자기의 義를 가지고 하나님께 나아오는 자이다. 산 자(생명 나무의 열매를 먹는 자)는 예수님을 위해 산다. 십자가의 대속의 은총을 믿는 믿음의 義를 가지고 하나님께 나아오는 자이다. 자기를 위해 사는 자는 주님과 함께 옛 사람(이전 것, the old)이 십자가에 죽지 않은 자이며, 예수님을 위해 사는 자는 주님과 함께 부활하여 새 사람(새 것, the new)을 입은 자이다.

　하나님께서 하나님과 나와의 화목을 이루시려고 조치를 취하셨다. 이는 그리스도 안에서 세상(나)과 화목하게 하신 것이며, 나(세상)의 죄로 인한 벌을 나에게 돌리지 않으시고 대속을 해주신 것이다. 그런데 대속의 은총을 주신 이유는 나로 하여금 대속으로 인해 하나님의 義를 믿게 하심으로 믿음의 義를 가지고 하나님께 나아오는 자가 되게 하여주시려는 것이다. 그러나 나에게 죄 값을 치르지

---

393) **로마서 7:8-14,** 8 그러나 죄가 기회를 타서 계명으로 말미암아 내 속에서 온갖 탐심을 이루었나니 이는 율법이 없으면 죄가 죽은 것임이라 9 전에 율법을 깨닫지 못했을 때에는 내가 살았더니 계명이 이르매 죄는 살아나고 나는 죽었도다 10 생명에 이르게 할 그 계명이 내게 대하여 도리어 사망에 이르게 하는 것이 되었도다 11 죄가 기회를 타서 계명으로 말미암아 나를 속이고 그것으로 나를 죽였는지라 12 이로 보건대 율법은 거룩하고 계명도 거룩하고 의로우며 선하도다 13 그런즉 선한 것이 내게 사망이 되었느냐 그럴 수 없느니라 오직 죄가 죄로 드러나기 위하여 선한 그것으로 말미암아 나를 죽게 만들었으니 이는 계명으로 말미암아 죄로 심히 죄 되게 하려 함이라 14 우리가 율법은 신령한 줄 알거니와 나는 육신에 속하여 죄 아래에 팔렸도다.

않게 하시는 대속의 조건이 있다. 이는 예수 그리스도와 같이 화목하게 하는 직분을 수행하는 것, 하나님과 화목하게 할 수 있는 말씀을 전하는 것, 그리스도 예수를 대신하여 특명전권대사(사신)가 되어 하나님과 화목하게 되라는 복음을 전하는 십자가의 증인이 되게 하시는 것이었다.[394]

새로운 피조물, 새롭게 창조된 존재는 새 사람이다. 새 사람은 예수 그리스도의 대속의 은총을 받은 자이며 하나님의 義가 된 자이다. 새롭게 창조된 존재는 믿음의 義를 지닌 자이며, 하나님과 화목하게 되는 길을 권면하는 특명전권대사가 된 자이다.

현재 나라는 존재는 옛 사람, 육의 몸, 첫 사람 아담의 후손, 육의 사람의 후손, 땅에서 태어난 자의 후손, 흙에 속한 자, 흙에 속한 자의 형상을 입은 자로 표현된다. 현재 변화된 존재인 나는 새 사람, 영의 몸, 마지막 아담의 후손, 신령한 사람의 후손, 하늘에서 태어난 자의 후손, 하늘에 속한 자, 하늘에 속한 자의 형상을 입은 자로 표현된다.[395]

---

394) **고린도전서 5:18-21,** 18 모든 것이 하나님께로서 났으며 그가 그리스도로 말미암아 우리를 자기와 화목하게 하시고 또 우리에게 화목하게 하는 직분을 주셨으니 19 곧 하나님께서 그리스도 안에 계시사 세상을 자기와 화목하게 하시며 그들의 죄를 그들에게 돌리지 아니하시고 화목하게 하는 말씀을 우리에게 부탁하셨느니라 20 그러므로 우리가 그리스도를 대신하여 사신이 되어 하나님이 우리를 통하여 너희를 권면하시는 것 같이 그리스도를 대신하여 간청하노니 너희는 하나님과 화목하라 21 하나님이 죄를 알지도 못하신 이를 우리를 대신하여 죄로 삼으신 것은 우리로 하여금 그 안에서 하나님의 의가 되게 하려 하심이라.

395) **고린도전서 15:44-50,** 44 육의 몸으로 심고 신령한 몸으로 다시 살아나나니 육의 몸이 있은즉 또 영의 몸도 있느니라 45 기록된바 첫 사람 아담은 생령이 되었다 함과 같이 마지막 아담은 살려주는 영이 되었나니 46 그러나 먼저는 신령한 사람이 아니요 육의 사람이요 그 다음에 신령한 사람이니라 47 첫 사람은 땅에서 났으니 흙에 속한 자이거니와 둘째 사람은 하늘에서 나셨느니라 48 무릇 흙에 속한 자들은 저 흙에 속한 자와 같고 무릇 하늘에 속한 자들은 저 하늘에 속한 이와 같으니 49 우리가 흙에 속한 자의 형상을 입은 것 같이 또한 하늘에 속한 이의 형상을 입으리라 50 형제들아 내가 이것을 말하노니 혈과 육은 하나님 나라를 이어받을 수 없고 또한 썩는 것은 썩지 아니하는 것을 유업으로 받지 못하느니라.

새 사람의 의미(에베소서 2:11-22)

바울은 위와 같이 "새 사람"과 대비되는 표현으로 "육체로는 이방인"이라고 하였다. 이방인은 손으로 육체에 행한 할례를 받은 무리로부터 할례 받지 않은 무리라고 칭함 받은 자들이며, 그리스도와 분리된 자로서 약속의 언약들에 대하여 외인, 세상에서 소망이 없고 하나님도 없는 자들 그리고 그리스도의 피로 가까워진 자라고 부른다. 그러나 예수 그리스도는 율법으로 인해 둘로 나누어지게 만든 율법의 장벽을 파괴하신 분이시며, 두 원수를 하나가 되어 싸우지 않고 서로 화평할 수 있게 해주신 분이시다. 선민이라 여긴 이스라엘 백성들은 율법이 없는 이방인을 천대하고 적대시하며 할례한 백성으로서 자부심을 가졌다. 그런데 그리스도는 어떻게 선민과 이방인 간의 화평을 이루셨을까? 그것은 계명(commandments)과 규칙(regulations)으로 된 율법을 그리스도 예수의 육체로, 즉 십자가의 사건으로 율법을 폐하심으로 이루셨다.[396]

예수님은 그리스도 예수 자신의 십자가의 대속의 은총으로 새 사람(new man) 한 명을 창조하실 목적으로 율법을 폐하셨다. 율법을 따르는 택함 받은 백성이나 율법이 없는 이방인이나 그리스도 안에서 새 사람이 되게 하기 위함이었다. 뿐만 아니라 어느 누구나 하나님과 화목하게 하려고 율법을 폐하셨다.

주님이 오셔서 하나님과 화목(화평, 평화)하게 되는 길을 전하셨

---

396) 에베소서 2:11-16, 11 그러므로 생각하라 너희는 그 때에 육체로는 이방인이요 손으로 육체에 행한 할례를 받은 무리라 칭하는 자들로부터 할례를 받지 않은 무리라 칭함을 받는 자들이라 12 그 때에 너희는 그리스도 밖에 있었고 이스라엘 나라 밖의 사람이라 약속의 언약들에 대하여는 외인이요 세상에서 소망이 없고 하나님도 없는 자이더니 13 이제는 전에 멀리 있던 너희가 그리스도 예수 안에서 그리스도의 피로 가까워졌느니라 14 그는 우리의 화평이신지라 둘로 하나를 만드사 원수된 것 곧 중간에 막힌 담을 자기 육체로 허시고 15 법조문으로 된 계명의 율법을 폐하셨으니 이는 이 둘로 자기 안에서 한 새 사람을 지어 화평하게 하시고 16 또 십자가로 이 둘을 한 몸으로 하나님과 화목하게 하려 하심이라 원수된 것을 십자가로 소멸하시고

다. 전하신 대상은 율법과 상관없는 이방인과 율법을 지키는 選民 (선민)이다. 하나님과 화목하게 하는 복음을 믿은 이방인은 선민과 한 성령 안에서 아버지께 나아감을 얻게 하려 하신 자, 성도와 동일한 시민, 하나님의 권속, 사도들과 선지자들의 터 위에 세우심을 입은 자, 성령 안에서 하나님이 거하실 처소, 모퉁잇돌이신 예수 그리스도 안에서 성전이 되어가는 자라고 표현된다.[397] 이런 표현들을 보면서 스스로 생각해봐야 할 것이 "나는 하나님과 화목하게 된 새 사람인가? 새 사람이 된 이방인을 부르는 호칭이 나에게 적용될 수 있는가?"이다.

새 사람의 의미(에베소서 4:15-25)

바울은 빛 비추임을 받기 전에 인간의 상태를 옛 사람이라고 부른다. 옛 사람은 유혹의 욕심을 따라 썩어져가는 구습 즉 율법을 따르는 자라고 표현한다. 유혹의 욕심이란 인간 자신의 마음을 채우고 있는 탐심과 정욕이 인간 스스로를 유혹하여 진리의 길을 가지 못하게 막는 자폭 시스템을 말한다. 마음의 정체성의 변화가 이루어지지 않은 상태의 옛 사람의 존재, 자연인으로서의 사람은 이방인처럼 허망한 마음으로 행하는 자이다. 인간은 원래 옛 사람의 존재이기에 세상을 따라오는 육신의 정욕, 안목의 정욕, 이생의 자랑을 위해 살 수밖에 없는 존재이다. 무가치하고 무의미한 땅에 것을 보

---

397) 에베소서 2:17-22, 17 또 오셔서 먼 데 있는 너희에게 평안을 전하시고 가까운 데 있는 자들에게 평안을 전하셨으니 18 이는 그로 말미암아 우리 둘이 한 성령 안에서 아버지께 나아감을 얻게 하려 하심이라 19 그러므로 이제부터 너희는 외인도 아니요 나그네도 아니요 오직 성도들과 동일한 시민이요 하나님의 권속이라 20 너희는 사도들과 선지자들의 터 위에 세우심을 입은 자라 그리스도 예수께서 친히 모퉁잇돌이 되셨느니라 21 그의 안에서 건물마다 서로 연결하여 주 안에서 성전이 되어가고 22 너희도 성령 안에서 하나님이 거하실 처소가 되기 위하여 그리스도 예수 안에서 함께 지어져 가느니라.

물로 여기며 살아간다. 마음 속에서 죄가 왕으로 군림하며, 그 죄가 옛 사람의 상태인 나를 노예로 부리고 있는 삶을 하나님의 생명에서 분리된 죽은 상태라고 부른다. 옛 사람은 하나님의 생명에서 분리된 자이다. 자연인으로서 옛 사람의 상태로 살아가는 사람은 모두 마음이 굳어져 있기 때문에 총명함(understanding)이 어두워져서(darkened) 복음을 들을 수 없다. 그래서 듣기는 들어도 이해할 수 없기에 복음에 무지한(ignorance) 자가 된다. 옛 사람은 생명이신 그리스도에 대한 모든 감각(all sensitivity)을 상실한 상태에 있다. 더욱 더 지속적으로 온갖 종류의 자신의 욕심에 탐닉하여 육체가 원하는 감각에 빠져든 상태로 존재한다. 옛 사람의 상태로 살아가는 모든 신앙인은 그 어떠한 거룩과 경건의 모양을 갖추고 말하고 행동하고 헌신·충성·봉사를 한다하여도 "자신을 방탕에 방임하여 모든 더러운 것을 욕심으로 행하는 자"라는 평가를 받는다. 바울은 십자가에 못 박아 죽여야 할 옛 사람의 상태에 있다면 그리스도를 믿는다고 할 수 없고, 옛 사람이 하나님을 섬긴다는 것 자체가 거짓이 된다는 것을 가르쳤다. 바울은 율법에서 언급하신 그리스도를 믿는다는 것을 옛 사람이 죽지 않은 상태로 믿는 것이라고 가르친 적이 없다.[398] 그래서 바울은 "오직 너희는 그리스도를 그같이 배우지 아니 하였느니라!" 라고 말한다.

바울은 예수를 그리스도로 믿는다는 것은 빛 비추임을 받았기 때문에 주어지는 하나님의 권능의 역사의 결과라고 말한다. 성경에 대한 깨달음은 사람에게 배우는 지식의 결과가 아니고 하나님의 계

---

398) 에베소서 4:15-20, 15 오직 사랑 안에서 참된 것을 하여 범사에 그에게까지 자랄지라 그는 머리니 곧 그리스도라 16 그에게서 온 몸이 각 마디를 통하여 도움을 받음으로 연결되고 결합되어 각 지체의 분량대로 역사하여 그 몸을 자라게 하며 사랑 안에서 스스로 세우느니라 17 그러므로 내가 이것을 말하며 주 안에서 증언하노니 이제부터 너희는 이방인이 그 마음의 허망한 것으로 행함 같이 행하지 말라 18 그들의 총명이 어두워지고 그들 가운데 있는 무지함과 그들의 마음이 굳어짐으로 말미암아 하나님의 생명에서 떠나있도다 19 그들이 감각 없는 자가 되어 자신을 방탕에 방임하여 모든 더러운 것을 욕심으로 행하되 20 오직 너희는 그리스도를 그같이 배우지 아니하였느니라.

시로 주어지는 것이다. 바울은 자신이 옛 사람의 상태로 존재할 때와 새 사람으로 변화되었을 때를 분별하여 설명할 수 있는 사람이다. 바울은 자신의 변화를 율법에 기록된 성경의 말씀을 통하여 확인할 수 있었다. 창세기의 6일간의 창조와 안식을 통해 자신을 창조하고 계시는 하나님의 창조 역사를 체험한다. 예수 그리스도와 자신과의 관계가 왜 설정되어야 하는지를 깨닫게 되었다. 그렇기 때문에 바울은 그리스도에 대하여 올바로 가르칠 수가 있었다.

바울은 예수 그리스도 안에 진리가 있음을 발견하였다. 그리스도가 진리 자체였다. 죄와 미혹의 영과 율법의 지배를 받고 종으로 살고 있는 옛 사람을 십자가에서 못 박아 죽게 하는 것이 옛 사람을 벗어 버리는 것이다. 벗어버림이란 인간의 내면 세계에 내재된 탐심과 정욕(욕심)의 지배 받음으로 인하여 율법의 행위의 義를 따르는 신앙에서 돌아서는 것이다. 돌아섬은 빛 비추임으로 발생하게 되는데 그림자인 율법을 본 몸인 그리스도를 중심으로 재해석되는 것이 깨달아진다는 의미이다. 이런 깨달음의 시작은 믿음에 있다고 하나 자기 자신의 신앙이 행위의 義를 추구하며 자기의 義를 구축하는 바벨탑을 쌓고 있었다는 자기 부인의 시작이며, 그래서 자기 부인은 새로워진 심령에서 나오는 현상이다. 이런 현상은 십자가의 대속의 은총으로 생기는 믿음의 義로 하나님께 나아가게 된 자의 신앙고백이 시작되었음을 의미한다.

바울은 자신에게 체험된 이와 같은 현상이 새롭게 창조된 자신의 마음에서 하나님이 원하시는 인간의 義가 무엇이며, 인간이 하나님이 요구하시는 거룩함이 무엇인지를 알게 되었음을 의미하는 것이라 고백한다. 마음 속에서 발생하는 신비한 세계의 일들! 가나안 땅의 일곱 족속을 진멸하듯이 자신의 마음 속의 죄를 진멸하시는 하나님의 역사! 성경에 기록된 이야기들 속에 숨은 영적인 뜻들이 자

신에게 발생하고 있음을 바울은 발견한다.[399]

바울은 선악을 알게 하는 나무의 열매를 먹는 신앙에서 생명나무의 열매를 먹는 신앙으로 변하였다. 옛 사람을 벗어버리고 새 사람을 입었다. 율법의 행위의 義를 추구하던 신앙에서 예수 그리스도의 십자가의 대속의 은총을 믿는 믿음의 義를 추구하던 신앙으로 변하였다. 미혹의 영의 지배를 받다가 진리의 영의 지배를 받게 되었다. 세상의 영의 지배에서 성령의 지배를 받게 되었다. 행위로 하나님을 섬기다가 변화된 마음과 양심으로 하나님을 섬기는 자로 변하였다. 바울은 빛 비추임으로 어둠의 존재에서 빛의 존재가 되었다. 바울은 구원의 진리를 전함에 있어서 거짓된 율법적 신앙을 더 이상 진리로 전파하지 않고 예수 그리스도의 대속의 은총을 믿는 믿음으로만이 구원 받을 수 있다는 진리를 말하는 자로 변하였다. 바울은 빛 비추임을 받아 자신의 옛 사람의 존재를 깨닫고 새 사람이 됨으로서 십자가의 증인으로 삶을 살게 되었다.

바울은 새 사람이 되어서 그리스도 예수에 대해 제대로 배웠다면 이런 사람이 되었거나 돼가고 있다고 한다.

첫째, 유혹의 욕심을 따라 썩어져가는 구습을 따르지 않는 자

둘째, 심령이 새롭게 된 자

셋째, 하나님을 따라 의와 진리의 거룩함으로 지으심을 받은 자

넷째, 거짓을 버리고 각각 그 이웃과 더불어 참된 것을 말하는 자

율법적 신앙을 벗어던진 이 사람은 마음을 변화 받아 대속의 은총의 진리를 깨달아 거룩하게 되었다. 그래서 율법을 해석함에 있어서 문자대로 신앙 생활하라고 거짓을 말하지 않고 참 구원의 생명

---

399) 에베소서 4:21-25, 21 진리가 예수 안에 있는 것 같이 너희가 참으로 그에게서 듣고 또한 그 안에서 가르침을 받았을진대 22 너희는 유혹의 욕심을 따라 썩어져가는 구습을 따르는 옛 사람을 벗어버리고 23 오직 너희의 심령이 새롭게 되어 24 하나님을 따라 의와 진리의 거룩함으로 지으심을 받은 새 사람을 입으라 25 그런즉 거짓을 버리고 각각 그 이웃과 더불어 참된 것을 말하라 이는 우리가 서로 지체가 됨이라.

길인 예수 그리스도의 십자가의 대속의 은총을 전하고 있다. 바로 이 사람이 새롭게 창조된 새 사람이다.

새 사람의 의미(골로새서 3:9-17)

바울은 옛 사람과 새 사람의 차이를 설명하였다. 옛 사람 (the old self)은 서로 거짓말 하는 자, 서로 율법적 신앙으로 자기의 의를 구축하며 하나님 앞에 담대히 나아가자고 대화하는 자들이라 하였다. 그리고 새 사람(the new self)은 자기를 창조하신 이의 형상을 따라 지식에까지 새롭게 하심을 입은 자, 하나님이 택하사 거룩하고 사랑 받는 자, 긍휼과 자비와 겸손과 온유와 오래 참음을 옷 입은 자, 죄 용서 받은 대속의 은총을 입은 자로서 불만 있는 자에 대한 용서를 할 수 있는 자, 갈등을 야기 시키는 모든 것을 사랑으로 용서할 수 있는 자, 갈등으로 야기된 관계를 사랑으로 온전히 매는 자들이라고 설명한다.[400]

바울은 마음이 변화되어 새 사람을 입은 자로서의 현상을 설명한다. 새 사람은 대속의 은혜를 받은 자로서 그리스도와 한 몸 즉, 교회 공동체로 부르심을 받은 자이다. 새 사람은 교회 공동체로 부르심을 받은 자로서 그리스도가 주시는 평강(화평, 화목)이 자기의 마음 속에서 주장하는 자이다. 그리고 새 사람이 된 성도는 죄와의 전쟁이 끝난 평강의 안식을 누리는 자이며, 이루어진 마음의 안식(평

---

400) **골로새서 3:9-14**, 9 너희가 서로 거짓말을 하지 말라 옛 사람과 그 행위를 벗어 버리고 10 새 사람을 입었으니 이는 자기를 창조하신 이의 형상을 따라 지식에까지 새롭게 하심을 입은 자니라 11 거기에는 헬라인이나 유대인이나 할례파나 무할례파나 야만인이나 스구디아인이나 종이나 자유인이 차별이 있을 수 없나니 오직 그리스도는 만유시요 만유 안에 계시니라 12 그러므로 너희는 하나님이 택하사 거룩하고 사랑 받는 자처럼 긍휼과 자비와 겸손과 온유와 오래 참음을 옷 입고 13 누가 누구에게 불만이 있거든 서로 용납하여 피차 용서하되 주께서 너희를 용서하신 것 같이 너희도 그리하고 14 이 모든 것 위에 사랑을 더하라 이는 온전하게 매는 띠니라.

강)으로 인해 감사하는 자이다. 새 사람은 그리스도의 말씀이 마음 속에 뿌려져서 풍성히 살아 역사하는 현상이 있다. 새 사람은 마음 속에 뿌려진 말씀의 역사로 하나님과 그리스도에 대한 지혜를 가르치며 권면하고, 시와 찬송과 신령한 노래를 부르며 마음으로 하나님을 찬양한다. 그리고 새 사람은 무슨 말이나 일에나 다 주 예수의 이름으로 하고 예수를 힘입어 하나님께 감사한다.[401]

바울은 자신에게 이루어진 창조의 역사로 재창조 또는 회복된 존재로서 자신을 새 사람이라고 불렀다. 그리고 새 사람이 되어 자기 자신에게 발생한 현상을 기록하였다. 창조는 지금 이 시대, 이 시간에 존재하는 택함 받은 자에게 일어나는 빛 비추임이다.

하나님의 형상으로 창조된 인간은 하나님의 형상인 그리스도의 형상으로 창조되었다. 창세 전에 생명책에 기록된 자는 육체를 따라 자연인으로 태어난 자들 중에서 빛 비추임을 받게 된다. 그래서 하나님의 생명의 호흡이 불어넣어진 자가 되어 비로소 육체는 살아 있으나 영적으로는 죽은 자가 아니라, 영이 살아 있는 존재로서의 사람(生靈)이 된다. 바울의 신앙적 체험, 새롭게 창조된 바울을 보면서 예수 그리스도를 믿고 참 하나님 여호와를 아버지라고 부르는 자들은 스스로 질문을 해봐야 한다.

첫째, 새 사람과 옛 사람을 분별할 수 있는가?

둘째, 생명나무와 선악을 알게 하는 나무가 무엇인지 아는가?

셋째, 6일간의 창조 후에 안식하신 하나님과 두 종류의 사람과
　　　연계하여 설명할 수 있는가?

---

401) **골로새서 3:15-17,** 15 그리스도의 평강이 너희 마음을 주장하게 하라 너희는 평강을 위하여 한 몸으로 부르심을 받았나니 너희는 또한 감사하는 자가 되라 16 그리스도의 말씀이 너희 속에 풍성히 거하여 모든 지혜로 피차 가르치며 권면하고 시와 찬송과 신령한 노래를 부르며 감사하는 마음으로 하나님을 찬양하고 17 또 무엇을 하든지 말에나 일에나 다 주 예수의 이름으로 하고 그를 힘입어 하나님 아버지께 감사하라.

넷째, 왜 율법과 십자가의 대속의 은총이 옛 사람과 새 사람을 구분 짓는 깨달음일까?

그리고 마지막으로 가장 핵심적이고 근본적인 질문을 스스로 질문해야 한다.

나는 새롭게 창조된 존재인가?

그리스도의 탄생을 기다리는 사람들

> 1. 이 후에 여호와의 말씀이 환상 중에 아브람에게 임하여 이르시되 아브람 아 두려워하지 말라 나는 네 방패요 너의 지극히 큰 상급이니라
> 2. 아브람이 이르되 주 여호와여 무엇을 내게 주시려 하나이까 나는 자식이 없사오니 나의 상속자는 이 다메섹 사람 엘리에셀이니이다
> 3. 아브람이 또 이르되 주께서 내게 씨를 주지 아니하셨으니 내 집에서 길린 자가 내 상속자가 될 것이니이다
> 4. 여호와의 말씀이 그에게 임하여 이르시되 그 사람이 네 상속자가 아니라 네 몸에서 날 자가 네 상속자가 되리라 하시고
> 5. 그를 이끌고 밖으로 나가 이르시되 하늘을 우러러 뭇별을 셀 수 있나 보라 또 그에게 이르시되 네 자손이 이와 같으리라
> 6. 아브람이 여호와를 믿으니 여호와께서 이를 그의 의로 여기시고
> 7. 또 그에게 이르시되 나는 이 땅을 네게 주어 소유를 삼게 하려고 너를 갈대아인의 우르에서 이끌어낸 여호와니라
>
> (창세기 15:1-7)

문제의 제기

아브라함은 그리스도를 기다린 사람이다. 인간의 역사적 사건으로 예수는 그리스도로 이 땅에 오셨다. 초림의 예수를 기다리던 사람들은 다 죽었다. 재림의 예수를 기다리던 사람들도 다 죽었다. 그리고 재림을 기다리는 성도들은 지금도 죽어가고 있다. 과거에 그리스도가 탄생하시기를 기다린 믿음의 사람들처럼 우리도 그리스도의 탄생을 기다린다면 재림의 예수의 탄생은 어떻게 탄생하실까? 이제 아기 예수로 오시지는 않으실 것이다. 그렇다면 지금 역사

적 시간 속에 계셨던 예수의 탄생이 지금 21세기를 살아가는 나에게 어떤 의미가 있는 것인가? 그리고, 우리가 진정 그리스도이신 예수의 탄생을 기뻐해야 할 때는 언제인가? 라는 의문이 든다.

아브라함이 그리스도의 탄생을 기다린 것처럼 지금 이 시대에도 그리스도를 기다리고 있다. 그렇다면 진정 성경에서 의미하는 그리스도를 기다림이란 무엇일까?

아브라함의 씨

하란을 떠나 가나안 땅을 향하여 갈 때에도 아브라함의 아내 사라는 임신하지 못한 상태에 있었다. 아브라함은 자식이 없으므로 상속자는 남의 자식을 생각하고 있었다. 그러나 하나님은 "네 몸에서 날 자가 네 상속자가 되리라"라고 하셨다. 아브라함의 몸이란 아브라함의 정자로 인한 아들 출산을 말한다. 아브라함이 자식이 없었던 이유는 하나님께서 '씨'를 주지 않아서였다. 하나님께서 '씨'를 주지 않아서 임신이 안 된다는 이야기는 정자와 난자와의 수정에 하나님이 개입하셨다는 의미이기도 하지만, '씨'의 의미가 다른 것을 비유적으로 표현하고 있는지도 모른다.

성경은 아브라함의 두 아들에 대해 말한다. 본처 사라가 본인의 불임으로 여종 하갈을 통해 아들을 얻으려고 하였다. 그래서 하갈은 아들 이스마엘을 낳았다. 그리고 아브라함이 100세 그리고 사라가 90세에 하나님의 약속대로 아들 이삭을 낳았다. 하나님께서 아브라함에게 약속하신 '씨'의 축복은 아브라함의 정자에 의해 낳아진 육의 두 아들인 이스마엘과 이삭이 아니었다.

성경은 정확히 말한다. 하나님께서 아브라함에게 언약의 자손을 주시겠다는 약속! 사라와 아브라함 사이에 부부간의 육체관계로 임신하여 아들 출산을 가능하게 해주시겠다는 약속! 그 약속이 의미하는 바는 이삭을 의미하는 것도 아니었다. 의미는 그리스도를 언급한 것이다. 자손은 수많은 육의 자손을 의미하는 것이 아니라 오실 그리스도를 지칭하는 말씀이었다.

아브라함은 상속자와 많은 자손을 주시겠다는 하나님의 약속을 믿었다. 하나님은 이 믿음으로 말미암아 아브라함을 義롭다고 평가하셨다. 바울의 표현대로라면 아브라함은 복음을 전해들은 것이다. 아브라함은 죄에 지배 받는 처참한 영적 상황에서 그것도 모르고 살아가는 인간을 죄의 지배 받음에서 해방시켜주실 그리스도를 보내주실 것과 아브라함의 육적 자손의 계보에서 그리스도가 태어날 것임을 믿었다. 아브라함은 다른 부족의 왕들과의 전투에서 승리하고 돌아오면서 멜기세덱 제사장을 만난다. 전투 승리의 의미는 죄와의 싸움을 말하며, 승리의 비결은 그리스도의 대속의 은총을 믿음으로 인함이었음을 의미한다. 왜냐하면 멜기세덱은 예수 그리스도를 의미하기 때문이다.[402] 아브라함의 신앙을 따른 수많은 믿음의 조상들! 아브라함의 믿음의 義를 따른 자들이다. 수많은 사건 사고 속에서 그리스도는 정혼한 마리아의 몸을 빌어 성령으로 잉태되어

---

402) **히브리서 7:1-3**, 1 이 멜기세덱은 살렘 왕이요 지극히 높으신 하나님의 제사장이라 여러 왕을 쳐서 죽이고 돌아오는 아브라함을 만나 복을 빈 자라 2 아브라함이 모든 것의 십분의 일을 그에게 나누어 주니라 그 이름을 해석하면 먼저는 의의 왕이요 그 다음은 살렘 왕이니 곧 평강의 왕이요 3 아버지도 없고 어머니도 없고 족보도 없고 시작한 날도 없고 생명의 끝도 없어 하나님의 아들과 닮아서 항상 제사장으로 있느니라.

인간의 육신을 입고 태어나시게 되었다. 예수는 육신의 족보상으로만 아브라함과 이삭, 야곱 그리고 유다 지파를 따라 요셉을 아버지로 두게 된다. 이들은 모두 그리스도를 기다린 자들이다.

그렇다면 몇 가지 의문이 생긴다. 첫째, 이들은 왜 그리스도가 태어나기를 기다렸는가? 둘째, 아브라함이 그리스도가 오실 것을 믿어 하나님께서 의롭다 인정하여 구원과 부활을 얻게 된 이 믿음의 義는 무엇을 의미하는가? 셋째, 육신을 입고 오신 그리스도의 이름의 의미는 무엇인가?

초림의 그리스도, 예수

예수는 누구신가? 예수의 이름의 의미는 "자기 백성을 그들의 죄에서 구원할 자"이다.[403] 그렇다면 그리스도의 탄생을 기다리고 있던 믿음의 사람들은 모두 자신의 죄 때문에 그리스도의 탄생을 기다린 것이다. 그리스도 예수는 어떻게 자기 백성을 죄에서 구원하시는가?

> 보라! 잉태하여 아들을 낳을 것이요. 이를 번역한즉 하나님이 우리와 함께 계시다 함이라. 그의 이름은 임마누엘이라 하리라　　　　(마태복음 1:23)

하나님은 그리스도를 보내어 택한 백성을 죄의 지배에서 해방시키려 하신다. 그리고 그 해방의 역사를 위해 해방시켜줄 대상과 그리스도가 함께 동거하시겠다고 하신다. 이와 같이 임마누엘을 약속하신 하나님의 말씀에 대해 이런 의문이 든다. 첫째, 그리스도는 어떻게 나

---

403) **마태복음 1:21**, 아들을 낳으리니 이름을 예수라 하라! 이는 그가 자기 백성을 그들의 죄에서 구원할 자이심이라 하니라.

와 함께 계시겠다는 것인가? 둘째, 임마누엘이 각 개인에게 이루어지면 무엇을 느끼고 깨닫게 되는가? 셋째, 진정 내가 하나님께 기도하여 받아야 할 기도응답은 무엇인가?

질문에 답하기

첫째, 그리스도는 어떻게 '나'와 함께 계시겠다는 것인가?

그리스도 예수께서는 나의 죄로부터 나를 구원하시기 위하여 나의 마음 속에 살고자 하신다. 예수 그리스도가 나의 마음에 살기 위해서는 내게 믿음이 있어야 한다.

둘째, 임마누엘이 각 개인에게 이루어지면 무엇을 느끼고 깨닫게 되는가?

그리스도의 넘치는 사랑을 알게 된다.[404] 사랑의 너비와 길이와 높이와 깊이가 어떠한지 깨닫게 된다.[405] 하나님의 모든 충만으로써의 그리스도 예수를 믿는 믿음이 충만해진다.[406]

셋째, 진정 내가 하나님께 기도하여 받아야 할 기도응답은 무엇인가?

임마누엘이다. 그리스도 예수가 나의 마음 속에 내주하시는 것! 이

---

404) **고린도후서 2:4,** 내가 마음에 큰 눌림과 걱정이 있어 많은 눈물로 너희에게 썼노니 이는 너희로 근심하게 하려 한 것이 아니요 오직 내가 너희를 향하여 넘치는 사랑이 있음을 너희로 알게 하려 함이라.

405) **에베소서 3:18-19,** 18 능히 모든 성도와 함께 지식에 넘치는 그리스도의 사랑을 알고 19 그 너비와 길이와 높이와 깊이가 어떠함을 깨달아 하나님의 모든 충만하신 것으로 너희에게 충만하게 하시기를 구하노라.

406) **골로새서 2:9,** 그 안에는 신성의 모든 충만이 육체로 거하시고

것이 믿는 자가 받아야 할 기도 응답이다.[407]

그리스도의 탄생을 기다리는 믿음의 사람들은 죄 사함을 위한 임마누엘의 언약 성취를 기다렸다. 자신들의 마음 속에서 왕으로 군림하는 죄를 죽이고 하나님의 은혜의 지배를 받기를 학수고대하는 사람들이 그리스도의 탄생을 기다리는 사람들이다. 임마누엘은 결국 택함 받은 자의 마음에 내주하실 그리스도, 나의 마음에 탄생하실 그리스도! 하나님의 형상으로서의 그리스도의 탄생을 기다리는 것과 같다. 이는 하나님의 형상대로 지음 받을, 창조를 기다리는 흙으로 지음 받은 무가치한 인간이 질그릇에 보배가 담겨지기를 기다리는 모습과도 같다. 마찬가지로 성경은 이를 흙으로 지음 받은 인간에게 하나님의 생명의 호흡을 불어넣으시고 비로소 인간으로 하여금 영이 살아있는 존재의 인간인 生靈(생령)이 되게 하신 것과 같다.

임마누엘! 나의 마음에 믿음으로 말미암아 그리스도 예수가 사시겠다는, 살게 하시겠다는 하나님의 언약은 창세기 1장 2절과 같은 상태의 인간 존재에게 빛을 비추어주시는 하나님의 역사를 의미한다. 그리스도는 참 빛이시다. 빛 비추임은 인간의 마음에 이루어지는 하나님의 영광을 알게 하는 깨달음이다. 깨달음 곧 하나님의 비밀인 그리스도에 대한 깨달음이다. 질그릇에 담긴 보배는 인간의 마음에 내주하시는 그리스도이시다.[408]

---

407) 에베소서 8:14-19, 14 이러므로 내가 하늘과 땅에 있는 각 족속에게 15 이름을 주신 아버지 앞에 무릎을 꿇고 비노니 16 그의 영광의 풍성함을 따라 그의 성령으로 말미암아 너희 속사람을 능력으로 강건하게 하시오며 17 믿음으로 말미암아 그리스도께서 너희 마음에 계시게 하시옵고 너희가 사랑 가운데서 뿌리가 박히고 터가 굳어져서 18 능히 모든 성도와 함께 지식에 넘치는 그리스도의 사랑을 알고 19 그 너비와 길이와 높이와 깊이가 어떠함을 깨달아 하나님의 모든 충만하신 것으로 너희에게 충만하게 하시기를 구하노라.

408) 고린도후서 4:6-7, 6 어두운 데에 빛이 비추라 말씀하셨던 그 하나님께서 예수 그리스도의 얼굴에 있는 하나님의 영광을 아는 빛을 우리 마음에 비추셨느니라 7 우리가 이 보배를 질그릇에 가졌으니 이는 심히 큰 능력은 하나님께 있고 우리에게 있지 아니함을 알게 하려 함이라.

하나님의 형상으로 창조되기를 소망하는 자

아브라함부터 산 자의 하나님을 믿고 섬기는 자가 기다려 온 것은 그리스도이다. 이들은 모두 자신의 죄 문제로 괴로워한 자들이다. 그 자신의 마음 속에서 죄가 왕 노릇하며 자신이 죄의 노예로 살고 있을 수밖에 없는 처참한 영적 정체성을 발견한 자들이다. 하나님의 말씀을 믿는 것은 하나님께서 죄의 문제를 그리스도를 통하여 해결해주시겠다는 약속을 믿은 것이다. 즉, 그리스도를 통한 대속의 은총을 믿은 것이다. 이는 믿음의 義를 인정받은 자의 마음에 그리스도 예수가 내주하신다는 의미이며, 믿음의 義를 지닌 자의 마음에 거듭난 그 사람의 영인 속 사람이 살아난 것을 말한다.[409)410)] 아울러 믿음의 마음에 그리스도 예수와 성령이 함께 내주하심을 의미한다. 이는 믿음의 義가 있는 자의 마음에 하나님의 형상을 이루어주는 창조 역사가 시작되었다는 증거이다. 왜냐하면 그리스도는 하나님의 형상이기 때문이다.

아브라함의 믿음의 義는 죄 사함 받기를 기다리는 마음이다. 죄 사함은 인간의 거룩함에 대한 갈망이며, 나의 마음에 그리스도가 내주하실 때를 기다리는 것이다. 나의 마음에 그리스도의 형상이 이루어지기를 소망하는 것! 이것은 그리스도의 탄생을 기다리는 마음이다. 그리스도의 내주하심은 택하신 자에 대한 죄 사함을 전제로 하는 것이며, 하나님의 형상으로 나를 창조해주시겠다는 하나님의 언약의 징표이다. 하나님은 택함 받는 자에게 바라시는 것이 있다.

---

409) **로마서 7:21-23,** 21 그러므로 내가 한 법을 깨달았노니 곧 선을 행하기 원하는 나에게 악이 함께 있는 것이로다. 22 내 속 사람으로는 하나님의 법을 즐거워하되 23 내 지체 속에서 한 다른 법이 내 마음의 법과 싸워 내 지체 속에 있는 죄의 법 아래로 나를 사로잡아 오는 것을 보는도다.

410) **에베소서 3:15-16,** 15 이름을 주신 아버지 앞에 무릎을 꿇고 비노니 16 그 영광의 풍성을 따라 그의 성령으로 말미암아 너희 속 사람을 능력으로 강건하게 하옵시며

> 하나님이 미리 아신 자들로 미리 정하셨으니 이는 또한 그 아들의 형상을
> 본받게 하기 위하여 미리 정하셨으니 이는 그로 많은 형제 중에서 맏아들
> 이 되게 하려 하심이라　　　　　　　　　　　　　　　　　(로마서 8:29)

하나님은 미리 아신 자, 즉 택하신 하나님의 자녀들이 예수 그리스도의 형상을 본받기를 바라신다. 하나님은 왜 아들의 형상을 본받기를 바라시는가? 그것은 창세기 3장에서 선악을 알게 하는 나무의 열매를 먹도록 미혹한 사탄의 역사와 연관이 있다. 미혹은 그리스도에 대해 제대로 깨닫지 못하게 하는 것이며, 광명의 천사로 가장한 다른 영의 역사로 왜곡된 다른 복음을 전하여 예수 그리스도에 대해 잘못 깨닫게 한다.[411] 세상의 神은 믿지 않는 자들의 마음을 혼미하게 한다. 그 혼미케 하는 미혹으로 하나님의 형상이신 그리스도의 형상이 마음에 이루어지지 못하게 한다. 미혹은 그리스도 예수의 십자가의 대속의 은총을 절대로 깨닫지 못하게 하며, 그리스도의 영광의 복음의 광채의 빛 비추임을 막는 것이다.[412]

하나님의 형상으로 창조되는 것을 막기 위한 사탄의 방해 공격에 대하여 하나님의 자녀들의 치열한 방어와 공격이 이루어진다. 하나님의 자녀는 바울의 고백과 같이 새로운 피조물이 된 자이다. 새 것! 새롭게 창조된 자! 이런 자들은 십자가의 증인이다. 하나님의 자녀인 십자가의 증인으로서 "오직 그리스도 예수의 주 되신 것"(고린도후서 4:5)을 전한다. 이 전함이 빛을 비추는 행위이며, 흑암의 땅에서 선을 행하는 것이다.

---

411) **고린도후서 11:3-4,** 3 뱀이 그 간계로 하와를 미혹한 것 같이 너희 마음이 그리스도를 향하는 진실함과 깨끗함에서 떠나 부패할까 두려워하노라 4 만일 누가 가서 우리가 전파하지 아니한 다른 예수를 전파하거나 혹은 너희가 받지 아니한 다른 영을 받게 하거나 혹은 너희가 받지 아니한 다른 복음을 받게 할 때에는 너희가 잘 용납하는구나.

412) **고린도후서 4:4,** 그 중에 이 세상의 神이 믿지 아니하는 자들의 마음을 혼미하게 하여 그리스도의 영광의 복음의 광채가 비추지 못하게 함이니 그리스도는 하나님의 형상이니라.

창조의 시작!

혼돈과 공허와 흑암이 깊은 땅인 인간의 마음에 빛이 비추어진 것이 창조의 시작이다. 사람은 흙으로 지음 받은 그 상태로서는 혼돈과 공허와 흑암이 깊은 상태의 존재일 뿐! 이 상태의 존재로서의 사람은 죽어있는 상태이다. 빛 비추임은 어둠에서 빛을 분리하는 것이다. 어둠의 존재들 중에서 선택된 빛의 자녀들을 구별해내시는 작업이시다. 분리된 존재, 빛의 자녀가 하나님의 생명의 호흡인 생기가 불어넣어진 생령으로서 참 사람이다. 사람은 하나님의 호흡이 주어질 때만이 참 사람으로서 살아 있는 존재가 된다.[413]

복음의 빛, 그리스도의 형상

어둠의 땅, 마음에 비추어지는 빛이 복음의 빛이다. 빛은 그리스도에 대한 깨달음을 준다. 이 깨달음을 통해 인간의 마음 속에서 그리스도의 형상이 이루어져간다. 복음전도자는 복음을 전해 듣는 자의 마음에 그리스도의 형상을 이루어주는 자이다. 그래서 복음을 전하는 자는 하나님의 창조사역에 동참하는 자가 된다.

> 우리 살아있는 자가 항상 예수를 위하여 죽음에 넘겨짐은 예수의 생명이 또한 우리 죽을 육체에 나타나게 하려 함이라 (고린도후서 4:11)

마음에 그리스도의 형상이 이루어져야 하는 창조의 요구는 "너희

---

413) 창세기 2:7, 여호와 하나님이 땅의 흙으로 사람을 지으시고 생기를 그 코에 불어넣으시니 사람이 생령이 되니라.

안에 이 마음을 품으라 곧 그리스도 예수의 마음이니"(빌립보서 2:5)라는 말씀으로도 표현된다. 빛 비추임을 받은 자! 하나님의 호흡이 있는 자! 참 사람이 된 자! 복음을 깨달은 자! 이런 자들은 그리스도의 마음을 가르치는 자가 된다.[414) 그리스도 예수의 마음을 품은 자는 마음 안에서 하나님께서 나로 하여금 하나님이 나의 마음에 두신 소원을 두고 행하게 하신다(빌립보서 2:13). 이 소원은 구원과 부활의 소망이며, 예수의 생명이 유한한 생명인 인간의 죽을 육체에 나타시기를 바라는 마음이다.

바울의 이런 고백은 분명히 자기 자신에게 이루어진 영적 사실에 대한 것이다. 바울은 그리스도의 성육신과 십자가의 죽음 그리고 부활의 사건 속에서 수많은 사람들은 예언의 역사적 실현이라는 관점에서 바라본다. 그러나 바울은 예수 그리스도를 그와 같은 인간의 역사 속에 등장하셨다가 승천하신 역사적 예수를 더 이상 생각하지 않는다. 왜냐하면 예수는 육신으로는 성육신을 통하여 예언을 성취하신 것이지만 실제적인 예언의 성취는 택하신 자의 마음에 나타나시어 그와 함께 사시겠다는 임마누엘의 실현, 하나님의 형상대로 인간을 창조하시는 창조사역을 성취하신 것이다. 창조 사역은 택함 받는 자가 살아가는 그 어느 시대의 특정 시점에 이루어진다. 그래서 바울

6 일간의 창조와 안식

---

414) **고린도전서 2:16**, 누가 주의 마음을 알아서 주를 가르치겠느냐 그러나 우리가 그리스도의 마음을 가졌느니라.

은 예수를 더 이상 역사적 예수로 해석하지 않겠다고 한다.[415]

창세기 때 창조된 인간은 더 이상 인간이 아니다. 본질상 하나님께 저주 받을 존재로 태어난 사람은 모양은 사람이지만 살아 있는 사람이 아닌 죽은 존재로서의 사람일 뿐이다. 흙으로 지음 받는 존재! 혼돈과 공허와 흑암이 깊은 존재! 이 존재는 죽어있는 존재로서 선악을 알게 하는 나무의 열매를 먹고 사는 존재이다. 살아있으나 죽은 존재일 뿐인 존재! 이런 존재가 살아있는 존재로 변화된 상태? 하나님의 호흡, 생명을 주는 호흡을 받았을 때 인간은 비로소 살아있는 존재로서의 사람다운 사람(生靈, living being)이 된다.

인간의 창조? 인간은 하나님의 형상대로 지음 받은 존재이다. 하나님의 형상은 무엇인가? 분명 그리스도가 하나님의 형상이다.[416] 그렇다면 하나님은 인간을 어떻게 하나님의 형상으로 창조하셨는가? 하나님은 인간의 마음을 그리스도의 형상으로 창조하셨다. 인간의 마음에 이루어진 그리스도의 형상은 무엇인가? 그리스도의 마음을 품는 것이다. 이 마음은 예수 그리스도가 십자가에 죽으신 그 마음을 품는 것이다. 그리스도의 마음을 품은 자는 그리스도 안에 있는 자로서 빛 비추임을 받은 자, 하나님의 호흡이 있는 자, 참 사람이 된 자, 복음을 깨달은 자이다. 하나님은 택함 받은 자인 나에게 내가 존재하는 이 시대에 나에 대한 창조 사역을 하고 계셨다.

---

415) **고린도후서 5:6**, 그러므로 우리가 이제부터는 어떤 사람도 육신을 따라 알지 아니하노라 비록 우리가 그리스도도 육신을 따라 알았으나 이제부터는 그같이 알지 아니하노라.

416) **고린도후서 4:4**, 그 중에 이 세상의 신이 믿지 아니하는 자들의 마음을 혼미하게 하여 그리스도의 영광의 복음의 광채가 비추지 못하게 함이니 그리스도는 하나님의 형상이니라.

Therefore, if anyone is in Christ,

he is a new creation;

the old has gone,

the new has come!

그런즉 누구든지 그리스도 안에 있으면

새로운 피조물이라

이전 것은 지나갔으니

보라 새 것이 되었도다

(고린도후서 5:17)

하나님은 성령의 조명하심으로 나의 존재에 대한 영적 정체성을 깨닫게 하신다. 인간의 자기 존재인식은 자기 부인으로부터 시작된다.[417] 흙으로 창조된 무가치한 존재, 혼돈과 공허와 흑암이 깊은 존재, 마음의 타락으로 하나님의 근심을 불러일으킨 존재, 죄에 지배 받아 죄의 노예로 살아가는 존재, 악한 자인 마귀 사탄의 지배를 받는 존재, 태생부터 본질상 하나님의 저주를 받고 태어난 존재 등등 이런 존재임을 깨닫는 것은 예수 그리스도의 십자가의 대속의 은총을 통한 참 하나님 여호와의 역사가 아니면 불가능하다. 이와 같은 자기 존재에 대한 인식의 변화가 이루어진 자는 그리스도 안에서만 가능한 새롭게 창조된 피조물로서 불순종하기 전의 인간의 상태로 회복이 된다. 바울은 자신이 새 사람이 되었음을 자신의 마음을 보고 인식하게

---

417) **마태복음 10:38**, 또 자기 십자가를 지고 나를 따르지 않는 자도 내게 합당하지 아니하니라.

되었다. 바울은 창조 사역이 자기 자신에게 이루어지고 있음을 알게 되었다.

그리스도의 탄생을 기다린 믿음의 사람들! 이들이 역사적 그리스도를 기다렸지만 믿음의 사람들이 기다린 것은 육신의 그리스도를 기다린 것이 아니다. 믿음의 사람들은 역사적 사건으로서의 성육신의 그리스도 예수를 기다리는 믿음을 넘어서 인간의 마음에 임마누엘의 언약을 이루어주시는 하나님의 창조 사역을 기다렸다. 자신의 마음에 탄생하실 하나님의 형상을 기다렸다. 초림의 예수나 재림의 예수나 모두 그리스도의 오심을 기다리는 사람들은 자신의 마음에 하나님의 형상으로서의 그리스도의 형상이 이루어지길, 탄생하길, 나타나시길 기다린 믿음의 사람들이다.

> 만일 너희 속에 하나님의 영이 거하시면 너희가 육신에 있지 아니하고 영에 있나니 누구든지 그리스도의 영이 없으면 그리스도의 사람이 아니라
>
> (로마서 8:9)

하나님의 영은 그리스도의 영이시다. 그리고 그리스도의 영은 성령이시다. 성령의 내주하심은 그리스도의 사람임을 증명하는 인침이다. 하나님의 호흡을 흙으로 지은 존재에게 불어넣어주신 창조의 사건은 이 시대의 성령 받음이다.

성령은 그리스도의 영이시기에 인간의 마음에 그리스도의 형상을 이루어주신다. 그리스도의 영을 지닌 자만이 성경적 믿음으로 신앙생활을 할 수 있다. 그리스도의 영이 마음 속에 내주하고 있을 때 그리스도에 대한 은혜의 복음을 전할 수 있다.

마음에 창조 사역이 일어난 자만이 인간의 지식이 아닌 성령을 힘

입어 복음을 전할 수 있다.[418]

바울은 복음 전함을 위해 부름 받은 자로서 예수 그리스도가 그의 영으로 바울의 마음에 나타나셨다. 이 나타나심은 그리스도 자신에 대하여 그리스도가 누구신지 바울의 마음에서 깨달아지도록 드러내신 것("to reveal his Son in me")이다. 그리스도의 탄생을 기다린 사람들! 그리스도가 오시기를 기다리는 사람들! 그리스도를 기다리는 모든 사람은 새로운 피조물이 되기를 소망하는 자들이다. 믿음의 사람은 옛 사람을 주님과 함께 십자가에 못 박아 죽이고 주님과 함께 부활한 새 사람이 태어나기를 고대하는 사람들이다.[419][420] 모두 자신의 존재의 변화를 소망한 사람들이다. 믿음의 사람들은 마음에 그리스도의 형상이 태어나기를 기다리는 사람들이다.

---

418) 베드로전서 1:9-12, 9 믿음의 결국 곧 영혼의 구원을 받음이라 10 이 구원에 대하여는 너희에게 임할 은혜를 예언하던 선지자들이 연구하고 부지런히 살펴서 11 자기 속에 계신 그리스도의 영이 그 받으실 고난과 후에 받으실 영광을 미리 증언하여 누구를 또는 어떠한 때를 지시하시는지 상고하니라 12 이 섬긴 바가 자기를 위한 것이 아니요 너희를 위한 것임이 계시로 알게 되었으니 이것은 하늘로부터 보내신 성령을 힘입어 복음을 전하는 자들로 이제 너희에게 알린 것이요 천사들도 살펴보기를 원하는 것이니라.

419) 로마서 6:6, 우리가 알거니와 우리의 옛 사람이 예수와 함께 십자가에 못 박힌 것은 죄의 몸이 죽어 다시는 우리가 죄에게 종노릇 하지 아니하려 함이니

420) 골로새서 2:12, 너희가 세례로 그리스도와 함께 장사되고 또 죽은 자들 가운데서 그를 일으키신 하나님의 역사를 믿음으로 말미암아 그 안에서 함께 일으키심을 받았느니라.

6일간의 창조와 안식

지은이 성상모

1판 2쇄 발행 2019년 4월 15일

저작권자 성상모

발행처 하움출판사
발행인 문현광
교　정 성슬기
디자인 강태연
주　소 광주광역시 남구 주월동 1257-4 3층 하움출판사
ISBN 979-11-88461-86-8

홈페이지 www.haum.kr
이메일 haum1000@naver.com

좋은 책을 만들겠습니다.
하움출판사는 독자 여러분의 의견에 항상 귀 기울이고 있습니다.

· 값은 표지에 있습니다.
· 파본은 구입처에서 교환해 드립니다.
· 이 책은 저작권법에 따라 보호받는 저작물이므로 무단전제와 무단복제를 금지하며, 이 책 내용
　의 전부 또는 일부를 이용하려면 반드시 저작권자와 하움출판사의 서면동의를 받아야합니다.

본 책은 저작자의 지적 재산으로서 무단 전재와 복제를 금합니다.

이 도서의 국립중앙도서관 출판예정도서목록(CIP)은 서지정보유통지원시스템 홈페이지(http://seoji.nl.go.kr)와
국가자료종합목록시스템(http://www.nl.go.kr/kolisnet)에서 이용하실 수 있습니다.
(CIP제어번호 : CIP2018041669)